U0512653

新生代员工
职业使命感形成机制研究
——基于自我决定理论

朱平利 ◎ 著

中国财经出版传媒集团

经济科学出版社
Economic Science Press

图书在版编目（CIP）数据

新生代员工职业使命感形成机制研究：基于自我决定
理论/朱平利著．—北京：经济科学出版社，2021.11
ISBN 978 - 7 - 5218 - 3047 - 7

Ⅰ．①新… Ⅱ．①朱… Ⅲ．①企业管理 - 人事管理 -
研究 Ⅳ．①F272.92

中国版本图书馆 CIP 数据核字（2021）第 228832 号

责任编辑：杨 洋 程 铭
责任校对：刘 昕
责任印制：王世伟

新生代员工职业使命感形成机制研究
——基于自我决定理论
朱平利 著

经济科学出版社出版、发行 新华书店经销
社址：北京市海淀区阜成路甲 28 号 邮编：100142
总编部电话：010 - 88191217 发行部电话：010 - 88191522
网址：www.esp.com.cn
电子邮箱：esp@ esp.com.cn
天猫网店：经济科学出版社旗舰店
网址：http://jjkxcbs.tmall.com
北京季蜂印刷有限公司印装
710 × 1000 16 开 16.75 印张 260000 字
2021 年 11 月第 1 版 2021 年 11 月第 1 次印刷
ISBN 978 - 7 - 5218 - 3047 - 7 定价：62.00 元
（图书出现印装问题，本社负责调换。电话：010 - 88191510）
（版权所有 侵权必究 打击盗版 举报热线：010 - 88191661
QQ：2242791300 营销中心电话：010 - 88191537
电子邮箱：dbts@ esp.com.cn）

湖北省 2021 年社科基金一般项目
（后期资助项目）成果（项目编号：2021215）

前 言

　　2020 年新年伊始，新冠肺炎疫情肆虐，一群"逆行的英雄"肩负着祖国和人民的重托，忠于自己的职业使命，奔赴与病毒作战的最前线。从来就没有什么岁月静好，只是在危难时刻来临之时，总有一群人响应国家号召，挺身而出，以高度的职业使命感，不辱使命，攻克难关。拥有高度职业使命感的员工，在组织面临困难时也会勇于解决各种问题，以组织发展为第一要务。职业使命感因其重要性引起了各行各业的关注。

　　实现中华民族伟大复兴，需要各行各业员工拥有职业使命感。当前，新生代员工已然是经济发展的中坚力量，企业的发展与壮大，需要塑造具有职业使命感的新生代员工。

　　在目前国内外研究职业使命感的议题中，大多探究职业使命感的结果，探讨职业使命感与离职、职业成功等变量之间的关系，更多的是把职业使命感作为自变量进行研究，但在探索新生代员工职业使命感形成路径方面的研究仍然不多。新生代员工的思维模式和价值观念与以往员工不同，中西方文化背景也存在着差异，因此探索新生代员工职业使命感的形成不能照搬西方理论。"自我决定理论"本质上是一种员工激励理论，该理论认为个体能动性的激发来源于个体内心的满足感，并在此基础上，认为可以创造条件，激发员工的内在动力，这也为企业激发新生代员工的职业使命感提供了新的思路，有一定的借鉴意义。

　　本书以自我决定理论为视角，探讨新生代员工职业使命感的形成机制。研究以"基本心理需要满足→工作获得感→职业使命感"为基础，同时，选取"社会/组织情境"变量，全面地揭示新生代员工职业使命感产生的原因及内部作用机制。通过收集问卷进行验证假设，分析了工作获得感对新生代员工的职业使命感的影响、新生代员工基本心理需要满足对其工作获得感的影响作用、组织情境（组织公平、授权型领导和工作特征）对新生代员工基本心理需要满足的影响以及社会互动情境（工作家庭冲突）对新生代员工基本心理需要满足的影响。

本书丰富了新生代员工职业使命感的研究内容，从组织情境（组织公平、授权型领导和工作特征）和社会互动情境（工作家庭冲突）来分析这些变量对新生代员工基本心理需要、职业使命感的影响，从根源上分析企业管理方式与新生代员工职业使命感之间的关系，让企业能够更加清楚地找到新生代员工职业使命感产生的动因，从而为激发新生代员工的职业使命感提供理论支持，为企业有效管理新生代员工提供参考。

目 录

第一章

绪　　论

第一节　研　究　背　景

追求美好生活是人类社会发展的永恒主题。然而，在人类社会发展的历程中，不时会受到大自然给我们带来的考验。2020 年新年伊始，新型冠状病毒肺炎疫情（以下简称"新冠疫情"或"疫情"）肆虐，一时间，武汉成为全国人民关注的焦点。疫情就是命令，疫情就是号召。面对新冠疫情，我们看到了一群"逆行的英雄"，广大的医务工作者不顾个人安危，逆行而上，毅然奔赴抗击新冠疫情的最前线。他们"白衣执甲，壮士出征"，肩负着祖国和人民的重托，忠于自己的职业使命，同死神进行了一场又一场殊死搏斗，抢救出一个又一个鲜活的生命。还有警察、快递小哥、社区工作人员，他们在职业使命的感召下，奔赴与病毒作战的最前线。抗疫志愿者们守护好各个交通要点和每个社区的重要卡点，他们奋勇在前，为广大的人民群众筑起一道道安全的生命防线，而每位普通居民则自觉居家隔离，尽自己所能参与抗疫，最终武汉迎来了胜利。

"哪有什么白衣天使，其实只是一群孩子在时代面前勇敢地换上战袍，踩着前辈的脚印，与死神竞赛，救死扶伤而已"（丛一，2020）。抗击新冠疫情的战果来之不易，这个世界从来就没有什么岁月静好，只是在危难时刻来临之时，总有一群人响应国家号召，挺身而出，以高度的职业使命感，不辱使命，攻克难关。拥有高度职业使命感的员工，在组织面临困难时也会以组织发展为第一要务，勇于解决各种问题。职业使命感因其重要性引起了各行各业的关注。随着时代的发展和社会的进步，新生代员工已然是经济发展的中坚力量，也成为企业关注的重点。新生代员工在职场中逐渐呈现鲜明的个性特征和职业追求，他们的工作方式、工作价值观和工作获得感的来源都发生了巨大变化。研究新生代员工职业使命感的形成机制基于以下背景。

一、实现中华民族伟大复兴，需要各行各业员工拥有职业使命感

2017 年 10 月 18 日，习近平总书记在党的十九大报告中指出，实现中华民族伟大复兴是近代以来中华民族最伟大的梦想①。伟大的梦想需要各行各业的员工去奋斗、去拼搏、去努力。新时代是以实现中华民族伟大复兴为使命的新时代，更需要各种行业的员工以高度的使命感投身于祖国事业的建设中去，为国家贡献自己的力量。在庆祝我国改革开放 40 周年大会上，习近平总书记在讲话中提出："伟大梦想不是等得来、喊得来的，而是拼出来、干出来的。"② 这是我们的党和国家在深刻总结改革开放的伟大成就和宝贵的历史经验上，得出的一个非常重要的结论，这个结论包含着非常朴素的哲理，有着非常浓厚的实践智慧。

职业使命感是驱动各行各业员工奋斗的精神动力。现阶段，要实现伟大梦想，需要我国各行各业的员工努力奋斗，只有努力奋斗才能成就伟大的梦想。然而，仅仅拥有伟大的梦想是不够的，还需要我们脚踏实地，凭借自己的坚强毅力和斗志，用满腔热血去拼搏、去创造、去努力。更需要我们不忘初心，牢记时代赋予我们的历史使命，用实干精神去做事，让梦想变成现实。劳动是一切幸福的来源，只有劳动才能创造出一切，所有的幸福都是人们从奋斗中创造出来的。一分耕耘，一分收获。天道酬勤，一切美好生活的来源需要依靠广大人民的劳动。古今中外的历史告诉我们，

---

① 中国共产党第十九次全国代表大会在京开幕 [EB/OL]. 中国共产党新闻网，2017 – 10 – 19.

② 人民日报评论部：伟大梦想是拼出来干出来的 [EB/OL]. 人民网，2018 – 12 – 25.

空谈误国，实干兴邦。全国人民共同的伟大梦想要想实现，需要勤劳、汗水、智慧和务实的行动。没有辛勤的耕耘，就没有收获的喜悦。

只有通过劳动，从劳动中创造财富，从劳动中体验收获，才能实现美好的蓝图。马克思说："劳动作为使用价值的创造者，作为有用劳动，是不以一切社会形式为转移的人类生存条件，是人和自然之间的物质变换即人类生活得以实现的永恒的自然必然性。"①

日常生活中的琐碎很容易让人迷失自我，当一个人丧失掉自己的使命感，也就失去了生活的意义。既然选定了一份工作，就不应只把它当成谋生的手段，就应赋予工作意义、找到自己的使命感，从中发现乐趣，才能提升自己的幸福感。

把工作当成一种使命，会促使我们更容易认同自己所从事的职业，保持的工作热情。拥有职业使命感的人，会对自己所从事的工作产生强烈的职业认同，在工作中保持着热情。由此可见，一个具有强烈职业使命感的人，可以保证其认真对待工作中的每一件事，以全身心的投入去迎接工作中的挑战。始终保持工作的激情，保持对工作的热爱，在工作中发挥自己的优势与特长，具有乐观面对困难的勇气与决心，始终如一地去做好平凡的小事，把每件平凡的小事做好，踏实地完成每个小细节，成就平凡而伟大。反过来，如果没有职业使命感，每天在工作中充满着抱怨，平庸地处理每件事情，被动地应付工作，难以产生创新性的想法与冲动，也只能平庸与碌碌无为一辈子。平凡的工作成就伟大，而伟大的背后需要有每天的平凡来积累，需要有强烈的职业使命感来支撑。

二、每当国家出现危机时，总有拥有职业使命感的人挺身而出

从历史的维度来看，每当我们的国家、我们的民族面临危机的时候，总有一些人以高度的使命感挺身而出，保护着另外一些人。2020 年初，武汉陷入新冠疫情的包围之中。在恐慌情绪不断蔓延的时候，84 岁的钟

---

① 中共中央马克思恩格斯列宁斯大林著作编译局：《马克思恩格斯全集》第 26 卷，第 326 页，人民出版社 2006 年版。

南山院士抵达了武汉。他的出现，让所有人都松了一口气。这位年迈的老人，曾经是 2003 年抗击"非典"的功臣。当时，他以高度的职业使命感，研究出有针对性的治疗方法，使中国人摆脱了死亡阴影。17 年后，当病毒再次来袭，84 岁的他重新披甲上阵。钟南山院士告诫所有人都应待在安全的地区，自己却连夜只身前往新冠疫情最严重的地方。如此舍命奋战，只为了给全国人民最大的安全感。

还有许许多多的志愿者和奋战在一线的医护工作者，他们不仅是医生、护士，更是民族的英雄。他们都是带着强烈使命感在工作，在造福百姓。正是因为他们拥有高度的职业使命感和历史责任感，当国家需要他们的时候，他们秉承一种"国有难，召必回，战必胜"的精神，能够临危受命，承担起祖国和人民的重托，在平常的岗位上创造出让人称赞的故事和令人佩服的奇迹。"新冠疫情不退我们不退"体现的是他们忠于职业的强烈使命感。工作不分贵贱，只要有意义。认识到自己的使命感才不会让自己的生命在碌碌无为中虚度，我们应该学会在平凡的人生中找到自己的使命感。医院里从事护理工作的护工，一般可以分为两类，一类人觉得自己的工作又脏又累，要不是为了赚钱自己是不会做的，为了生计不得不做。另一类人却认为，自己的工作很有意义，不但可以帮助病人康复，还可以帮助他们的家人分担任务，自己又可以赚钱。后者通常工作态度认真，因为他们看待工作的角度更高，并在其中找到了工作的意义。其实，很多时候幸福感和职业并无太大关联，即使是同样的工作，不同的人做起来感觉也会不同。人们需要赋予工作本身更多的意义，从中发现乐趣，才能提升自己的幸福感。

在企业里，对工作有强烈使命感的员工，他们目标远大，工作进取，踏实肯干，是企业搏击市场、生存发展的骨干与中坚力量。虽然现实也许并不是我们想象中的那么美好，任何员工从职场"菜鸟"到完全理解工作的意义，都需要付出艰辛的劳动，只有心怀希望，拥有梦想，将自己的爱好与自己的工作融合，站在更高的角度来体验工作的意义，以一种积极的心态对待每天开始的工作，用全身心的爱去拥抱每一个挑战，把每天的工作当成是实现职业理想的一小步，以高度的职业使命去完成，经过岁月的磨炼与积累之后，梦想的翅膀才会逐渐变得健壮而有力，自己也会充满着信心，勇敢地向前，促使梦想实现。

把工作当作使命，需要一种锲而不舍、坚忍不拔、不达目的不罢休的探求精神。企业的发展、变革，与每一个员工都紧密相关。造物之前先造人，企业的发展光有先进的科学文化知识是不够的，还需要打造一支具有高度职业使命感的员工队伍。让员工在工作中以高度的历史责任感去学习思考、去激发自我、去彼此交融。只有这样，员工才有因辛勤工作得到回报后的欣喜，才有了我们对自我价值实现的满足感。

三、企业的发展与壮大，需要塑造具有职业使命感的新生代员工

我国经济自改革开放开始腾飞，取得的成绩令人瞩目。在我国经济社会发展的同时，由于我国特殊的国情以及二元化经济结构体制的存在，依然存在着发展不充分、不平衡的问题。因此，通过发展经济让广大人民群众提高安全感、获得感仍然是我国当前社会经济发展主题。我国经济在发展的过程中也面临着"卡脖子"的关键技术，各企业在发展的过程中依然面临着竞争的不确定性，要排除这些关键因素的干扰，需要打造具有职业使命感的新生代员工。

"新生代员工"一词来源于"新生代农民工"，新生代农民工是中国社会科学研究院学者王春光（2003）对比新生代与第一代农村流动人口之间的代际关系时定义的。1980年之后，互联网和计算机技术不断发展成熟，在该段时期及以后出生年轻人，国内外众多学者将其称为新生代（赵曙明等，2019）。新生代员工的思想比较开放，生活工作中比较崇尚自由、独立、有个性，且具有多元化的价值观，比较重视工作中自我价值的实现，然而这也导致了团队合作能力不强、意志力不够坚定、责任感偏弱的诸多问题。

让新生代员工融入团队，并伴随着这个团队一起成长，需要铸就他们的职业使命感。职业使命感就是把自己的职业当作重大任务和责任来完成，就是职业崇高性和追求价值，是完成职业的动力源泉，也是职业的意义所在。职场中的每一个人，都有自己的职业使命。职业使命感是历史赋予每一位员工的使命，是对国家所赋予的使命和责任的感知和认同。职业使命感是职业精神的灵魂。

使命感能够让新生代员工知道自己在干什么，明确工作的具体意义。使命感是一种无论交付给你的工作有多么困难，都有完成工作的坚强信念。当企业的使命感根植于每个员工内心的时候，企业的发展充满着无限可能，企业才可能成为百年企业，同时，它也会带给员工荣誉感和成就感，让员工在工作中找到快乐和幸福。把工作仅仅当成一份职业的人，看重的可能只是薪水的多少。而把工作当作一种使命的人，会把工作当作一份事业，责任和动力会明显增强，个人能力的提高也会相对更快，不仅不会畏惧遇到的困难，还会更加享受工作中的乐趣。能因为工作中的乐趣，进而促使自己更好地完成工作。

从另外一个角度而言，一个具有强烈工作使命感的新生代员工，也是一个优秀的团队成员，在任何地方都会受到欢迎，在团队中都能形成一种凝聚力和感召力，使得身边的人不由自主地受到影响，一起朝着统一的目标努力。同时，他在依靠自身的努力向前迈进的时候，也会受到各方面的真诚相助。

一个人工作的结果，仿佛一座雕像，这座雕像好看还是不好看，精致还是鄙俗，其实也是一个人心境的反映。连自己工作都很轻视的人，很难想象，其工作的结果会是优秀的。如果在工作中不开心，充满着抱怨，不合作，不团结，在团队中也难以发挥自己的特长，也难以在团队中成就自己。

这种奋斗的力量，这种拼搏、拼劲和干劲都需要理念来支撑。这种理念就是职业使命感。新生代员工日趋成为当前工作场所中的主要力量，他们独特的人格特质和工作价值观使得职业使命感的提升也面临全新的挑战。因此，具体到企业的管理而言，如何激发新时代员工职业使命感就成为现时关注的问题。

四、中西方文化背景存在差异，探究新时代员工职业使命感的形成不能照搬西方理论

近年来，职业使命感的重要性引起了学者们的关注。学术上对职业使命感的研究，源于宗教领域的词汇"使命感"。使命感主要指"去做那些在道德、社会层面有着重大意义的工作"（Wrzesniewski et al.，1997）。后来，这一词汇运用在社会化的生活语言中，人们把使命感与职业联系在一

起。职业使命感强调的是个体受到某种精神力量的感召后，把外部的力量驱动转变为自己内在的力量驱动，感知到工作的意义，对工作充满着激情与投入。

拥有职业使命感的人，有着明确的方向与目标，心里装着目标，每一步都迈向自己的目标，为着自己的梦想，能够感知到生命的意义，释放生命的热情。简单地说，职业使命感就是对自己所从事职业的使命意识。一个人对自己使命的认识越深，其使命感就会越强烈。具有使命感的人，能够主动地寻求机会与任务，适应当前的社会环境变化，主动作出变革，吸取成功的力量。总之，职业使命感是一种无论给予自己的任务有多么困难，都有一定要完成的坚强信念。

进入新时代，经济发展迅猛，全面建成小康社会的发展目标已在2020年圆满完成。随着社会物质经济水平的提高，人民对于美好精神生活的向往日趋强烈。在这样时代的背景下，员工对于自身的职业追求已然发生了较大变化。具体到各行各业的员工来讲，把职业的使命感与自己所承担的历史使命联系在一起，不仅能反映出员工自身的内在价值，更能够以此激发员工内在的生命动力与激情。

在2019年末，智联招聘公布的《2019年雇佣关系趋势调研报告》显示，当前企业员工的忠诚度普遍不高。在调查的样本中，有接近70%的人认为自己三年内会离职。经济环境的大幅改变已倒逼个体的职业思想观念发生转变，他们重视工作中的自主以及自我价值的实现，追求工作的意义（侯烜方等，2018）。

在经济社会发展的今天，员工如果对自己从事的工作没有从职业使命的角度来领会，不想从小处积累，只想一步成功，那么工作中就没有目标与方向，尽管取得了物质财富，但依然满足不了自己内心的渴望，不会以组织的工作为自己的职业使命，因此，当自己的利益没有得到满足时，便会选择"用脚投票"，导致当前很多组织员工离职率较高。可见，工作中的员工的获得感是"职业使命感"产生的基础之一。

马克思在劳动价值论中强调劳动是推动社会进步的关键力量（程丛柱，2020），因此，人类社会的一切成果都需要人们付出辛勤的劳动和汗水。而工作中的产出是人们获得感的来源途径之一。当员工在工作中获得了自己期望的公平结果，感受到自己的投入得到了回报，心理自然会产生获得感。工作中的获得感，不仅是"职业使命感"产生的情感基础，也是对"职业使命感"形成机制前因变量的进一步挖掘，为我们探讨职业使命感的形成机制提供了另一种重要的探索途径。

新生代员工一般是指"80后"和"90后"的员工。随着社会的发展，这个年龄段的员工已经成为企业的主力军，他们有着与其他代际员工不同的人格特征和价值观，这对企业的管理带来了新的挑战。新生代员工作为互联网的原居民，对于信息的接受能力较强，希望被认可和夸奖、得到他人的肯定，进而获得自我成就感；价值取向具有多元化，他们比较喜欢自由、平等、和谐的生活环境，不喜欢被约束、被束缚。新生代员工的思维模式和价值取向与早期的员工不同，管理者对待新生代员工的态度、政策、措施等都将与传统的管理模式不同，中西方文化背景也存在着差异，因此探索新生代员工职业使命感的形成不能照搬西方理论。

在目前国内外研究职业使命感的议题中，大多探究职业使命感的结果变量，探讨职业使命感与离职、职业成功等变量之间的关系，更多的是把职业使命感作为自变量进行研究，但在探索新生代员工职业使命感形成路径方面的研究仍然不多。

"自我决定理论"本质上是一种员工激励理论，该理论认为个体能动性的激发来源于个体内心的满足感，并在此基础上提出通过为员工创造条件激发其内在动力，这为企业激发新生代员工的职业使命感提供了新的思路，有一定的实践意义。

综上所述，对于新生代员工职业使命感的形成机制的研究，需要充分考虑新生代员工生活的社会背景、工作的特征，联系组织管理、社会管理与新生代员工心理需求、个体特征等多种因素来研究新生代员工职业使命感的形成过程。

本书将以组织中的新生代员工作为调查对象，选取自我决定理论视角，运用成熟的量表对职业使命感进行测量，引入工作获得感这一变量，探究工作获得对职业使命感的影响。

第二节　研究的目的和意义

一、研究的目的

当前，人们生活水平日趋提高，物质世界得到极大丰富和满足，新生代员工正以前所未有、势不可挡的姿态进入职场，在一定程度上他们已经成为劳动力市场的中流砥柱。新生代员工这一群体大多为独生子女，其"上有老下有小"的家庭角色使其不可避免地在社会中承担着更大的赡养责任。因此，如何对新生代员工这一群体进行合理管理也成为越来越的企业管理关注的焦点问题。一方面，由于组织结构的扁平化，一线员工的表现越来越受到企业的重视；另一方面，企业普遍面临着人才流失、人才梯队建设不稳、员工忠诚度低的问题。新时期，人力资本也呈现出与传统人力资本截然不同的特征，新时代的员工不仅关注自身经济利益的得失，而且看重自我能否在企业中得到更全面的发展、是否有助于自己未来职业规划，这些都需要我们在关注员工幸福感的基础上，真正去了解员工的需求，切实提高员工的满意度。因此，应在满足员工更高层次的需求的基础上，激发新生代员工的职业使命感。

本书主要探讨新生代员工职业使命感的形成机制。研究将以"基本心理需要→工作获得感→职业使命感"为基础，同时，科学选取"社会/组织情境"变量，全面地揭示新生代员工职业使命感产生的原因及内部作用机制。

二、研究的意义

当前的管理学研究有必要结合真正的管理实际，在具体的情境下入手研究管理实践中的问题（徐淑英、吕力，2015）。对于中国的组织管理实践，最直接的是从当前具体管理实际出发。因为工作的不确定性和创新环境的种种压力，员工在自己的职业生涯中需要越来越多的自我启发和自我驱动，相对分散的组织结构也要求员工在工作中能够越来越主动应对环境变化。改革开放40多年以来，越来越多的新生代员工走上职场，企业管理的对象逐渐发生了变化。新生代员工出生于市场经济改革时期，计划生育政策、高等教育变革等政策因素给他们涂上了浓厚的时代底色。他们具备较强的创新思维及良好的知识能力素养，追求自由平等，自我意识较强，相较于外在报酬更重视自身内在需求的满足，但其工作稳定性不高，因此，离职率较高（孟华、李义敏、赵袁，2017）。据前程无忧《2019离职调薪调研报告》显示，2019年的新生代员工整体离职率为18.9%，其中主动离职率为13.4%。基于新生代员工的多元择业观和对待工作的随性主义特征，传统的人力资源管理模式显然难以满足对当今新生代员工管理的需要，企业需要进行管理方式的改革（赵宜萱、赵曙明、徐云飞，2019）。因此，需要从新生代员工在职场中所表现的典型心理特征的角度出发，深入剖析，对症下药，结合职业使命感的具体内涵，因人制宜，帮助企业管理者稳固组织队伍，减少人员流失的损失，获得可持续性竞争优势，塑造新生代员工的职业使命感。

对于特别注重个人价值实现的"90后"，其内心的职业使命感知度应与其工作状态有极大的关联性。工作中若不能以职业使命的精神去担当，体会不到工作的意义，就会对新生代员工从事工作的状态造成负面影响，如降低工作承诺，感受到挫败、遗憾等情绪，最终影响到新生代员工工作行为和工作绩效。调动新生代员工的主动性，塑造其职业使命感，需要考虑他们的心理需求特征及管理环境因素，这也是目前企业管理亟须解决的问题。

（一）理论意义

第一，丰富了中国情境下的职业使命感的理论研究。无边界组织随着时代的发展兴起，平台型企业也越来越多。在组织结构改变的同时，组织中新生代员工的职业规划也发生了悄然的变化，由于个体自身性格、能力、特长及偏好的不同，会产生不同的职业使命感。由于中西方文化的差异，作为一种外来理论，职业使命感形成的原因有着不同的历史背景。因此，本书丰富了中国情境下的职业使命感的研究。

第二，丰富了职业使命感的形成过程的理论研究。职业使命感能够激励个体承担起组织及社会责任，充分调动个体的积极性。以往探讨职业使命感的研究，多从职业使命感的前因变量相关因素、职业使命感的结果变量来探讨，而很少对职业使命感的形成过程及新生代员工复杂心理过程进行探索。职业使命感决定着一个人对待职业的态度及未来的发展方向，有着微观的心理形成过程，本书从自我决定理论的视角来探析职业使命感的形成过程，进一步丰富了职业使命感的形成机制。

第三，丰富了和谐劳动关系管理的理论内容。新生代员工是当前中国企业主要的劳动者，也是管理的主要对象，是决定着组织命脉的关键力量。他们越来越成为组织的主要力量，任何组织未来的发展都需要这些人充分发挥其主观能动性，因此，如何有效激发新生代员工的工作热情是组织新生代员工管理的永恒话题。本书通过微观视角探析新生代员工职业使命感，激发新生代员工工作热情，让新生代员工感知工作的意义，从而激发新生代员工的创新能力，让新生代员工在平常的工作中以主人翁的姿态面对工作中的问题，促使新生代员工从更高层次来分析解决组织所面临的问题。因此，激发新生代员工职业使命感方面的理论研究，实际上也是为丰富和谐的劳动关系而建立的理论内容。

（二）现实意义

随着全球经济化大潮的不断推进与深化，创新愈加成为推动时代发展的主要动力，身处这样具有许多不确定因素的复杂多变的环境中，企业也愈加需要通过不断深化创新来维持和增加自身的竞争优势，所以，创新是组织适应全新时代环境、顺势而上的源动力。当今的时代是知识经济时代，更是创新的时代，企业所处的经营环境越来越复杂，要想深化创新，使自身进一步发展，就不能再单纯依靠廉价劳动力、资金等传统竞争优势，企业必须更加关注和充分开发利用企业内部资源——人力资源，也就是员工的作用。激发员工的创新热情，需要让员工感知到工作的意义，对所从事的职业充满着担当与责任，以崇高的职业使命感肩负起组织变革创新、提升核心竞争力的重要责任，以保证企业的创新活动有着不竭动力和源泉。

第一，为企业激发新生代员工职业使命感提供实践依据。由于出生年代的背景不同，新生代员工大多出生在物质丰富的年代，在成长及工作的过程中，更加强调心理体验。因此，其职业使命感的形成有着其特殊的工作背景。本书从组织情境角度（组织公平、授权型领导和工作特征）来分析这些变量对新生代员工基本心理需要、职业使命感的影响，从根源上分析企业管理方式与新生代员工职业使命感之间的关系，让企业能够更加清楚地找到新生代员工职业使命感产生的动因，从而为激发新生代员工的职业使命感提供理论支持。

第二，为有效管理新时代背景下新生代员工提供依据。新时代有着不同于以往的管理环境，企业为了更好地发展，越来越期望并需要员工做出超出自己的职责范围的行为，以便为企业带来更好的生产效益和竞争优势。本书选取有代表性的组织变量，从微观视角探讨不同情境对新生代员工基本心理需要的影响，分析探讨工作获得感的直接作用，以提高新生代员工工作获得感为基本的手段与方式，让新生代员工在体会到工作获得感时，也建立起新生代员工的职业使命感，为企业有效管理新生代员工提供参考。

第三节　研究内容与方法

一、研究内容

本书的主要内容包括以下五个部分：

第一，工作获得感对新生代员工的职业使命感的影响。本部分研究假设工作获得感对新生代员工职业使命感有正向预测作用，个人成长主动性在工作获得感和新生代员工职业使命感之间有显著的调节作用，运用调查数据对直接影响和调节效应进行检验。

第二，新生代员工基本心理需要满足对其工作获得感的影响作用。本部分研究以自我决定理论（SDT）为基础，探讨三种基本心理需要（自主需要、归属需要和胜任需要）满足对工作获得感的影响，并将检验参照群体对这种影响效应的调节作用。

第三，研究组织情境（组织公平、授权型领导和工作特征）对新生代员工基本心理需要满足的影响。本书将以组织公平、授权型领导和工作特征为组织情境的微观代表变量，分别探讨这些变量对三种基本心理需要（自主需要、归属需要和胜任需要）的影响，并运用调查得出的数据对提出的研究假设进行检验。

第四，研究社会互动情境（工作家庭冲突）对新生代员工基本心理需要满足的影响。本书将以工作家庭冲突为社会互动情境变量的代表，探讨其对三种基本心理需要（自主需要、归属需要和胜任需要）的影响，并运用调查的数据对其进行检验。

第五，研究还将综合验证"组织情境→基本心理需要满足→工作获得感""工作家庭冲突→基本心理需要满足→工作获得感"和"基本心理需要满足→工作获得感→职业使命感"三组关系链，运用大样本的问卷调查数据对这三个中介效应假设进行检验和讨论。

二、研究方法

本书拟采用的研究方法有：

（1）文献研究分析法。通过 ProQuest、EBSCO 等数据库和中国知网数据库，整理近十多年来，国内外管理类期刊上有关职业使命感的相关文献，并对这些文献进行归纳和总结，通过分析职业使命感、新生代员工的相关资料，了解研究的现状及不足，作为理论分析的基础。

（2）问卷调查法。本书按照实证研究的步骤，运用问卷调查法收集数据，以此为基础对假设进行检验。第一次是进行小样本测试，利用收集到的数据做问卷的信度检测；第二次是进行大规模调查，以此为基础，对回收的数据作统计分析，验证研究假设。

（3）量化分析法。本书主要运用 EXCEL 做基本的数据统计整理、运用 SPSS 22.0 和 AMOS 21.0 等统计学软件进行数据分析，具体来讲，采用描述性统计分析来描述样本与变量特征，利用 Cronbach' α 系数的信度分析量表的信度，利用 AMOS 21.0 软件作探索性因素分析，检验量表和构念效度，应用单因素方差分析考察不同人口统计学变量的职业使命感的样本特征差异，利用 Pearson 相关分析法检验变量之间的相关关系，利用多元线性回归分析法作中介效应和调节效应的检验。

三、研究流程

本书从提出的研究问题出发，在回顾相关研究文献、界定核心变量概念、归纳现有的职业使命感的研究现状基础上，提出本书的假设；以前人研究的相关成熟量表为基础，形成本项目研究的最开始进行的初始调查问卷；然后通过小规模调查的数据，对初始量表问卷进行一次修订，结合专家意见，形成最终的调查问卷；在进行大样本数据采集后，利用统计软件验证提出的研究假设，并对研究的假设进行讨论，整理研究的结论并阐述其对管理实践的启示；最后，指出本书存在的不足之处及进一步研究的方向。具体研究流程如图 1 - 1 所示。

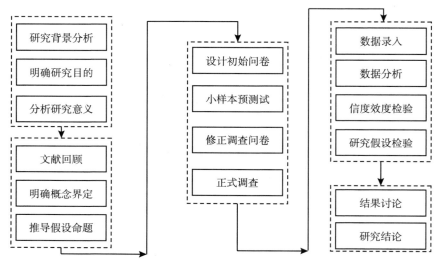

图 1 - 1   本书的具体流程

四、本书结构安排

基于上述研究流程，结合实证研究的标准与范式，对本书的结构安排如下：

第一章为绪论。在分析研究背景的基础上，提出了职业使命感的形成机制是我们将要探讨的主要问题，在介绍研究职业使命感形成的机制研究的目的意义后，确定本书的具体方法、内容和各章节结构安排。

第二章为变量及相关文献研究综述。本书遵循以下思路对现有文献进行回顾和整理：首先对研究中涉及的变量进行了可视化分析；其次回顾了新生代员工的界定，对员工职业使命感产生的影响因素及结果变量的文献进行了回顾，最后对文献进行了评述。

第三章为基于自我决定理论的职业使命感研究框架。基于前期学者的研究，推理出本书的假设模型，构建本书的理论框架。

第四章为研究问卷的设计与预调查。根据本书目标，对研究中的自变量、中介变量、调节变量和结果变量进行界定。借鉴学者研究的相关成熟量表，按照问卷设计的原则，编制初始测量问卷，并进行测试，根据小样本调查的分析结果，对初始问卷进行修订，形成正式调查问卷。

第五章为问卷调查数据分析与结果。对大样本调查问卷的信度和效度进行检验，利用方差分析法检验人口统计学变量特征对中介变量和结果变量的影响差异，对第三章中提出的研究假设进行检验。

第六章为研究结论、管理启示与研究展望。对职业使命感的形成机制研究检验的结果进行讨论，分析本书不足及未来研究的方向。

本书的章节安排框架如图 1-2 所示。

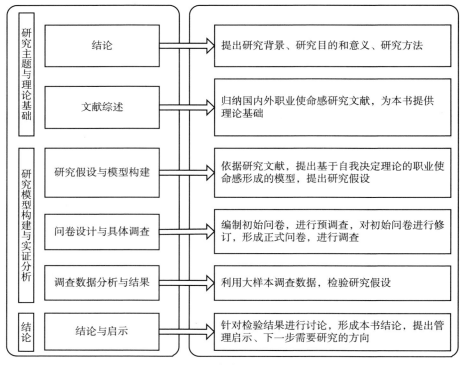

图 1 - 2　本书的内容构架

第二章

变量及相关文献研究综述

　　职业是人们从事社会经济活动的谋生手段，是通过具体的工作岗位来实现的。从社会分工的角度来看，不同的职业包含不同的工作岗位，体现着不同的工作形式与工作内容，不同的工作岗位有着不同的要求，人们通过完成不同的工作内容，取得与之匹配的工作报酬，人们以工作为载体，在职业使命的感召下，实现自己的职业理想。

　　每一位生存在特定时代的人，都有着历史赋予其的独特使命。成长在特定历史背景下的人就应当思考人生的意义是什么，人生的理想是什么，历史赋予他的责任是什么。在对国家和历史认同感的基础上，进一步思考应当如何通过自身的努力，去实现现有的历史使命，去完成自己的使命，这就是我们的使命感。我们就是在这种使命感的指导下，逐渐完成自己的使命，实现人生的价值。

　　"责任"就是我们应当去做的分内的事情，即义务。承担责任，是生活在当下每个公民义不容辞的事情。"责任"把职业和使命联系起来，形成推动工作的精神动力，为企业的发展构建起职业价值的基础和平台。

　　父母的责任是养育好自己的子女，教师的责任是教育好祖国未来的花朵，战士的责任是保卫好我们的祖国，医生的责任就是要救助好每一位病人……可见，责任是伴随着每个人生命的整个过程。做好自己应当做的分内的事不难，难能可贵的是如何把自己分内的事情做好。

　　本研究主要利用中国知网对检测到的相关研究的变量进行了可视化分析，截止时间是 2021 年 6 月 5 日，另外，主要对职业使命感的前因及结果变量进行了综述。

第一节　研究相关变量的可视化分析

一、组织公平的研究可视化分析

（一）研究数量

利用中国知网，对检测到的文献进行可视化分析，统计分析表明，学术界关于组织公平的研究文献数量较多。根据图 2-1 可以看出，截至 2021 年 6 月，以组织公平为主要主题的中文文献有 164 篇，与其相关的有公平感、组织公民行为、工作投入等相关研究。根据图 2-2 可以得知，截至 2021 年 6 月，以组织公平为次要主题的文献最多的有 274 篇。通过研究数量我们可以看出，关于组织公平的研究数量始终较多，说明随着社会的发展，人们越来越关注组织中的公平问题，学者们在组织公平这一主题上探讨较多，说明组织公平仍是学术研究的热门话题。

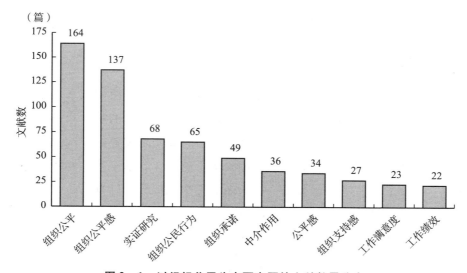

图 2-1　以组织公平为主要主题的文献数量分布

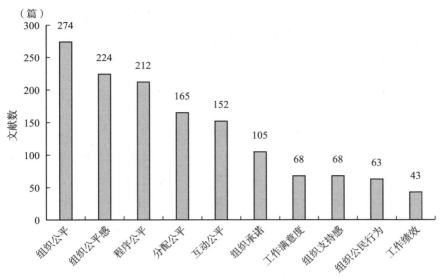

图 2-2   以组织公平为次要主题的文献数量分布

（二）文献来源

通过图 2-3，我们可以清晰地看到文献来源分布，杂志《管理世界》

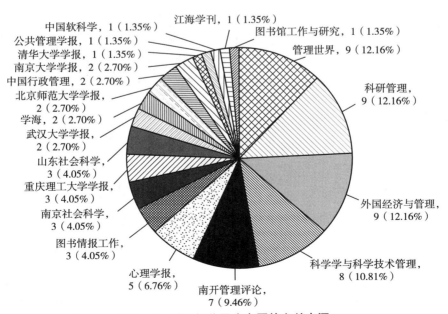

图 2-3   以组织公平为主题的文献来源

《科研管理》《外国经济与管理》关于组织公平的研究数量都为 9 篇，占比最多，都为 12.16%。而杂志《科学学与科学技术管理》关于组织公平的研究数量分布次之，一共有 8 篇，占比 10.81%。

（三）学科分布

通过图 2-4，我们可以清楚地看到学科分布差异较大，企业经济学的数量最多，一共有 3161 篇，占比 41.09%。管理学的分布数量位居第二，一共有 1044 篇，占比 13.57%。同时我们也能看到，宏观经济管理与可持续发展学科的数量分布排名第三，一共有 527 篇，占比 6.85%。由此可以看出，在经济学和管理学上，关于组织公平的研究较多。

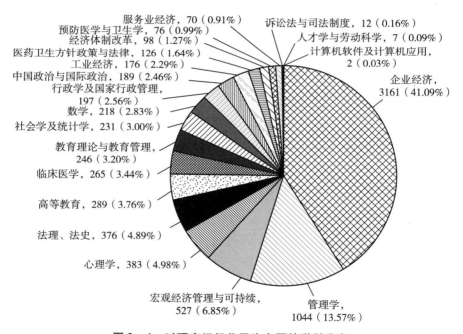

图 2-4　以研究组织公平为主题的学科分布

（四）中国作者分布

通过图 2-5，我们可以清楚地看到中国学者研究数量差异不大，其中暨南大学的学者凌文铨教授和南京大学的赵曙明教授以及江苏大学的张同建教授的研究数量最多，一共有 7 篇，占比 4.96%。其他学者的文章大约有 4~6 篇。

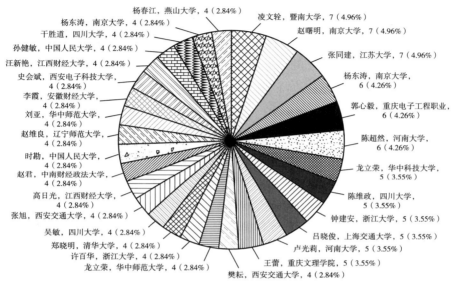

图 2-5 以研究组织公平为主的中国作者分布

（五）机构分布

通过图 2-6，我们可以清楚地看到，中国人民大学的研究数量最多，一共有 33 篇。其次，南京大学研究数量为 25 篇。浙江大学研究的数量为 22 篇。

（六）基金资助分布

通过图 2-7 我们可以看出，基金资助前 10 位的分布差距较大，国家自然科学基金资助的研究数量最多，一共有 169 篇。国家社会科学基金资助的数量为 81 篇，教育部人文社会科学基金资助的有 11 篇，其他基金数量集中分布在 2~5 篇。

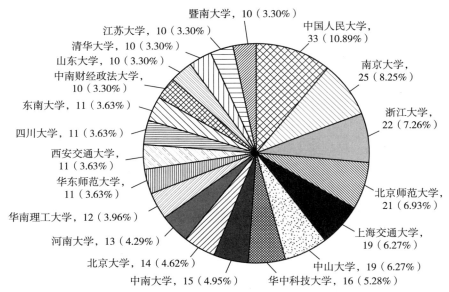

暨南大学，10（3.30%）
中国人民大学，33（10.89%）
江苏大学，10（3.30%）
清华大学，10（3.30%）
南京大学，25（8.25%）
山东大学，10（3.30%）
中南财经政法大学，10（3.30%）
浙江大学，22（7.26%）
东南大学，11（3.63%）
四川大学，11（3.63%）
西安交通大学，11（3.63%）
北京师范大学，21（6.93%）
华东师范大学，11（3.63%）
华南理工大学，12（3.96%）
上海交通大学，19（6.27%）
河南大学，13（4.29%）
中山大学，19（6.27%）
北京大学，14（4.62%）
华中科技大学，16（5.28%）
中南大学，15（4.95%）

图 2 - 6　以研究组织公平为主题的机构分布

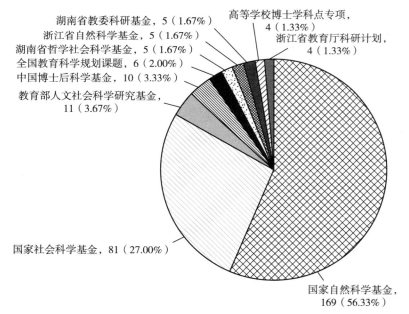

湖南省教委科研基金，5（1.67%）
高等学校博士学科点专项，4（1.33%）
浙江省自然科学基金，5（1.67%）
浙江省教育厅科研计划，4（1.33%）
湖南省哲学社会科学基金，5（1.67%）
全国教育科学规划课题，6（2.00%）
中国博士后科学基金，10（3.33%）
教育部人文社会科学研究基金，11（3.67%）
国家社会科学基金，81（27.00%）
国家自然科学基金，169（56.33%）

图 2 - 7　以研究组织公平为主题的基金分布

二、工作特征变量的研究可视化分析

（一）研究数量

中国知网的可视化分析结果显示，学术界关于工作特征的研究文献数量较多。从图2-8中可以看到，截至2021年6月，以工作特征为主要主题的文献最多的有132篇，内容还涉及基本特征、受试者工作特征曲线、时代特征、工作满意度等。而根据图2-9可以得知，截至2021年6月，以工作特征为次要主题的文献有35篇，内容涉及受试者工作特征曲线、工作绩效、胜任特征等。

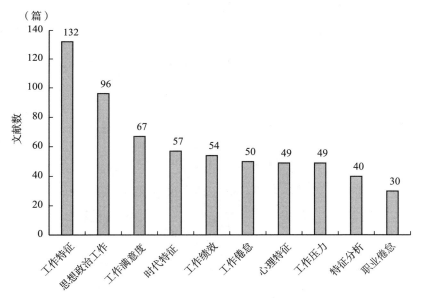

图2-8　以工作特征为主要主题的文献数量分布

（二）文献来源

通过图2-10，我们可以清晰地看到文献来源前10位的分布情况，研究文献发表在《心理科学》《心理学报》《科学学与科学技术管理》《心理科学进展》《社会科学》等期刊上，其中，《心理科学》杂志上的文献为 11 篇，占比 23.40%。

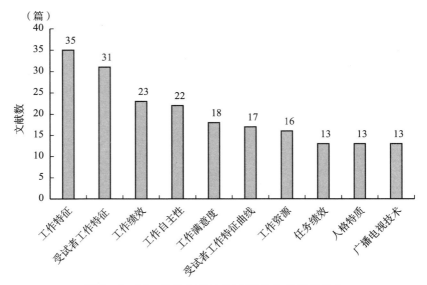

图 2-9　以工作特征为次要主题的文献数量分布

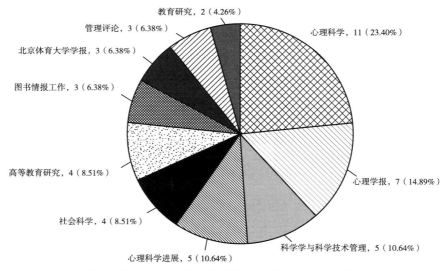

图 2-10　以工作特征为主题的文献来源分布（篇）

（三）学科分布

通过图2-11，我们可以清楚地看到学科分布差异较大，企业经济学的数量最多，一共有1710篇，占比17.46%。宏观经济管理与可持续发展的分布数量排名第二，一共803篇，占比8.20%。同时我们也能看到，心理学的数量分布排名第三，一共有796篇，占比8.13%。可以看出，在经济学和心理学上，关于工作特征的研究较多。

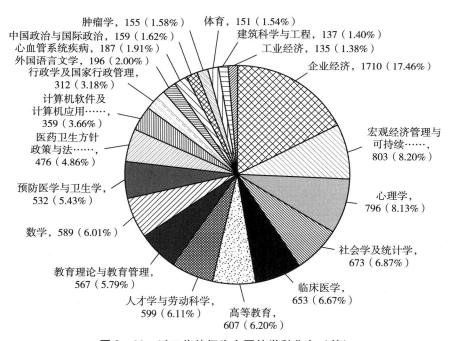

图2-11 以工作特征为主题的学科分布（篇）

（四）中国作者分布

通过图2-12，我们可以清楚地看到中国学者研究数量差异不大，其中河南大学的学者李永鑫教授的研究数量最多，一共有8篇，占比6.67%。华中科技大学的廖建桥教授和北京师范大学的伍新春教授的研究数量为7篇，占比5.83%。其他学者的研究数量主要分布在3~5篇。

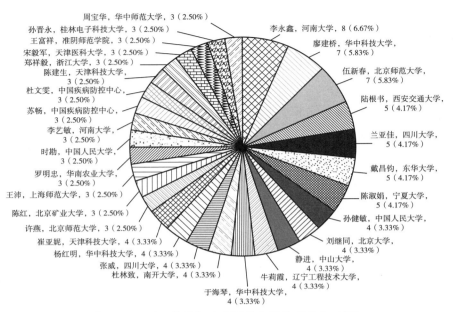

图 2 - 12   以工作特征为主题的中国作者分布（篇）

（五）研究机构分布

通过图 2 - 13，我们可以清楚地看到，北京师范大学学者关于此主题发表的论文数量最多，一共有 23 篇。北京大学和中国人民大学的学者发表的论文数量都为 18 篇。

（六）基金资助分布

通过图 2 - 14，我们可以看出，基金资助前 10 位的分布差距较大，国家自然科学基金资助的论文数量最多，一共有 57 篇。国家社会科学基金资助的数量为 54 篇。全国教育科学规划课题资助的数量为 11 篇。而其他基金资助的数量集中分布在 3 ~ 10 篇。

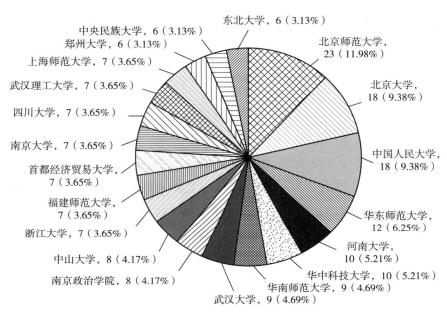

图 2 - 13　以工作特征为主题的研究机构分布（篇）

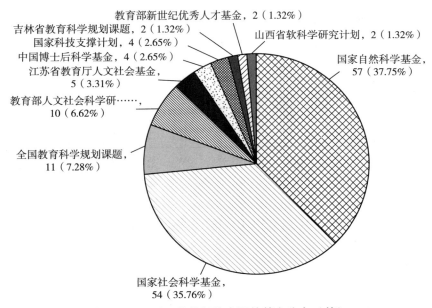

图 2 - 14　以工作特征为主题的基金分布（篇）

三、授权型领导变量研究可视化分析

（一）研究数量

根据中国知网进行的文献可视化分析显示，学术界关于授权型领导的研究文献数量较多。由图 2 - 15 可以看到，以授权型领导为主要主题的文献研究内容涉及变革型领导、授权型领导、心理授权和员工创新行为等。其中截至 2021 年 6 月，以授权型领导为主要主题的文献有 119 篇。而根据图 2 - 16 可以得知，以授权型领导为次要主题的文献研究内容涉及心理授权、授权型领导、领导者和变革型领导等，其中截至 2021 年 6 月，直接以授权型领导为次要主题的研究文献有 39 篇。

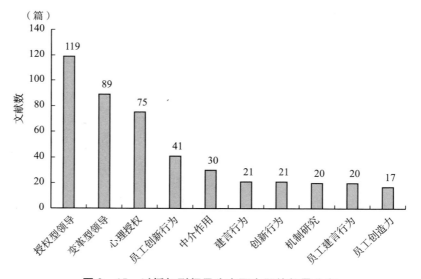

图 2 - 15　以授权型领导为主要主题的数量分布

（二）文献来源

通过图 2 - 17，我们可以看到授权型领导的文献来源主要有《科研管理》《科学学与科学技术管理》《管理科学》《管理学报》《管理世界》

《心理科学进展》等期刊，其中，《科研管理》《科学学与科学技术管理》
《管理科学》《管理学报》中的文献为 6 篇，《管理世界》《科技进步与对
策》和《软科学》上的文献都为 5 篇。

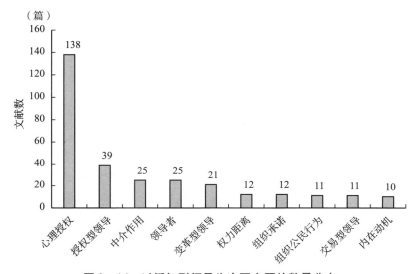

图 2-16　以授权型领导为次要主题的数量分布

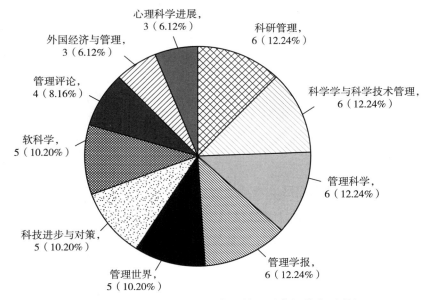

图 2-17　以授权型领导为主题的文献来源分布（篇）

（三）学科分布

通过图 2 - 18，我们可以清楚地看到学科分布差异较大，企业经济学的数量最多，一共有 172 篇，占比 66.67%。领导学与决策学的分布数量位列第二，共有 26 篇，占比 10.08%，宏观经济管理与可持续发展、管理学科的分布数量并列第三，各有 12 篇，各占比 4.65%。

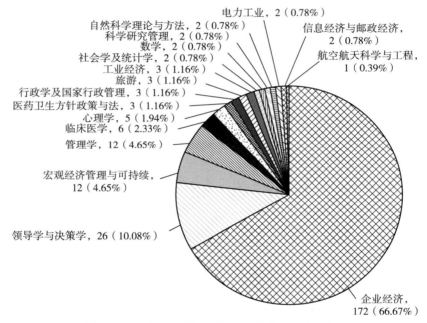

图 2 - 18　以授权型领导为主题的学科分布（篇）

（四）中国作者分布

通过图 2 - 19，我们可以清楚地看到中国学者研究数量差异不大，其中华侨大学的林美珍教授研究数量最多，一共有 7 篇，占比 12.50%。华中科技大学的龙立荣教授的研究数量位居第二，一共有 4 篇，占比 7.14%。其他学者的研究数量主要分布在 3～4 篇。

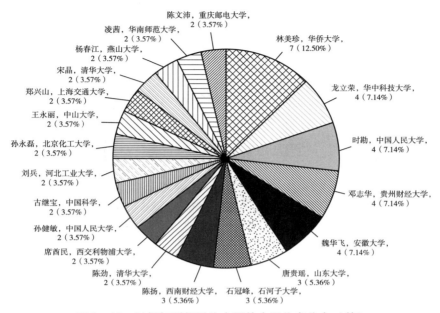

陈文沛，重庆邮电大学，
2（3.57%）

凌茜，华南师范大学，
2（3.57%）

杨春江，燕山大学，
2（3.57%）

宋晶，清华大学，
2（3.57%）

郑兴山，上海交通大学，
2（3.57%）

王永丽，中山大学，
2（3.57%）

孙永磊，北京化工大学，
2（3.57%）

刘兵，河北工业大学，
2（3.57%）

古继宝，中国科学，
2（3.57%）

孙健敏，中国人民大学，
2（3.57%）

席酋民，西交利物浦大学，
2（3.57%）

陈劲，清华大学，
2（3.57%）

陈扬，西南财经大学，
3（5.36%）

石冠峰，石河子大学，
3（5.36%）

唐贵瑶，山东大学，
3（5.36%）

魏华飞，安徽大学，
4（7.14%）

邓志华，贵州财经大学，
4（7.14%）

时勘，中国人民大学，
4（7.14%）

龙立荣，华中科技大学，
4（7.14%）

林美珍，华侨大学，
7（12.50%）

图 2 - 19   以授权型领导为主题的中国作者分布（篇）

（五）研究机构分布

通过图 2 - 20，我们可以清楚地看到，来自中山大学和中国人民大学的学者发表此主题的论文数量并列第一，各有 11 篇。其次是华侨大学，为 8 篇。西安交通大学、北京师范大学和安徽大学等机构的学者发表的论文数量都为 5 篇。

（六）基金资助分布

通过图 2 - 21 我们可以看出，基金资助的论文分布差距较大，国家自然科学基金资助的数量最多，一共有 78 篇。国家社会科学基金资助的数量为 20 篇。教育部人文社会科学基金资助的数量为 13 篇。中国博士后科学基金课题基金资助的数量为 7 篇。

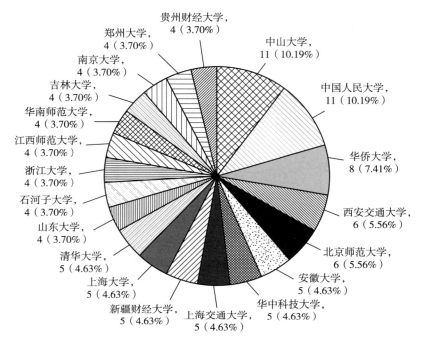

图2-20 以授权型领导为主题的机构分布（篇）

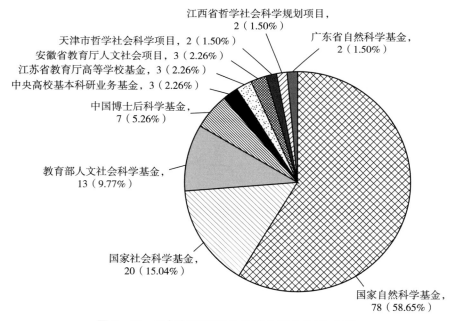

图2-21 以授权型领导为主题的基金分布（篇）

四、基本心理需要变量研究可视化分析

（一）研究数量

中国知网的可视化分析数据显示，学术界关于基本心理需要研究的文献数量较多。由图 2-22 可知，以基本心理需要为主要主题的文献研究内容涉及基本心理需要、基本心理需要满足、幸福感、自主支持等。截至2021 年 6 月，以基本心理需要和基本心理需要满足为主要主题的文献共有 105 篇。而根据图 2-23 可以得知，以基本心理需要为次要主题的文献研究内容涉及基本心理需要、基本心理需要满足、自我决定理论、外部动机等。截至 2021 年 6 月，以基本心理需要和基本心理需要满足为次要主题的文献共有 131 篇。

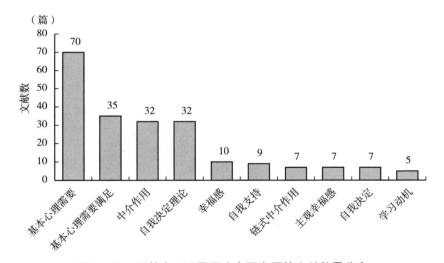

图 2-22 以基本心理需要为主要主题的文献数量分布

（二）文献来源

通过图 2-24，我们可以看到，文献来源前 10 位的期刊是《心理科学进展》《心理科学》《现代情报》《图书情报工作》《体育科学》等，其

中，期刊《心理科学进展》上的关于基本心理需要的研究数量有 6 篇，占比 30.00%。而《心理科学》关于基本心理需要的研究数量分布排名第二，一共有 5 篇，占比 25%。

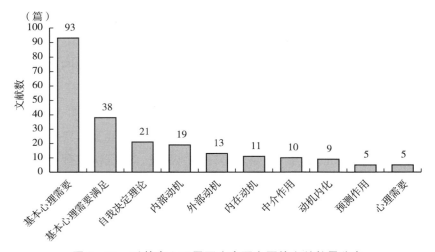

图 2-23　以基本心理需要为次要主题的文献数量分布

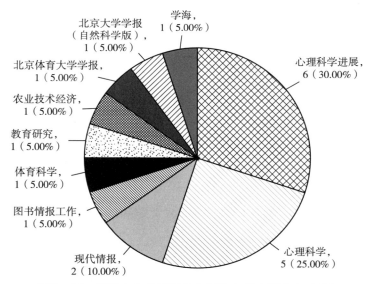

图 2-24　以基本心理需要为主题的文献来源分布（篇）

（三）学科分布

通过图 2-25，我们可以清楚地看到学科分布差异较大，教育理论与教育管理学科的数量最多，一共有 703 篇，占比 23.84%。心理学的分布数量排名第二，一共有 596 篇，占比 20.21%。同时我们也能看到，体育学科的数量分布排第三，一共有 360 篇，占比 12.21%。可以看出，在教育和心理学上，关于基本心理需要的研究较多。

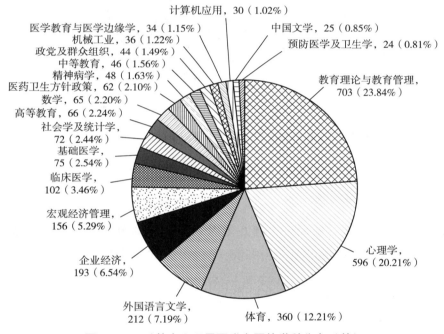

图 2-25　以基本心理需要为主题的学科分布（篇）

（四）中国作者分布

通过图 2-26，我们可以清楚地看到中国学者研究数量差异不大，其中北京师范大学的蒋奖教授和江西师范大学的叶宝娟教授以及天津医科大学的刘惠军教授研究数量最多，一共有 5 篇，占比 4.81%。其他学者主要在 3~4 篇。

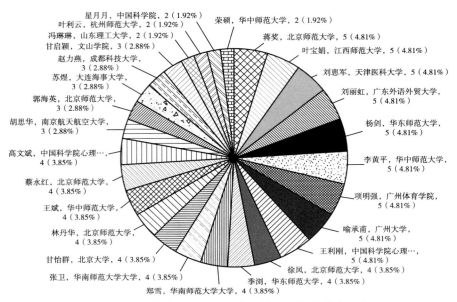

星月月，中国科学院，2（1.92%）
叶利云，杭州师范大学，2（1.92%）
冯琳琳，山东理工大学，2（1.92%）
甘启颖，文山学院，3（2.88%）
赵力燕，成都科技大学，3（2.88%）
苏煜，大连海事大学，3（2.88%）
郭海英，北京师范大学，3（2.88%）
胡思华，南京航天航空大学，3（2.88%）
高文斌，中国科学院心理…，4（3.85%）
蔡永红，北京师范大学，4（3.85%）
王斌，华中师范大学，4（3.85%）
林丹华，北京师范大学，4（3.85%）
甘怡群，北京大学，4（3.85%）
张卫，华南师范大学大学，4（3.85%）
郑雪，华南师范大学大学，4（3.85%）
季浏，华东师范大学，4（3.85%）
徐凤，北京师范大学，4（3.85%）
王利刚，中国科学院心理…，5（4.81%）
喻承甫，广州大学，5（4.81%）
项明强，广州体育学院，5（4.81%）
李黄平，华中师范大学，5（4.81%）
杨剑，华东师范大学，5（4.81%）
刘丽虹，广东外语外贸大学，5（4.81%）
刘惠军，天津医科大学，5（4.81%）
叶宝娟，江西师范大学，5（4.81%）
蒋奖，北京师范大学，5（4.81%）
荣硕，华中师范大学，2（1.92%）

图 2 - 26 以基本心理需要为主题的中国作者分布（篇）

（五）研究机构分布

通过图 2 - 27，我们可以清楚地看到，北京师范大学的学者发表关于此主题的论文数量最多，一共有 17 篇。其次是来自华东师范大学的学者，发表此主题的论文数量为 11 篇。华中师范大学学者发表论文的数量为 9 篇，排名第三。其他研究机构的学者发布论文的数量在 3 ~ 8 篇。

（六）基金资助分布

通过图 2 - 28，我们可以看出，基金资助前 10 位发表此主题论文的分布差距较大，国家自然科学基金资助的数量最多，一共有 26 篇。而国家社会科学基金资助的有 21 项。教育部人文社会研究项目资助的数量为 10 项。而其他基金资助的数量集中分布在 2 ~ 5 篇。

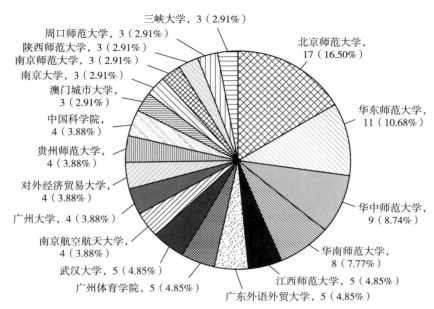

图 2 - 27　以基本心理需要为主题的机构分布（篇）

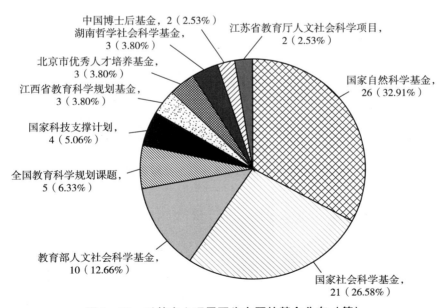

图 2 - 28　以基本心理需要为主题的基金分布（篇）

五、参照群体变量的研究可视化分析

（一）研究数量

根据中国知网对检测到文献的在线可视化分析显示，学术界关于参照群体的研究文献数量较多。根据图 2 - 29 可以看到，以参照群体为主要主题的文献研究内容涉及参照群体、消费者等。截至 2021 年 6 月，直接以参照群体为主要主题的文献有 88 篇。而根据图 2 - 30 可以得知，以参照群体为次要主题的文献研究内容涉及参照群体、参照群体理论等。截至 2021 年 6 月，直接以参照群体为次要主题的文献有 238 篇。

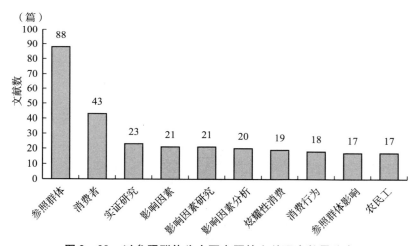

图 2 - 29 以参照群体为主要主题的文献研究数量分布

（二）文献来源

通过图 2 - 31，我们可以看到，文献来源前 10 位的期刊分别是《社会》《社会学研究》《南京社会科学》《体育科学》《中国农村观察》，《社会》杂志上发表的关于参照群体的研究数量最多，一共有 7 篇。

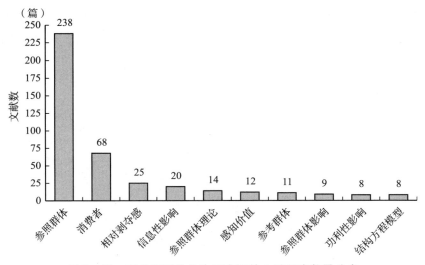

图 2 - 30　以参照群体为次要主题的文献研究数量分布

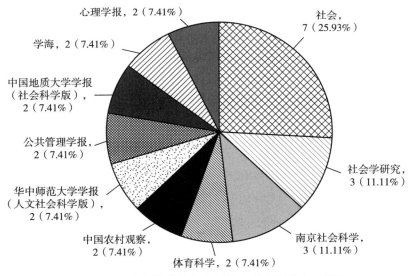

图 2 - 31　以参照群体为主题的文献来源分布（篇）

（三）学科分布

通过图 2 - 32，我们可以清楚地看到学科分布差异较小，宏观经济管理学与可持续发展学科和临床医学的数量最多，一共有 1125 篇，占比 6.84%。贸易经济学的分布数量位列第二，一共有 1098 篇，占比 6.68%。同时我们也能看到，心血管系统疾病学科的数量分布排名第三，一共有 1086 篇，占比 6.60%。可以看出，在经济学和医学上，关于参照群体的研究较多。

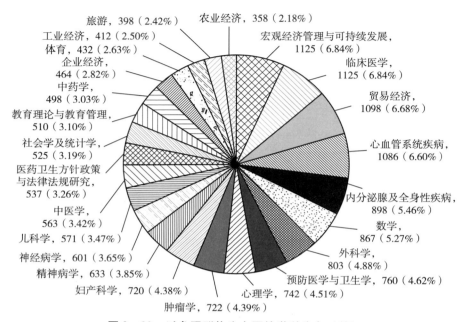

图 2-32　以参照群体为主题的学科分布（篇）

（四）中国作者分布

通过图 2-33，我们看到中国学者研究数量差异不大，其中西南交通大学的姜凌教授研究数量最多，一共有 6 篇，占比 5.94%。西北师范大学的周爱保教授研究数量为 5 篇，占比 4.95%。其他学者的研究数量主要分布在 3~4 篇。

（五）研究机构分布

通过图 2-34，我们可以清楚地看到，中国人民大学的学者发表此主题的论文最多，为 17 篇，北京大学的学者论文发表数量为 16 篇，南京大学的学者发表论文的数量为 15 篇。其他机构的研究分布数量较为集中，在 6~15 篇。

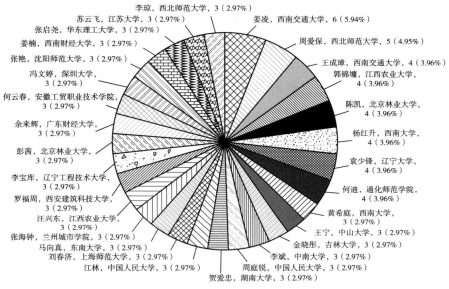

图 2-33　以参照群体为主题的中国作者分布（篇）

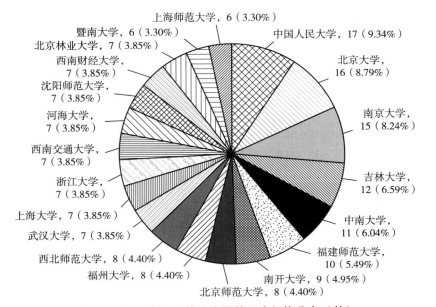

图 2-34　以参照群体为主题的研究机构分布（篇）

（六）基金资助分布

通过图 2-35 我们可以看出，基金资助分布差距较大，国家自然科学基金数量最多，一共有 79 篇。而国家社会科学基金资助数量为 71 篇。中国博士后科学基金资助数量为 8 篇。而其他基金资助数量集中分布在 1~5 篇。

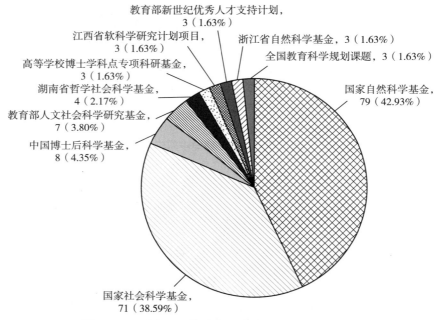

图 2-35　以参照群体为主题的基金资助分布（篇）

六、工作获得感变量的研究可视化分析

作为现实的基础，劳动是实现获得感的途径。目前，学术界还比较缺乏关于工作获得感的概念，不同学者对这一概念的定义也存在一些差异。中国学者王媛媛（2019）认为，工作获得感是企业员工在工作和解决问题中所得到的感受和体验；杨金龙和王桂玲（2020）提出，工作获得感是一种整体感受，是衡量一个人工作的实际收获和价值。本书基于杨金龙和王桂玲的观点，认为员工的工作获得感是对其实际报酬和工作价值的赞赏的总体感觉或评价。

国内外对工作获得感的研究并不是很多，更多是将工作获得感作为一种调节变量穿插其中，相关研究是在近些年才开始出现，随着现代社会对员工心理的重视，才逐渐开始有了工作获得感、工作幸福感等相关说法。有关工作获得感研究文献的发表呈现上升趋势，这也正说明工作获得感问题被逐渐重视，越来越多的人对此课题表露兴趣，相关研究也会越来越多。

（一）研究数量

根据中国知网统计数据，学术界关于工作获得感的研究文献较多。由图 2 - 36 可以看到，以工作获得感为主要主题的文献研究内容涉及获得感、思想政治理论课、思想政治教育等。截至 2021 年 6 月，直接以获得感为主要主题的研究文献有 423 篇。而根据图 2 - 37 可以得知，截至 2021 年 6 月，直接以工作获得感为次要主题的文献有 45 篇。

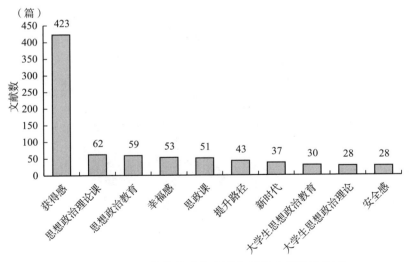

图 2 - 36　以工作获得感为主要主题的文献数量分布

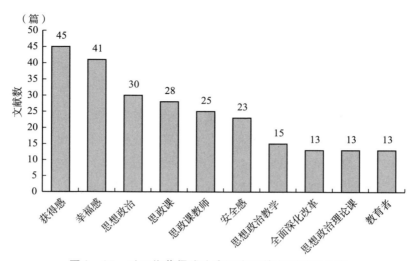

图 2 - 37　以工作获得感为次要主题的文献数量分布

（二）文献来源

通过图 2 - 38，我们可以清晰地看到文献来源分布较平均，《湖北社会科学》和《中国高等教育》关于工作获得感的研究数量最多，各有 4 篇，占比最高，为 8.16%。而其他院校大部分发布文献数量都在 2~3 篇。

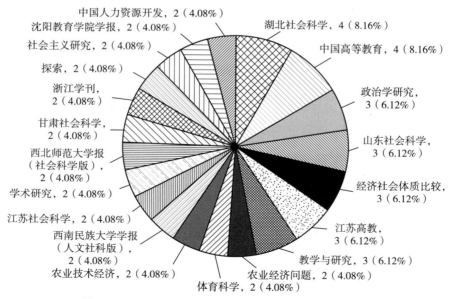

图 2 - 38　以工作获得感为主题的文献来源分布（篇）

（三）学科分布

通过图 2-39 我们可以清楚地看到学科分布差异较大，高等教育学科的研究数量最多，一共有 380 篇，占比 21.15%。中国政治与国际政治学的分布数量排名第二，一共有 301 篇，占比 16.75%。同时我们也能看到，行政学与国家行政管理的数量分布排第三，一共 212 篇，占比 6.79%。可以看出，在教育学和行政学两大学科上，关于工作获得感的研究较多。

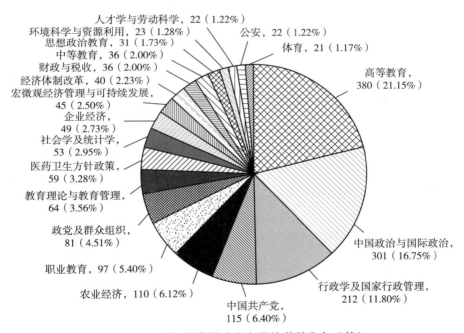

人才学与劳动科学，22（1.22%）
环境科学与资源利用，23（1.28%）
思想政治教育，31（1.73%）
中等教育，36（2.00%）
财政与税收，36（2.00%）
经济体制改革，40（2.23%）
宏微观经济管理与可持续发展，45（2.50%）
企业经济，49（2.73%）
社会学及统计学，53（2.95%）
医药卫生方针政策，59（3.28%）
教育理论与教育管理，64（3.56%）
政党及群众组织，81（4.51%）
职业教育，97（5.40%）
农业经济，110（6.12%）
中国共产党，115（6.40%）
行政学及国家行政管理，212（11.80%）
中国政治与国际政治，301（16.75%）
高等教育，380（21.15%）
公安，22（1.22%）
体育，21（1.17%）

图 2-39　以工作获得感为主题的学科分布（篇）

（四）中国作者分布

通过查阅图 2-40，我们可以清楚地看到中国学者研究数量差异不大，其中福建江夏学院的邵雅利教授和中共浙江省委党校的董瑛教授研究数量最多，一共有 5 篇，占比 5.62%。其他学者研究数量主要分布在 2~4 篇。

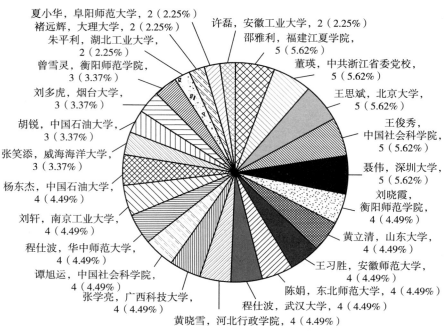

夏小华，阜阳师范大学，2（2.25%）
褚远辉，大理大学，2（2.25%）
朱平利，湖北工业大学，2（2.25%）
曾雪灵，衡阳师范学院，3（3.37%）
刘多虎，烟台大学，3（3.37%）
胡锐，中国石油大学，3（3.37%）
张笑添，威海海洋大学，3（3.37%）
杨东杰，中国石油大学，4（4.49%）
刘轩，南京工业大学，4（4.49%）
程仕波，华中师范大学，4（4.49%）
谭旭运，中国社会科学院，4（4.49%）
张学亮，广西科技大学，4（4.49%）
黄晓雪，河北行政学院，4（4.49%）
程仕波，武汉大学，4（4.49%）
陈娟，东北师范大学，4（4.49%）
王习胜，安徽师范大学，4（4.49%）
黄立清，山东大学，4（4.49%）
刘晓霞，衡阳师范学院，4（4.49%）
聂伟，深圳大学，5（5.62%）
王俊秀，中国社会科学院，5（5.62%）
王思斌，北京大学，5（5.62%）
董瑛，中共浙江省委党校，5（5.62%）
邵雅利，福建江夏学院，5（5.62%）
许磊，安徽工业大学，2（2.25%）

图 2 - 40　以工作获得感为主题的中国作者分布（篇）

（五）研究机构分布

通过图 2 - 41，我们可以清楚地看到，武汉大学和华中师范大学发表

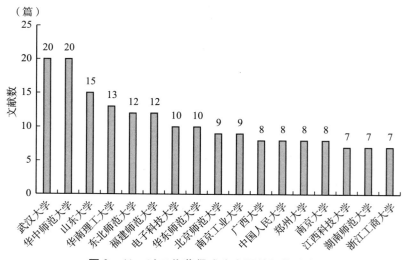

图 2 - 41　以工作获得感为主题的机构分布

论文的数量最多，各有 20 篇。其次，山东大学发布论文的数量为 15 篇。华南理工大学发布论文的数量为 13 篇。其他机构的研究数量分布较为集中，在 6~12 篇。

（六）基金资助分布

通过图 2-42 我们可以看出，基金资助分布差距较大，国家社会科学基金资助的数量最多，一共有 107 篇。教育部人文社会研究项目资助的数量为 32 篇。国家自然科学基金资助的数量为 16 篇。而其他基金资助的数量集中分布在 4~9 篇。

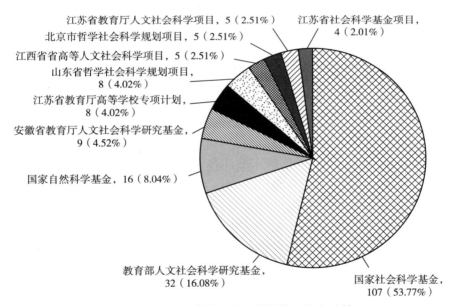

江苏省教育厅人文社会科学项目，5（2.51%）
北京市哲学社会科学规划项目，5（2.51%）
江西省省高等人文社会科学项目，5（2.51%）
山东省哲学社会科学规划项目，8（4.02%）
江苏省教育厅高等学校专项计划，8（4.02%）
安徽省教育厅人文社会科学研究基金，9（4.52%）
国家自然科学基金，16（8.04%）
江苏省社会科学基金项目，4（2.01%）
教育部人文社会科学研究基金，32（16.08%）
国家社会科学基金，107（53.77%）

图 2-42   以工作获得感为主题的基金分布（篇）

七、工作家庭冲突变量的可视化分析

现有工作—家庭冲突的影响因素主要有非工作时间连通行为、工作嵌入、心理脱离等。在非工作场所或者在非工作时间内使用移动设备开展与工作相关的活动（Richardson，2011）。吴洁倩等（2018）研究发现，心理脱离在非工作时间连通行为对在工作—家庭冲突的影响过程中起中介作用。非工作时间连通行为会对个体的工作家庭平衡产生负面影响，且非工作时间连通行为是工作—家庭冲突的一个重要影响因素（Park et al.，2011）。非工作时间连通行为同时从时间与精力两个方面对个体履行家庭义务和家庭责任进行了限制。工作嵌入说明了员工依附于当前工作的强度（Kiazad et al.，2015）。当员工处于高工作嵌入状态时，与工作的关系会十分紧密，与同事、领导等的联系也会呈现出又多又复杂的状态，此时其与工作和组织也表现出高匹配度，也会较容易从工作中获得资源。王永丽等（2018）研究发现，工作嵌入正向影响员工自评的工作家庭促进和家庭工作促进，以及配偶评的工作家庭冲突和家庭工作冲突。

（一）研究数量

中国知网统计显示，学术界关于工作家庭冲突的研究文献较多。根据图 2－43 可以看到，以工作家庭冲突为主要主题的文献涉及的研究内容除本身外，还有工作满意度、职业倦怠等。截至 2021 年 6 月，直接以工作家庭冲突为主要主题的研究文献有 280 篇。而根据图 2－44 可以得知，以工作家庭冲突为次要主题的文献内容有家庭工作冲突和工作—家庭冲突，截至 2021 年 6 月，直接以工作家庭冲突为次要主题的文献有 40 篇。

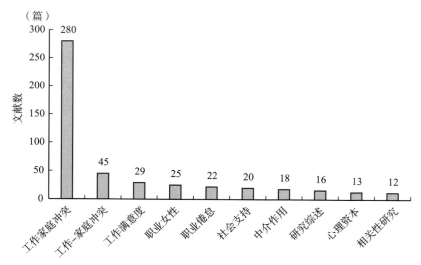

图 2－43　以工作家庭冲突为主要主题的文献数量分布

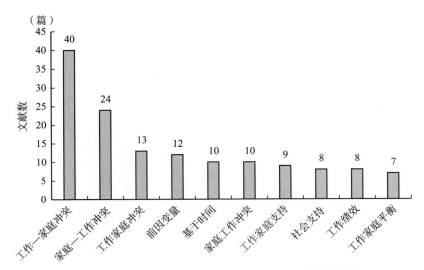

图 2-44 以工作家庭冲突为次要主题的文献数量分布

（二）文献来源

通过图 2-45，我们可以清晰地看到，文献来源前 20 位的期刊分别是《心理科学》《管理评论》《心理学报》《南开管理评论》《外国经济与管理》等学术杂志，其中，《心理科学》杂志关于工作家庭冲突的研究数量最多，一共 13 篇，占比最高，为 20.31%。而《管理评论》关于工作家庭冲突的研究数量分布排名第二，一共 8 篇，占比 12.50%。

（三）学科分布

通过图 2-46，我们可以清楚地看到学科分布差异较大，社会学及统计学的数量最多，一共有 505 篇，占比 25.73%。企业经济学的分布数量位列第二，一共有 472 篇，占比 24.04%。同时我们也能看到，心理学的数量分布排名第三，一共有 296 篇，占比 15.08%。可以看出，经济学和心理学关于工作家庭冲突的研究较多。

（四）中国作者分布

通过图 2-47，我们可以清楚地看到中国学者研究数量差异不大，其中华中师范大学的马红宇教授的研究数量最多，一共有 26 篇，占比 12.50%。

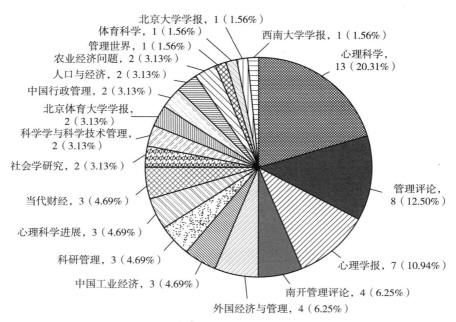

图2-45 以工作家庭冲突为主题的文献来源分布（篇）

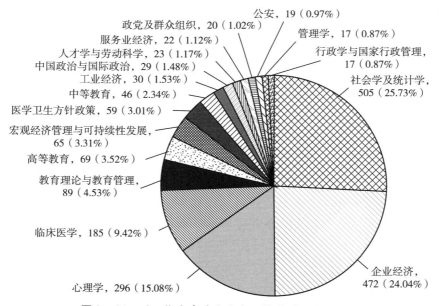

图2-46 以工作家庭冲突为主题的学科分布（篇）

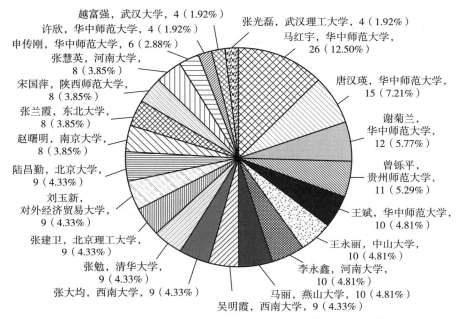

图2-47　以工作家庭冲突为研究主题的中国作者分布（篇）

华中师范大学的唐汉瑛教授研究数量一共有15篇，占比7.21%。华中师范大学的谢菊兰教授研究数量一共有12篇，占比5.77%。其他学者的研究数量主要分布在4~10篇。

（五）研究机构分布

通过图2-48，我们可以清楚地看到，华中师范大学的学者发表的学术论文数量最多，一共有20篇。其次，河南大学的学者研究数量为19篇。南京大学的学者研究数量为16篇。其他机构的研究数量分布在7~15篇。

（六）基金资助分布

通过图2-49我们可以看出，基金资助分布差距较大，国家自然科学基金资助的数量最多，一共110篇。国家社会科学基金资助的数量为51篇。教育部人文社会研究项目资助的数量为8篇。其他基金资助的数量集中分布在3~6篇。

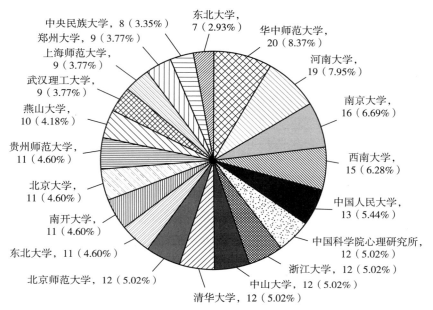

图 2-48　以工作家庭冲突为题主的机构分布（篇）

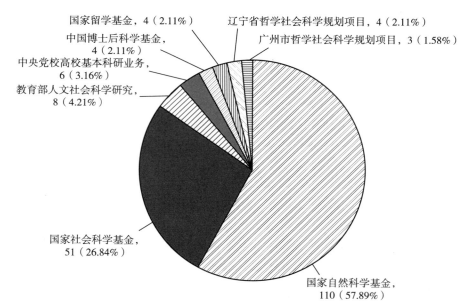

图 2-49　以工作家庭冲突为主题的基金分布（篇）

八、个人成长主动性研究变量的可视化分析

(一) 研究数量

根据中国知网统计显示，学术界关于个人成长主动性的研究文献数量较多。根据图 2 - 50 可以看到，以个人成长主动性为主要主题的文献研究内容除了包括本身外，还涉及个人成长、专业心理求助态度、中介作用等。截至 2021 年 6 月，直接以个人成长主动性为主要主题的研究文献有17 篇。根据图 2 - 51 可以得知，以个人成长主动性为次要主题的文献研究内容除了包括本身外，还涉及心理健康、主动行为等。截至 2021 年 6 月，直接以个人成长主动性为次要主题的研究文献有 4 篇。通过研究数量我们可以看出，国内关于个人成长主动性的研究数量不多。

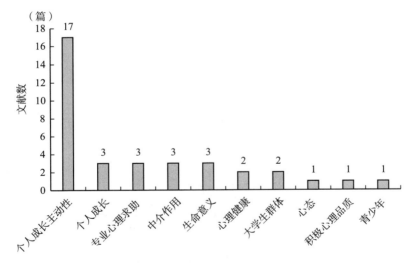

图 2 - 50　以个人成长主动性为主要主题的文献数量分布

(二) 文献来源

通过图 2 - 52，我们可以清晰地看到文献来源分布，主要来源于《文山学院学报》《心理科学进展》《心理科学》《心理发展与教育》《心理与

行为研究》等期刊。其中，《文山学院学报》上发表的关于个人成长主动性的研究论文有 3 篇，其他杂志发表相关研究的数量都为 1 篇。

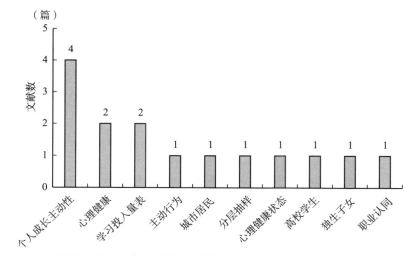

图 2 - 51　以个人成长主动性为次要主题的文献数量分布

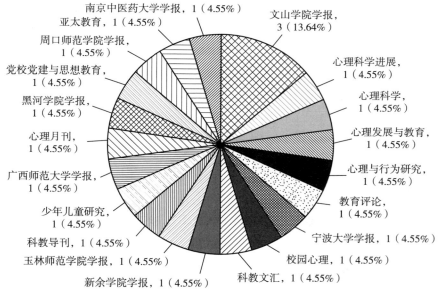

图 2 - 52　以个人成长主动性为主题的文献来源分布（篇）

（三）学科分布

通过图 2 - 53，我们可以清楚地看到学科分布差异较大，心理学的相关研究数量最多，一共有 68 篇，占比 31.92%。教育理论与教育管理学的分布数量排名第二，一共有 57 篇，占比 26.76%。同时我们也能看到，企业经济学的分布数量排名第三，一共有 40 篇，占比 18.78%。可以看出，心理学和教育学以及经济学关于个人成长主动性的研究较多。

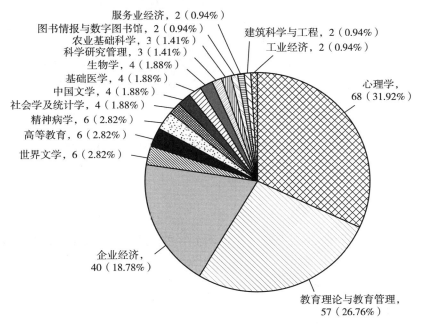

图 2 - 53　以个人成长主动性为主题的学科分布（篇）

（四）中国作者分布

通过图 2 - 54，我们可以清楚地看到中国学者研究数量差异不大，其中济南市第十一中学的王晓娜教授的研究数量最多，一共有 4 篇，占比 8.16%。福建师范大学的叶一舵教授、文山学院的邓选梅教授、广州大学的许丹佳教授和玉林师范学院的郭纪昌教授的研究数量各为 3 篇，占比 6.12%。其他学者的研究数量主要分布在 1～2 篇。

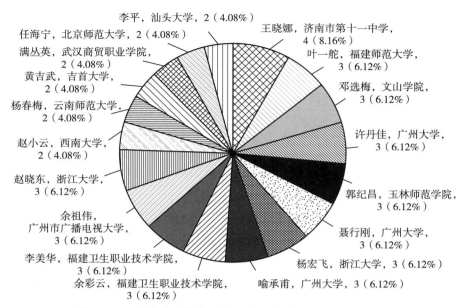

图 2-54　以个人成长主动性为主题的中国作者分布（篇）

（五）研究机构分布

通过图 2-55，我们可以清楚地看到，文山学院的学者发表的中文学术论文数量最多，一共有 3 篇。福建卫生职业技术学院、福建师范大学、安徽师范大学和玉林师范学院的学者发表论文的数量为 2 篇。其他机构发表论文的分布数量较为集中，为 1 篇。

（六）基金资助分布

通过图 2-56，我们可以看出，基金资助分布平均，安徽省教育厅人文社会科学研究项目、河南省高等学校人文社会科学研究项目、广东省教育科学规划项目、广州市教育局科研项目、全国教育科学规划课题、宁波市教育科学研究课题和国家自然科学基金七个基金资助的研究数量均为 1 篇。

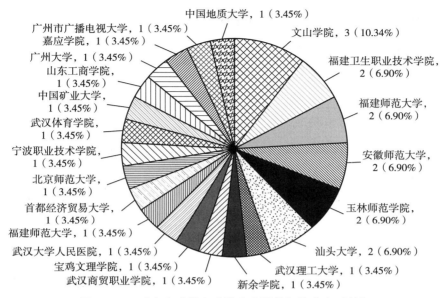

图 2 - 55　以个人成长主动性为主题的机构分布（篇）

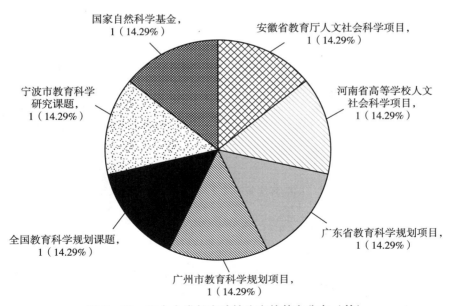

图 2 - 56　以个人成长主动性为主的基金分布（篇）

九、职业使命感研究变量的可视化分析

（一）研究数量

中国知网统计显示，学术界关于职业使命感的研究文献较多。根据图2－57可以看到，以职业使命感为主要主题的文献的研究内容除了包括自身外，还涉及使命感、工匠精神等。截至2021年6月，直接以职业使命感为主要主题的文献有90篇。而根据图2－58可以得知，以职业使命感为次要主题的文献的研究内容除了包括自身，还涉及使命感、职业幸福感等。截至2021年6月，直接以职业使命感为次要主题的文献有38篇。

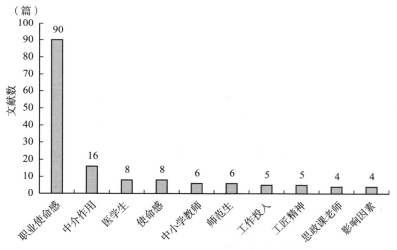

图2－57　以职业使命感为主要主题的文献数量分布

（二）文献来源分布

通过图2－59，我们可以清晰地看到相关文献来源于期刊《中国健康心理学杂志》《中国临床心理学杂志》《心理发展与教育》等。在《中国健康心理学杂志》上发表的关于职业使命感的研究数量最多，一共有4篇。其他期刊上发表的相关文献数量都在2～3篇。

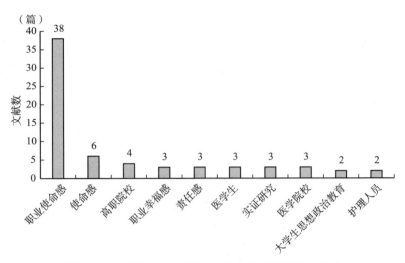

图 2-58 以职业使命感为次要主题的文献数量分布

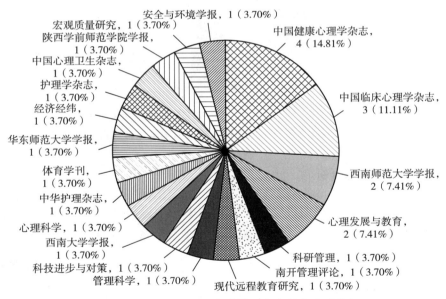

图 2-59 关于职业使命感的研究文献分布（篇）

（三）学科分布

通过图 2-60，我们可以清楚地看到学科分布差异较大，高等教育学科的数量最多，一共有 74 篇，占比 15.38%。企业经济学和教育理论与教育管理学的分布数量排名第二，一共有 55 篇，占比 11.43% 。同时我们也能看到，心理学的分布数量排名第三，一共有 44 篇，占比 9.15%。可以看出，在教育领域和企业经济学上，关于职业使命感研究较多。

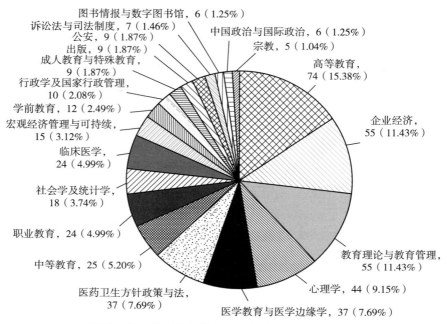

图 2-60　关于职业使命感研究的学科分布（篇）

（四）中国作者分布

通过图 2-61，我们可以清楚地看到中国学者研究数量差异不大，其中淮北师范大学的赵小云教授和绍兴文理学院的章雷钢教授研究的数量最多，一共有 5 篇，占比 6.1%。其他学者的研究数量主要分布在 2~3 篇。

（五）研究机构分布

通过图 2-62，我们可以清楚地看到，西南大学的学者发表的中文论文数量最多，有 8 篇，云南财经大学的学者发表研究成果数量有 7 篇。淮北师范大学研究数量为 5 篇。其他机构的研究分布数量较为集中，在 2~4 篇。

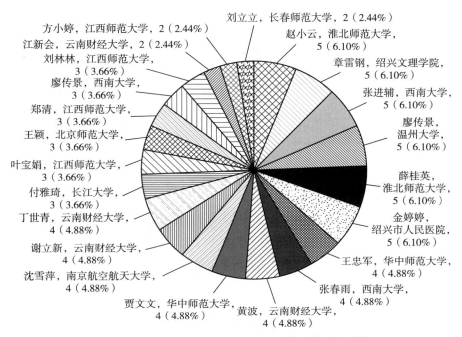

图 2 – 61　关于职业使命感研究的中国作者分布（篇）

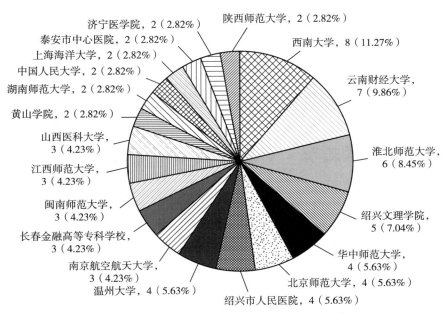

图 2 – 62　关于职业使命感的研究机构分布（篇）

（六）基金资助分布

通过图 2 - 63，基金资助分布差距较大，国家自然科学基金资助的数量最多，一共有 14 篇。国家社会科学基金资助的数量为 6 篇。教育部人文社会研究项目资助的数量为 7 篇。而其他基金资助的数量集中分布在 2 ~ 5 篇。

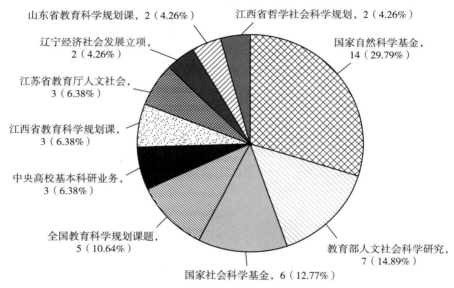

图 2 - 63　关于职业使命感的基金分布（篇）

第二节　新生代员工研究综述

一、新生代员工的界定

学者们对新生代员工的研究时间相对较晚，对新生代员工的定义普遍从出生年份进行界定，国内学者对新生代员工的定义如表 2 - 1 所示。

表 2-1　　　　　　　　　国内学者关于新生代员工的定义

国内学者	观点
边长勇（2007）	20 世纪 80 年代出生的群体为新生代
谢蓓（2007）	新生代是指 20 世纪 80 年代出生的，刚参加工作的群体
刘张勇（2011）	由新生代农民工概念推理出"新生代知识员工"
张立驰、邓希泉（2011）	新生代是 1980 年后出生的群体
宋超、陈建成（2011）	出生于 20 世纪 80 年代和 90 年代的人，认知和观念普遍上与传统不同，因而称他们为新生代
李宏利、李晓佳（2014）	把新生代员工区分为两类，1980 年后出生的和 1990 年后出生的两类群体
傅红、段万春（2013）	1994 年的《劳动法》法规，除文艺、体育等特殊单位之外，新生代员工是指 16～31 周岁的人员
李春玲（2020）	新生代员工是指 20 世纪 80 年代后出生的、在企业（单位）就职的人员，年龄范围界定在 18～39 周岁

二、新生代员工的研究现状

（一）研究数量

根据中国知网统计数据显示，学术界关于新生代员工的研究文献较多。从图 2-64 可以看到，截至 2021 年 3 月，以新生代员工为主要主题的文献有 1040 篇。由图 2-65 可以得知，截至 2021 年 3 月，以新生代员工为次要主题的文献有 268 篇。不管是主要主题还是次要主题，其研究数量均比其他主题数量多，说明新生代员工仍是学术研究的热门话题。

（二）研究年度趋势

通过图 2-66，我们可以清晰地看到 2016～2020 年，关于新生代员工的研究达到高峰期，其中，2018 年达到最高值，共有文献 265 篇。而在 2002～2009 年，关于新生代员工的研究较少，根据时间推算，这一时期第一批"80 后"正处于 22～29 岁青年期，与其相关的社会问题并没有完全显露出来。而到了 2010～2015 年，研究新生代员工的文献数量逐渐增多，这一时期，"80 后"已处于 30～35 岁的壮年期，而"90 后"也进入 20～25 岁的青年期，关于新生代员工的社会问题渐渐产生普遍规律性，吸引更多学者进行研究。

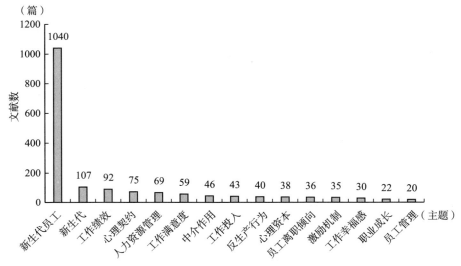

图 2 - 64　以新生代员工为主要主题的文献数分布

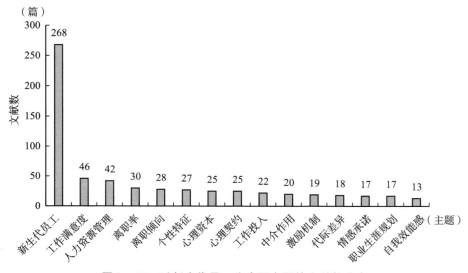

图 2 - 65　以新生代员工为次要主题的文献数分布

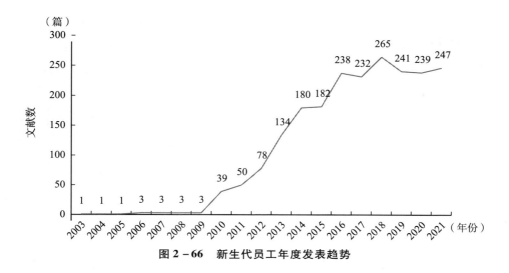

图2-66 新生代员工年度发表趋势

（三）新生代员工的心理特征

新生代员工生活的环境相对优越，这一时期经济发展迅速、政治环境稳定、社会环境和谐，在这样的环境下成长的新生代员工，会熟练地使用各种智能设备和社交媒体。因此，他们的物质比较充裕，教育环境较为民主，加之大多数的家庭仅有一个孩子，在成长的过程中备受关爱。个体的成长环境对于性格的形成有较大的影响，由于其特殊的生活环境、教育环境和社会文化环境，新生代员工在职场上展现出的性格、价值观方面与前辈们有所不同是情理之中的。一方面，他们大多思想比较开放，生活工作中崇尚自由、独立、追求个性，且具有多元化的价值观，比较重视工作中自我价值的实现；另一方面，可能表现出团队合作能力不强、意志力不够坚定、责任感偏弱的等诸多不足。

新生代员工成长的时代背景塑造了其独特的心理特质，学者们也针对新生代员工的典型特质开展了相关研究。学者侯烜方（2018）指出，新生代员工比以往代际的员工更注重自我感受与工作体验，重视工作的乐趣与胜任感。张尧等（2019）在研究魅力型领导对新生代员工创新绩效的影响时指出，新生代员工拥有较多的知识储备，且自主与创新意识较强，比较排斥专制权威式的领导风格。学者孙敬良（2019）在探讨研究新生代、中生代、老生代的需求及管理对策时分析时指出，新生代员工有较强的学习及适应能力，有着坚定的是非评判标准，但心理需求趋于多元化，组织忠诚度较低。学者张君等（2019）运用定性与定量结合的方法实证探索新生代员工特征，指出新生代员工重视工作生活的平衡，敢于挑战权威。贾冀南（2020）研究指出，新生代员工在工作中敢于创新，乐于接受新鲜事物，善于学习利用资源并将其转化为自身独特技能；刘博等（2020）研究认为，新生代员工具有强烈的高成就导向，重视自身发展，追求高工作绩效。本部分在回顾总结前人研究的基础上，归纳出新生代员工主要的心理特征。

1. 目标明晰，自主学习及创新意识强烈

改革开放极大地激发了中国市场经济的活力，教育体系也随之逐步完善。新生代群体生活的物质水平得到大幅提高，文化教育环境也得到大幅改善，加之互联网的迅速发展，知识传播的渠道更具多样性，因而，新生代员工与以往代际相比，不仅具有良好的教育背景和较高的学历，而且他们善于借助互联网，综合利用多种信息资源，自主学习能力较强。另外，互联网的新兴发展极大开阔了新生代群体的认知视野，使得其接收的信息资讯呈几何式增长。这些大量涌现的新鲜事物为新生代群体的创新实践提供了优质原料，因而其创新意识较强，能够迅速适应多变的环境。

2. 重视自我体验，追求工作生活平衡

在我国实施计划生育后出生的新生代员工多为独生子女，从小备受家庭宠爱，成长所需的物质需求基本上都能得到满足，因而相较于物质报酬，其更加重视内在自我体验的满足，特别是工作带来的内在精神体验，诸如胜任感、成就感、尊重感及归属感等积极情感体验，他们重视付出与回报的平等与否，具有较强的现实主义。他们自小在关爱中独自成长，因而其独立能力较强，待人处事有自己独到的价值观体系，追求"本我"意识强烈，感性知觉是影响其判断决策的重要驱动力。随着平等、自由等先进思想的传播，新生代员工的内在价值观念发生了变化。新生代员工更加追求生活的高质量，而工作生活平衡正是基于对生活品质的追求。工作赚钱不再是人生的全部，他们重视工作生活的平衡，并赋予了休闲时间更多的价值。

3. 自我成就导向较强，重视自我价值的快速实现

新生代员工具有良好的教育背景及较高的专业技能水平，学历高、能力强，对于自身的期望值也随之较高，重视自我价值的实现，特别是在工作中的自我实现和希望得到工作伙伴及领导对自身能力的认同。互联网技术的出现加速了社会的进步，压缩了事物发展的时间周期。处于这样背景下的新生代员工自然会想要加速实现自我价值的最大化。他们自主意识强烈，对于自我成长空间的要求较高，重视自己在企业的发展及自身的职业生涯规划。然而，其职业忠诚度及组织归属感知度较低，渴望对于工作的随性与自我掌控感，追求工作自由、"想走就走"的情感体验，会积极主动地利用各种学习资源不断提高自身专业技能水平，为下一次跳槽提前作好充分的准备。

4. 低权力距离取向，敢于挑战权威

改革开放不仅使我国经济得到空前发展，而且使人们的精神需求得到了满足，自由平等及受到尊重等个体重要心理需求逐渐深入人心。新生代员工追求平等的价值理念，他们具有强烈的维权意识，等级观念淡漠，具有低权力距离取向，不太会容忍工作中出现的不公平现象。一旦"不公"出现，便会挣脱组织等级制度，勇于表达，挑战权威，因而易在组织中出现一些违规行为甚至越轨行为。传统的以领导为主的强硬式管理方式与新生代员工追求个性自由、自我实现的本质可能有些不相匹配，他们更倾向于温和民主式的精神型领导，希望管理者不仅能授业传道解惑，提升其专业技能水平，更能满足其内在精神需求，增强其在工作中的获得感。

5. 价值观更多元化，包容度更高

在改革开放及互联网新兴发展的时代背景下，新生代员工的信息获取渠道呈多样化，选择机会更多，文化价值观趋多元化发展，且对于不同价值观的包容性较强。价值观的多元化对于其职场发展有利有弊。一方面，价值观的多元化可开阔其认知视野，使新生代员工具有更多的创新意识，有助于思维碰撞，催生新想法，降低企业决策风险；另一方面，价值观的多元化容易产生代际矛盾，引发职场人际危机。

综上所述，新生代员工受经济政治文化等多种因素的影响，呈现出与

以往代际差异较大的独特价值观及多元化心理需求。较之于外在物质报酬，新生代员工更看重自身内在精神需求的满足，自我导向强烈且心理行为具有多变性，难以预测，这使得传统人力资源管理模式需要进行变革。时代塑造的巨变需要紧跟时代发展，需要新思想、新模式来促进管理变革。个体的行为态度是其内在思想认知的外在表现，而内在需求体验的满足程度是形成具体认知方式的关键因素。因而立足新生代员工典型心理特质的外显表征，进而探究满足其内在精神需求的具体方法尤为重要。获得感是衡量个人物质精神满足的一大指标，是新时代反映人民群众幸福程度的客观指数。获得感需要当代人为之努力奋斗，需要以高度的职业使命感从事当前的工作，这样才更能体会到工作中的精神与物质的满足。获得感与人的需求紧密相关，它是一种正向的心理体验。工作获得感反映了员工对于自身工作获得的满足度，不仅包含客观物质需求满足，还包含主观精神满足。从积极组织行为学的角度看，员工的工作获得感越强，越可能将自己视为"内部人"，增强自身对组织忠诚度及组织公民行为。因此，若要当代新生代员工以职业使命感为导向，需要充分理解并关注新生代员工的个体诉求，充分考虑其个体的全面均衡发展；对企业而言，研究新生代员工的职业使命感有利于企业掌握员工的心理动向，及时调整人才管理机制，减少人才流失，稳固职工队伍。职业使命感的基本特性与新生代员工的独特价值观有较多契合之处，要聚焦职业使命感，深入探讨新生代员工具体的内在需求，进而为企业激发新生代员工的职业使命感提供新思路。

第三节　职业使命感的概念及影响因素

一、职业使命感的概念

现有对职业使命感的相关研究最早源于西方，具有较强的神学主义色彩。使命感一词译自"calling"，这个词语最早被应用于西方宗教的

著作中，其含义也是与犹太教和基督教的宗教信仰以及其思想表述有关
（Weber，1958），但仅仅只用在宗教领域，具体指的是个人感知受到上
帝的召唤，负担起神圣的任务或者是自己将要致力于某一特定的神职职
位（Serow，1994）。这一定义在古典主义和新古典主义思想流派中都有
所体现。

在《圣经》一书中也多次出现了有关职业使命感的记载，随后一些书
籍如《旧约全书》《新约全书》等经典作品中也有类似"上帝的召唤"的
提法（Keeran，2006）。在 16 世纪之前，"使命感"一词有着它独特的职
业指向性，这个词语的职业指向主要用于一些神职人员（如神父、牧师
等），一些研究者对这个词语的定义也大多用在对宗教或者神学领域的研
究（Dalton，2001），如韦伯（Weber，1958）在研究中将它定义为"受
到圣灵的感动而从事符合自己价值观与责任感的工作"。然而随着世界
宗教改革运动的兴起，"calling"一词的具体含义在 16 世纪时就开始有
了一些变化，以前专门用在宗教领域的使命感一词，后期则出现在社会
学的研究领域中，以马丁·路德（Martin Luther，2013）为代表的学者
将使命感一词应用于社会学的领域，认为一些普通的工作也有着非同寻
常的意义，可以是人们的精神寄托，认为每个人所从事的职业也同样有
着职业使命感的召唤与责任。在这之后，学者贝拉和麦德森（Bellah &
Madsen，1985）等也进一步指出，不同的职业也存在着工作的意义和工
作的责任的召唤，并非只有一些从事神职的人员才会有职业使命感的召
唤。职业使命感存在于不同的职业领域，是人们的某种职业上的向往和
精神寄托。而在心理学领域，研究者通常是引用这一词汇来对自我进行
发现与认知。比如学者基兰（Keeran，2006）认为使命感（calling）是
每个个体从内心寻找真实自我的过程，是发现本我与真我的认知途径，
他强调，个体通过与现实世界的互动过程，进一步反省自己，思考自我
存在的价值与意义，通过思考生命的意义，认知自我存在的价值感与责
任感，通过职业使命感的呼唤，去承担某个任务或角色，以完成历史所
赋予自己的责任，是一个自我完善的过程。依据这种历史赋予的过程及
个人认知发现的过程，研究者认为个体的职业使命感存在着三个层次，
即谋生导向、职业导向和使命呼唤（林纯洁，2010）。其中具有职业使

命感的员工认为工作是其生活内容的一部分，其工作已经内化为自己的一部分，他们更加重视工作的意义，不仅是把工作当成是一个简单的谋生手段，重视自己的工作对于社会和国家的作用，更加重视工作对社会的影响与自我实现。

从此，职业使命感一词逐渐进入社会科学研究的各个方面，不只是作为神学领域的一个特殊词汇来用。而且，学者们通过对其概念内涵的不断发展，将其与具体的工作相关表达联系起来。虽然学者们对于职业使命感的概念进行了各自界定，没有完全一致的看法，但基本上趋同，目前主要有三类观点：第一种观点认为职业使命感是特定的某一职业，对于个体来讲，是职业的一种选择；第二种观点则认为职业使命感反映了个人追求自己存在的价值与工作的意义，体现的是个体内心的价值观；第三种观点则认为职业使命感是一种驱动力，是人们受到来自外界的力量驱使而产生内在的精神动力。

（一）职业使命感是个体所从事的工作本身

从个体职业发展的角度来看，职业使命感是个体受到某种力量的感召，选定一个自己认为愿意付出努力的工作或职业。学者霍尔和钱德勒（Hall & Chandler，2005）研究认为职业使命感来自自身受到从事工作的意义感驱使，从而能够让自身内心充满希望地去工作；学者戴维森和卡德尔（Davidson & Caddell，1994）则认为职业使命感能够让个体在某种精神的感召之下去工作，受到精神的鼓励与鼓舞，工作中得到的物质其实不是其关键点，不会去单纯考虑自己在工作过程中的报酬。新古典主义学派研究者维泽斯涅夫斯基（Wrzesniewski，1997）等提出，职业使命感能够让个体在选取职业时有一种精神寄托，是个体存在的意义，能够让个体感知到工作本身所带来的社会价值及所承担的社会责任，并且乐于贡献自己的力量。

（二）职业使命感是个体所具有的一种工作价值观

按照人们与工作的关系或者人们工作的目的，研究者贝拉、麦德森和沙利文（Bellah，Madsen & Sullivan，1985）将人们的工作价值观分为三种：谋生倾向的价值观、职业倾向的价值观以及职业使命感的价值观。菲利普（Phillip，2009）研究认为，如果员工能够从工作中收获到工作的意义感，个体将会在工作中更容易显示出积极的心理状态；兰戈文、品德尔和麦克莱恩（Elangovan，Pinder & McLean，2010）的研究也表明，当个体带着意义感去工作时，更容易乐于从事他们的工作，更容易做出组织公民行为。

（三）职业使命感更是激励个体的内在力量

职业使命感也可以被视为激励，指个体以历史和时代的责任感为己任，在个人职业理想的感召之下，以所从事的事情为荣，从而激发起自己内在的力量。学者迪克和达菲（Dik & Duffy，2009）认识到，每个个体脱离不了社会环境，人在与社会互动的过程中，由早期成长的经历形成自己的职业理想与职业设想，当自己有了积累，有足够的能力去选择从事自己喜欢的职业时，就会把自己的工作当成是实现自己理想的一种方式，因此，会激励自己有力量持续热情的投入。学者兰戈文等（2010）则认为，职业使命感让每个个体有清晰的目标，在清晰的目标感知之下，也会产生工作的意义感；学者亨特等（Hunter et al.，2010）将职业使命感视为激发具体内在动机的小马达，是一个能够产生动力的加速机，激发个体内在的潜力，这种内在的潜力也是个体持续保持正能量的源泉。

综合分析发现，职业使命感从宗教领域用词转换到社会科学的其他方面，与个人工作意义感、个人精神内在驱动力等紧密相关，而且，职业使命感体现着时代的要求，不同时代的职业使命感有些不同。在心理学的视角下，职业使命感则强调对自我的认知，发现自我、激发自我、成就自我。职业使命感成为人内心的原本真实的力量来源。本书以组织新生代员工为研究样本，着眼于组织新生代员工在职业范畴的表现，采用学者裴宇晶和赵曙明（2015）对职业使命感的界定：一个人认知并感受到自我在特定领域的关键程度和在职业中体现的生命存在的意义感，是对某种职业产生的生命意义的体验、感知和强烈追求。对职业使命感的不同定义如表2－2所示。

表 2-2　　　　　　　　　　　　　**职业使命感的定义**

学者	定义
贝拉等	受到圣灵的感动而从事符合自己价值观与责任感的工作
埃利特奥	职业使命感能够令个体倍感内心充实，是事务自身的魅力吸引着人们去从事和处理
霍尔和钱德勒	将职业选择当作其人生存在的意义，能帮助个人实现自我价值，能使社会变得更美好
菲利普	希望从工作中获得意义感，并使这个世界变得美好
田喜洲、谢晋宇和吴孔珍	具有激励个体、呈现亲社会性倾向等现实意义
张春雨、韦嘉和陈谢平	在中国情景下，研究认为呼唤"Calling"就是使命感
于春杰	职业使命感是个体对待工作的态度观念，是其有迫切意愿就职某个职业范畴，并期盼从当前工作中获取意义感，达成个人价值的目标
裴宇晶和赵曙明	一个人认知并感受到自我在特定领域的关键程度和在职业中体现的生命存在的意义感

目前对于职业使命感的维度划分主要有单维度、二维度、三维度以及五维度（见表 2-3）。与职业使命感的定义类似，关于职业使命感的维度存在着不同的观点。达菲和赛德莱克（Duffy & Sedlacek，2007）相信职业使命感只有一个维度，而博伊德（Boyd，2010）的研究表明，职业使命感由两个维度组成：超级感召和工作的意义。此外，在西方文化的研究中，职业使命感指对特定职业的感知。学者张春雨等（2012）确定了职业使命感的三个维度：利他主义、引导力量、目的和意义。

表 2-3　　　　　　　　　　　　　**职业使命感的维度**

结构维度	内容	研究者
单维度	职业使命感是一个不可分割的整体	戴维森和卡德尔（1994）
二维度	目标性、亲社会性	博伊德（2010）
三维度	超然的召唤、有意义的工作、亲社会性	迪克和达菲（2009）
	动作定位，目标清晰感和个人义务感，亲社会倾向	兰戈文、品德尔和麦克莱恩（2010）

续表

结构维度	内容	研究者
三维度	人 – 环境适合、超然的指引力、价值驱动	哈格迈尔和阿贝莱（Hagmaier & Abele，2012）
	利他主义、引导力量、意义和目的	张春雨等（2012）
五维度	利他，爱好，责任，强烈召唤，衍生	弗伦奇和多梅内（French & Domene，2010）

二、职业使命感的前因及后果研究

学者们对职业使命感的前因及后果变量也进行了相关探讨，这些研究涉及的变量有人口统计学变量、职业成功和离职意愿等相关变量。

（一）职业使命感的影响因素研究

学者们研究认为，职业使命感受到人口统计学变量如个人特质、性别、个人对职业的认知、领导风格等因素的影响。如达菲等（2013）认为性别与种族对职业使命感的差异没有任何影响。学者普拉萨科娃（Praskova，2014）认为不同群体的收入和不同年龄层次的职业使命感差异也不明显。史珈铭（2019）以事业单位员工为研究对象，调查发现下属感知到的领导风格（如精神型领导）对员工职业使命感有着正向影响。学者朱晓妹（2018）用实验数据证明了职业使命感也受到组织安全气氛的显著影响。

在性别差异方面，男性的职业使命感强于女性还是女性的职业使命感强于男性，在研究上并没有取得完全一致的结论，学者们以各自收集到的数据样本进行验证，如学者迪克等（2012）研究认为女性的职业使命感更高，而劳等（Lau et al.，2020）研究的结论则相反。

在个人特质对员工职业使命感影响的研究中，达菲等（2015）以有宗教信仰背景的大学生为数据收集对象，研究表明，宗教中的教义通常会教导人们遵守某种规范，宗教与员工表现出来的职业行为中的感到工作中的意义和目的感相关，这可能是形成员工职业使命感的前因变量。学者博特和达菲（Bott & Duffy，2014）两人以在校大学生为对象收集数据，经过半年左右的对比研究，认为职业使命感可能的预测因素之间（工作意义感、工作追寻、职业自我决策的个人效能感、个人成长等）是相互影响的。他们研究的结论表明，员工对生命意义的体会及对个人成长的要求正向影响员工工作使命感的形成。

学者哈尔茨和鲁赫（Harzer & Ruch，2012）的研究进一步探讨了员工的性格、工作中的体验感与职业使命感之间的关系，他们探讨了性格在工作中的适用性，研究结果也表明，工作中的积极体验感和自我感觉的性格优势能够显著正向预测员工的职业使命感。

关于职业认知对职业使命感的关系，学者加勒和伦茨（Galles & Lenz，2013）把职业理想、对职业的认同作为研究变量，探讨了其与职业使命感的关系，研究表明，大学生的职业理想和职业认同都与职业使命感之间有着正向影响。学者赫希和赫尔曼（Hirschi & Herrmann，2013）进行了纵向研究，收集的研究数据也进一步表明，职业规划、职业的决心和大学生的职业认同感与职业使命感之间呈正相关，进一步的实证研究对职业使命感、职业规划、决心和自我效能感在一年内的三波变化进行了评估，评估结果显示，职业规划、决断性与职业使命感呈显著正相关。

在领导类型与员工职业使命感的影响研究上，学者马尔科夫等（Markow et al.，2007）运用质性研究方法，认为领导风格在对员工的职业使命感影响上存在着传导效应。还有学者从自我决定理论的角度，以该理论中的基本心理需要的满足作为中介变量进行分析，如学者张丽和金涛（2019）运用收集的数据，实证分析了授权型领导对员工职业使命感的预测作用，研究表明，授权型领导能够正向预测员工个体的职业使命感。

（二）职业使命感相关结果变量

学者们除了研究职业使命感的影响因素之外，还进一步探讨了职业使命感的结果变量。因为职业使命感体现的是个体对所从事职业的意义感的体验以及个人目标的实现程度，职业使命感所表明的是内在动力的驱动（Samuel，2015），是个体积极心理体验的表现变量。在已有文献中，大多探讨其积极心理行为的相关状态。从整体来看，职业使命感作为一种激励的力量，会对员工的职业成功、员工个体的精神面貌产生积极的影响，也会促进员工个体的正向体验，因此，员工工作的满意度以及个人对工作的幸福体验也比较高（Vianello，2018）。

学者们研究表明，职业的使命感可以有效地激励员工。学者王颖、张玮楠（2020）以公立医院的医生为研究调查对象，收集数据进行调查分析，研究结果表明，具有高度职业使命感的医生，其工作的主动性也高，也会在工作中表现得乐于奉献、乐于助人、积极地投入工作，有精力和情感去关心关爱他人，因此，职业使命感与员工的工作投入之间呈现正相关关系。学者陈宏辉的分析表明，职业使命感能够让员工有着持续投入工作的动力，职业使命感能够正向预测员工的职业承诺。

另外，学者们分析研究也表明，员工的职业使命感能够让员工以一种非常积极和正面的行为面对所从事的工作。学者洛宾（Lobene，2013）以学校的教师为研究对象，得出教育工作者的职业使命感会导致正向的工作绩效产出。学者于桂兰（2017）进一步研究分析表明，职业使命感和认同感对职业满意度和职业成功有显著正向影响。学者叶龙（2018）通过对全国的不同地域的知识型员工进行数据收集，发现员工的职业使命感能够正向预测员工的工作幸福感，它们之间存在着正向相关关系。

职业使命感还会进一步影响员工的职业态度认知以及员工个体的行为。如塞缪尔（Samuel，2014）等从社会职业理论的角度出发，进一步探讨职业成果期望、个人兴趣的关系程度两变量与职业使命感的关系。研究结果表明，职业使命感对员工的职业成果期望及个人兴趣的影响程度要比员工的个人效能感的影响高。学者维阿内洛等（Vianello et al.，2018）则结合新古典主义的观点，对职业使命感的内涵进行了重新的定义与界定，研究也分析了量表的结构、量表的有效性，并且以收集到的数据为基础，发现职业使命感对工作投入和职业承诺之间有正向预测作用。

在职业使命感对员工的心理情绪影响方面，学者们也进行了探讨。如学者普拉萨科娃等（2015）以新生代为基础，开发了专门针对新青年的职业使命感量表，研究表明，职业使命感能够促进新生代的个体职业认同，增加他们职业目标的选择，能够使他们体验到工作的意义，从而增强了个体的幸福感体验。

德国学者赫希等（2013）则以大学生为研究对象，以职业准备作为职业使命感的结果变量进行研究，收集到了846个有效数据，研究结果表明，职业使命感能够正向预测大学生的职业规划与自我效能。学者达菲等（2018）提出了员工的职业使命感是促进员工个体幸福感的关键途径，通过实证研究发现职业使命感能显著提高个体的生活满意度和工作绩效，但在研究中，该学者同时提出了职业使命感可能出现的负面效应，如职业使命感会导致员工工作倦怠、带来工作剥削感等消极后果。

第四节　自我决定理论综述

一、自我决定理论概述

自我决定理论是美国心理学家爱德华·德西（Edward L. Deci）和理查德·瑞安（Richard Ryan M.）提出的，他们认为自我决定是个体对自我行为的选择自由，这一选择是由个体的心理需求和社会的外部环境共同决定的，其中心理需求是主导因素。自我决定理论的核心观点认为人天生具有个性化的心理成长和发展历程，且具有对学习环境、成长环境的掌控权，并以此有选择地将外界新的经验整合为自身知识储备的能力，但这一选择还受社会外部环境的影响。外部环境对个体内在成长的影响作用分为两种，一种是制约作用，另一种是促进作用。当外部环境可以满足个体的心理需求时，就非常容易激发个体采取积极的行动，提升个体产生某一行为的积极性，反之则会降低个性的积极性。但有时外界环境并没有表现出阻碍或促进的作用，此时个体同样会积极地投身于某一活动，其主要动力来源于个体内部心理作用。

自我决定理论中有两个关键的动机因素，即内部动机和外部动机。内部动机主要是通过人本身的兴趣爱好、求知欲、情感认知、价值取向等发挥作用，而外部动机则是通过来自外部的有利因素，如表扬、赞美、奖励等刺激，来激发人做出某一行为的动力。需要注意的是内部动机和外部动机并非相互排斥的，在自我决定理论中我们可以更加清晰地认识到内外动机的有机统一性，并且个体都会经历由此及彼的、从非自我决定向自我决定转变的过程。

二、自我决定理论的心理需求观

自我决定理论中有三种基本的心理需求，即自主需求、归属需求以及胜任需求，这三种心理需求体现在人们的工作场所中，当个体的心理需求得到满足时，他们就会表现在行动中，比如更加努力地工作，以取得更好的绩效，保持心情愉快、工作积极热情等。

自主需求是指个体对自身的行为和活动有绝对的掌控权，也就是说企业为员工留有自由选择的空间和余地可以满足员工的自主感，进而提升员工的归属感。但是，员工作为企业的职员必然要受到企业规则、管理人员、工作规范等诸多方面的约束，因此如何把握对员工行为的约束和自由是企业提升员工满意度的关键。比如当员工的行动有充足的理由或企业的规则与规范被员工认可时，就算是在各种规则的限制下，员工的自主感也会有所提升。因为，此时的个体所从事的行动具有明确的目的性，完成目标会为个体带来成就感，自主感也得到了满足。反之，个体的自主感将无法在行动中得到满足，其行动的积极性就会降低，进而产生厌烦感，这将不利于企业的发展。

归属需求是指个体与他人之间的联系性，与马斯洛需求层次中的归属需求表达的意思相同。个体作为集体中的一员，有权利对他人表达自己的喜爱和关心，同时拥有被他人关心和建立关系的权利。人与人之间在进行情感交流时，他们之间的关系也会随着交流次数的增加而增加，此时个体心理需求的归属需求就得到了满足。

胜任需求是个体发展和成长的基本需要，这是一种个体可以清楚感知的自我价值认可感，主要表现为个体可以有效运作某一事物。胜任感一般是通过个体努力得来的，主要表现为对事物的好奇心、操控感和求知动机。但是，在现实生活中，胜任感往往无法得到满足，因为在实践中完成某件事情往往具有较大的挑战，负面环境的影响、客观条件的不足等都会阻碍胜任需求的满足。

三、自我决定理论的动机类型

自我决定理论最大的特性在于它更重视个体行为发生的动力机制，并指出人的行为动机具有多变性、多样性的特点，且受个体本身和外界情景的影响而产生不同的行为动机。多种不同类型的行为动机最大的区别在于行为发出是自主的还是被迫的，著名学者德西和瑞安根据个体行为发生的动机的不同，将其分为无动机、外部动机和内部动机三大类型。

无动机的意思就是个体没有行为动机，也就是说个体发出某一行为时并没有明确的目标、意愿和倾向，此时的行为动机力量最弱。个体对行动本身不感兴趣，也没有外在激励政策或其他的激励措施，此时个体表现的行为往往具有盲目性，一般无法取得显著的成果，参与者仅仅是处于一种应付差事的状态。

外部动机是指个体参与某一活动或发出某一行为，是为了完成某一外在目标，或得到外在的赞美、认可、奖励、报酬等。外部动机由于受多种因素的影响，德西和瑞安将其进一步分为了外在调节、内摄调节、认同调节和整合调节四种类型，这一划分将外部动机视为了连接内部动机的中间媒介。具体而言，外在调节本身属于一种无内化的动机类型，它是指个体参与某一活动的直接动机是为了获得来自外界的奖励、报酬等，而并非因为个体本身对事物感兴趣，该行为具有较强的目的性。

内摄调节是指个体由于受到来自内部的压力而发生的行为，这一压力主要指心理上的，如内疚感、羞愧感、责任感等。和外部调节相同的是内摄调节中的压力是个体行动的动力，不同的是这一压力来自个体内部而非外部，具有较强的内向性。内摄调节中个体希望通过做出某一行为来弥补内心的愧疚感，或者是避免尴尬等，其实在做出行动前个体已经接受了这一行为，且希望通过行动获得自我提升，在这一过程中个体的价值观也发生着微妙的变化，相比外在调节，内摄调节更重视调节过程中自我价值的提升，可以视为是一种个体心理提升的过程。

认同调节指个体的行为建立在认知思考和分析之后，表示对某一观点的认同而产生的行为。此时个体行为具有较大的选择权，只有在认同的基础上才会做出某一行动，因此不会有任何的压力和不适感，但从实质上看，这一行为的产生仍存在较大的工具性，因为个体行为的产生并非发自内心，更多的是在原有认知的基础上做出的反应行为，这一行为的做出并不会给他带来愉悦感和满足感。与内摄调节相比，认同调节更全面，自我决定的程度也更高。

整合调节是指个体通过整合多方面的因素作出的决定，是外在动机中最自主的一种形式。经过整合而做出的行为更有价值，且个体内部的整合不会受到外界行为、观念、价值观的影响，其整合的结果更符合自身的价值需求和情感取向，其行为的发生也会给个体带来较大的成就感和满足感。

内部动机是指个体做出行为的动力来源于机体内部，其行动的目的并不仅仅是为了获得回报，更多的是为了满足自身的内部需求。自我决定理论的观点认为，内部动机的直接目的是为了满足个体的心理需求，是帮助个体健康茁壮成长而做出的行为，此外，为了满足个体的挑战性、趣味性和内在成长而产生的行为也属于内部动机范畴。内部动机驱使下发出的行为，可以使个体获得最大的满足感和愉悦感，这是内部动机最大的特点。我们一致认为，内部动机是最能反映个体内心需求、最能体现个体能动性的行为动机，因为内部动机并不受外界的干扰、限制、压力等影响，更遵从于本心。当人们受到某一内部动机的影响，如兴趣、价值观等，就会自主地做出某一行为，且该行为具有持久性、创造性等诸多优点，通过这一行为，个体的幸福感和满足感也会得到提升。

第三章

基于自我决定理论的
职业使命感研究框架

本书拟逐层逐步考察"组织/社会情境→基本心理需要满足→工作获得感→职业使命感"的链式作用关系，希望从微观视角科学地揭示出新生代员工的职业使命感产生的心理机制，并探讨组织情境（如组织公平、工作特征和授权型领导）和社会情境（工作家庭冲突）在调节变量（参照群体、个人成长主动性）等的作用下，新生代员工职业使命感形成的机制，以期为企业激发新生代员工职业使命感提供相应的借鉴，为有效管理新生代员工提供参考，为社会构建和谐劳动关系提供依据，同时也提出本书相关的假设。

第一节 研究假设

一、工作获得感对职业使命感的影响及其调节变量

（一）工作获得感对新生代员工职业使命感的影响

"获得感"是一个本土性很强的概念，最初是政治术语，后来逐渐为学术界和社会各界应用和讨论。自习近平总书记 2015 年 2 月 27 日在中央

全面深化改革领导小组第十次会议上提出"获得感"以来①，该词引起了学界和实践界人士的广泛关注。

获得感是指个体对付出之后得到回报的感受，反映的是个体的付出与回报之间的匹配程度。"获得感"和"幸福感"虽有一定的相似性，但总体来说，获得感更加实际，它强调一种实实在在的得到。在不讲获得的条件下空谈幸福，无异于画饼充饥，容易流于空泛。不同学者对于"获得感"的具体内涵提出了自己的见解。有学者研究认为，"获得感"这一概念，必须放在我国全面深化改革、转变经济发展模式、实现共享发展的时代背景下来理解。"获得感"是建立在"客观获得"基础之上的、对"客观获得"的主观感觉（丁元竹，2016）。它不仅仅局限于物质利益与经济利益上的"获得"，还包括获得知情权、参与权、表达权等政治权利，以及文化、生态、社会等各方面的发展成果共享与获得（赵玉华等，2016）。不仅如此，它还体现为人民能够获得实现自我价值、参与到经济社会发展进程中的机会（赵玉华等，2016；陈海玉等，2018）。更重要的是，"客观获得"还包含了未来维度——在拥有"当下获得"的基础上，能够确认"获得"是可持续的、不断发展的，"当下获得"在未来不仅不会消失，还会更多、更好（秦国文，2016）。吕小康等（2018）认为"获得"是个很实在的概念，获得了什么、获得了多少，人们能够从实际生活中得出判断；人民幸福不幸福，在很大程度上取决于人民对获得感的感知。

在"获得感"成为学术界研究热频词汇的同时，已有学者开始探索工作获得感的概念定义。工作获得感聚焦于工作范围内的获得感受与体验。

习近平总书记在党的十九大报告中指出，当今我国的主要矛盾已转变为人们日益增长的美好生活需要和不平衡不充分的发展之间的矛盾②。在新时代大背景下，随着社会高质高速的发展，人们对于美好精神生活的向往日趋强烈，中国特色社会主义所坚持的共建小康、共同富裕等共性思想愈加深入

---

① 习近平主持召开中央全面深化改革领导小组第十次会议［EB/OL］. 中国共产党新闻网，2015－2－28.

② 党的十九大报告对马克思主义的重大理论创新［EB/OL］. 中国共产党新闻网，2018－4－27.

人心，人们追求的是看得见的进步与摸得着的幸福。获得感一词应运而生，它是平等正义、共性发展思想的精炼和提取，是贴切可量的幸福指数，反映了生活质量的客观提升与民众的主观满足度，既包含外在的物质获得，又包含内在的精神获得（丁元竹，2016）。工作获得感是获得感在工作层次的进一步具体细化，衡量了员工对自身在工作中实际付出与所得回报的综合评估满足度（杨金龙、王桂玲，2019），与员工的工作幸福感、组织公民行为及工作离职率等均显著相关（朱平利、刘娇阳，2020）。

学者们研究认为，获得感是一种正向心理体验，既包括客观的物质得到也包括精神需求的满足，是个体付出与取得相应回报的对等程度，它与参与度密切相关，强调的是"握在手中"的真实感（周海涛、张墨涵、罗炜，2016）。获得感是对民众真实获得的客观衡量，获得是获得感的前提与基础，没有切实所得谈论获得感便如无本之木，务虚空谈。获得感与人的内在需求紧密相关，在社会生活实践中，这些需求主要借由个人工作体验得到满足，一切获得都是靠奋斗得来的，获得感重在个人权利满足而非他人物质的给予，因而了解新生代员工内在心理诉求，提升其工作获得感是企业的重要职责。工作获得感是获得感在工作层面的概念细化，是员工在工作中所产生的"获得感"，既包含显性获得，也包含隐性获得。已有学者分别从不同角度对这一概念进行了探讨研究。

学者乔玥等（2019）将职工获得感分为精神获得感和物质获得感。精神获得感主要是指员工对工作环境的感受及对其需要的满足程度；而物质获得感则是指员工从组织中得到的实实在在的物质利益和经济利益。学者王媛媛（2019）则从家庭工作平衡的角度探讨了其对工作获得感的影响，明确了工作获得感的来源，认为包括三个方面，即生理获得、心理获得和物质获得。学者杨金龙和王桂玲（2019）认为工作获得感是个体对在工作中的实际付出回报和价值实现的综合感受与评估，即"工作付出"与"工作回报"之间具有合理性与公正性，因此，工作中既带来物质上的经济利益，也会产生心理上的满足，既包括以实物为基础的客观获得，又包括以心理满足为基础的主观获得。哲学家黑格尔强调劳动产生价值，认为劳动是产生一切物质的源泉，人们只有在劳动的基础上，才会不断地创造成果、创造价值。马克思从唯物主义论角度，强调了生产物质是由劳动者的实际劳动创造的，这种实际劳动也是社会前进的根本。由此可知，劳动是产生获得感的重要前提。

职业使命感也是在工作中体会到的一种意义。这种意义的产生也来自心理的感觉，当个体在工作中获得了成就，获得了认同，满足了自己内心需要，按照马斯洛需要层次观点，人们会转向更高层次的需求，因此，工作获得可能是构成个体职业使命感的一个主要来源。职业使命感中职业意义的感召，也是个体工作激励产生的来源之一，意义感知源于在工作中他人的肯定及正向的回馈，是对自己工作贡献的肯定。

职业使命感体现着个体对人生意义的追求，是个体对自己的职业进行探索的指南针，为个人未来的职业发展方向提供明确的指引，也是指引和驱动个体在工作中表现出积极工作行为与情感的发动机。在工作中获得的尊重与认可能够激发个体产生工作意义的体验；工作中得到对等的物质报酬，是新生代员工产生心理感受的物质基础，工作中的能力提升感是其对未来职业发展信心的基础；而职业憧憬代表着个体对未来的职业发展充满了信心和力量，这些正是职业使命感的源泉。因此，在工作中更多的获得，会使员工体会到更多的工作的意义与价值，并更加持续努力地投入精力去工作。工作获得感作为一种重要的心理感受，能够产生心理上对职业的认同。在体会到工作中的意义与价值之后，更进一步产生对自己职业应当承担的责任认同，也就逐渐形成自己对职业使命的担当。学者韦斯（Weiss，2011）研究指出了职业使命感其实也能表现个体的潜在内部力量与才干，反过来也会增强自身在职业方面获取成功的效能感度，强化自己拥有的内在兴趣、个人所在的优势，对目前拥有的资源加以运用，以职业使命为指引，获得更多的职业成功。因此，作为一种重要的心理资源，工作中的获得感能够正面强化自己的职业内在驱动力，调动个体的主观能力性，促使个体主动按照自己的职业愿望去努力工作，激发个体的职业使命感。可见，工作获得感能够正面强化新生代员工的职业使命感，让新生代员工体会到工作的意义与价值，促进新生代员工自身的工作动机，激发新生代员工对所从事工作意义的认可，唤醒新生代员工的职业使命感。具体来说，工作获得感强的新生代员工会更加认同自己的职业，有着较强的职业效能感，在面对工作中的任务和困难时，他们也会有着较强的自信心，有着克服困难的勇气与决心，能够及时调整自己的心态，进行自我激励，自己的职业目标也会得到实现，更能获得职业成功，体会到自己职业的意义与价值，这种内在的体验也促进了个体职业使命感的产生。

工作获得感高的个体因为在工作中收获了来自上级及同事的认可，体会到组织对自己工作的认同，对自身的工作以及所从事的任务有着较强的意义体验，在工作中所投入的精力与体力都得到了应有的回报，因此对职业认同感较强，能体会到自己从事职业的意义。同时，工作获得感增强也能带动个体对职业使命的担当。工作的获得能够进一步地让个体在工作中设定有意义且具有挑战性的工作和目标，激励自己提高工作的能力，促进个体主动实现自身的价值，增加个体对工作的挑战性动机。另外，工作获得感作为能够促进个体内在动机的心理资源，能够激励个体持续不断地努力完成工作，为了心中的目标，持续不断地抓住机会，实现目标，从而获得更多的奖励与报酬。这种奖励与报酬是新生代员工产生职业使命感的基础，而内在心理的获得将进一步激发新生代员工不断追求个人工作的意义，追求个人的志向与发展，激发自身职业使命，在职业中追求社会属性，强化职业的精神意义，为社会作出贡献。因此，新生代员工工作的目的不仅是工作，而是通过自身的劳动为社会、为组织贡献自己的力量，获得自己对职业的认同（Dobrow，2011），体现出自己工作的意义，追求自我职业使命的实现。

综上所述，工作获得感能强化自己的职业使命感，工作中的物质获得是自身职业使命感产生的物质基础，是激励自己工作的物质保障；工作中的精神获得，如认可及认同是自身职业使命感产生的精神基础，是激励自己职业使命感形成的持续动力。

基于上述理论和分析，本书提出假设1：工作获得感对新生代员工职业使命感有显著正向影响。

（二）个人成长主动性对工作获得感与职业使命感的调节作用

20世纪90年代以后，心理学的研究出现了一支特别活跃的研究分支——积极心理学，研究者们引入积极心理学的相关变量对组织行为进行了探索。其中，关注个人成长主动性变量的相关研究也引起了学界的关注，对其研究的成果也越来越多。个人成长主动性（personal growth initia-tive，PGI）是由学者罗比谢克（Robitschek）在 1998 年首先提出来的。该理论认为个人成长主动性是人们的一种元认知结构，当个体自身存在着不足时，这种认知结构能够调节个体的行为，通过个人成长主动性来调控自己，它能够帮助人们利用可用的资源去完善自己，从而实现个体改变和成长的目的。因此，个人成长主动性是指个体在生活或工作中人们有意识地、主动地提升自己的认知和行为（Robitschek，1998），能够让个体认识到职业的意义与社会职责，学会在成长中勇于担当，能够激发个体职业使命感的形成。之后一些学者都对这一概念进行了界定，对其定义结构上有着不同的见解。从单一的结构维度丰富到多维的结构，如学者罗比谢克等（2009）在前期学者的基础上，认为个人成长主动性不仅包括认知和行为两个方面，而且还包括人们的准备过程、利用自身的资源去实现计划、主动行动这些过程。因此，他们提出了个人成长主动性的四个维度，分别是：准备改变（指为改变作好了充足的准备）、计划能力（指有能力做出一个切实可行的改变计划）、利用资源（指积极地寻找和利用各种有利的条件来促使计划实现）、主动作为（指自觉地实行一些具体的行为）。也有研究认为，主动的成长应当包括了解、评估和行为三个过程（Sharma & Rani，2013）。这些过程能够让个体自觉把职业与理想联系在一起，实现个体志向与事业的相结合，形成职业使命感。

国内学者的研究大多引用了学者罗比谢克对个人成长主动性的界定。学者田玉洁（2016）以大学生为研究对象，界定了大学生个体成长主动性的结构，认为个人成长主动性是指个体在其发展过程中，以积极主动的态度努力提升自己、改进自身不足的一种心理意识与倾向。可见个人成长主动性其实是个体认知自己的一种能力，这种能力不仅包括单一方面，而且还包括了生活中的多个领域。学者孙灯勇等（2014）把个人成长主动性看成是个体自发、主动地改变以追求个体成长的过程。

另外，朱倩倩（2015）以大学生为研究对象，发现大学生个人成长主动性能够正向预测自我概念，对抑郁有负向预测作用。学者志贺本和博罗瓦（Shigemoto & Borowa，2016）的研究也表明，个人成长主动性对个体社会适应的能力有着增强作用，因为个体成长主动性能够让个体有着更多的积极情绪体验，抑制负面情绪的产生，从而使个体的心理健康水平得到显著提高。学者田玉洁（2016）以大学生为研究对象，探讨个人成长主动性对主观幸福感的影响，研究表明，个人成长主动性对主观幸福感的影响中呈现着正向调节作用，个人成长主动性较高的大学生其主观幸福感大于个人成长主动性较低的大学生。阿斯拉姆和苏丹（Aslam & Sultan，2014）研究发现个人成长主动性水平越高的个体，其处理风格越倾向于以问题为中心，焦虑水平越低。学者赵阳（2018）研究发现个人成长主动性与自我价值感呈显著正相关。

学者威戈尔德和罗比谢克（Weigold & Robitschek，2011）通过实证研究了成长主动性与职业探索、职业认同之间的相关关系，研究表明，其对后两者有正向预测作用。在纵向的研究对比上，个人成长主动性与年龄呈现正相关，而且个人成长主动性水平高的个体，其职业认同感水平更高，因此，在工作中他们更加努力奉献，更加愿意投入自己的时间和精力。学者李品（2016）研究发现，个人成长主动性与员工个体的工作业绩之间呈现着正相关关系。学者江燕（2015）则以在校学生为研究对象，研究表明：学业成就与个体成长主动性之间有着正相相关关系。威戈尔德等（Weigold et al.，2014）研究显示，个人成长主动性水平更高的个体对自身的职业发展有着更加清楚的认识，能够清晰地制定自己的职业规划，在职业认同上，也更加明确自己的职业选择。

对于个人成长主动性的内部影响因素，学者们从人格、自我效能感等人格特质方面进行了研究。如学者沙玛等（Sharma et al.，2013）研究了A、B型人格对印度学生个人成长主动性的影响，研究发现，A型人格对个体成长主动性呈正相关影响，而B型人格的影响则相反。学者奥古内米和梅贝科耶（Ogunyemi & Mabekoje，2007）则研究了人格特质中的冒险行为以及个体自我效能感对自己成长主动性的影响，研究发现这两个变量跟个人成长主动性呈正相关关系，说明这两者正向预测个人成长主动性。

对于个人成长主动性的外部影响因素，学者们从家庭成长背景、父母对孩子的教养方式等因素进行了探讨。如学者罗比谢克和卡舒贝克（Robitschek & Kashubeck，1999）在研究中发现，在家庭相关的因素中，家庭凝聚力和家庭沟通与员工个人成长主动性呈正相关关系，而其对立面家庭冲突与个人成长主动性则呈负相关。学者阿斯拉姆和苏丹（2014）研究发现，父母对孩子的教养方式与个人成长主动性也呈现着密切相关的关系，父母对于孩子的教养方式有放任型、专制型及权威型。其中，权威型的教养方式对个人成长主动性有显著影响，而专制型及放任型对个人成长主动性影响不大。研究也表明，个体成长的家庭氛围是对个体成长主动性非常关键的外部影响力量，这种氛围影响着个体对职业责任的理解、对个体工作意义的领悟。

学者们除了研究个人成长主动性的影响因素外，还对个人成长主动性的结果变量也进行了相关的研究。总的来讲，个人成长主动性能够促进个体健康积极地成长与发展。个人成长主动性与个体自尊、个体效能感、环境掌控能力、生活目标性等因素都呈现正相关关系。如学者威戈尔德和罗比谢克（2011）以大学生为研究对象，研究了个体焦虑水平与成长主动性之间的关系，发现两者呈负相关。学者白汉平和肖卫东（2018）研究了个人成长主动性与心理健康之间的关联，引入了对于专业心理救助的态度变量，研究表明，专业救助态度在个人成长主动性与心理健康水平间起间接中介作用。个人成长主动性对心理健康呈正向预测作用。学者许丹佳、喻承甫和窦凯（2019）的研究也表明，个体的个人成长主动性水平越高，个体的自主程度也越高，会主动认识到个体职业责任与意义，形成对职业使命感的初步认知。

学者江守峻和陈婉真（2018）则进一步探究了个人成长主动性与寻求外部心理支持的相关关系，发现在应对心理危机情况下，高水平的个人成长主动性能主动积极寻求外部支持，以更好地克服心理上的不适，快速度过不应期。学者志贺本等（2016）也有类似的发现，高水平的个人成长主动性个体在寻求外界心理帮助上，更加主动积极，以提高自我修复的能力，从而实现个体健康成长；而低水平的个体则较少寻求帮助，或只改变症状而已。学者秦忠梅（2019）在研究中引入了心理救助态度作为调节变量，来探讨个人成长主动性与专业救助态度之间的关系，研究表明，心理救助态度在这两者中起调节作用。学者罗比谢克（2014）的研究表明，当个人有着比较高的个人成长主动水平时，个体会积极主动地完善自己，以自己当前的情况为出发点，拟定改善计划，不断自主地改变自己，朝着目标努力，而且个体的幸福体验感也强，职业使命感也强。

工作获得感作为员工对自己在工作中付出与收获的对比感受，影响着个体对职业及发展的预期，影响着个体对工作意义感的体验，而这些预期与体验进一步强化着员工个体的职业使命，使其认识到工作的责任与义务。然而，在一些组织中，有些员工已经获得了组织的物质与精神上的奖励，已经成为既得利益者，然而当组织需要他们挺身而出、贡献出自己的力量时，并不是所有获得感强的员工都会响应组织的号召，因此，除组织环境外，个人特质也会对个体职业使命感有着影响。学者洛德（Lord，2017）研究表明，个体个人成长主动性水平越高，越会更加主动进行职业探索，主动寻求更多帮助，以完善自己，力争能够利用有效资源，为自己的职业作出更明确规划。学者们研究认为，个人成长主动性和自我概念是呈显著正相关的（朱倩倩，2015）。心理学研究表明，个体的情感结构中有着两个并不是完全独立的、实质上存在着正交的维度，即"觉醒"和"愉悦"。从职业使命感的定义来看，职业使命感可以指向具体的某项工作，也可以作为一种精神力量和价值导向，激励个体在外界或内在需求的刺激下采取积极的态度和行为。洛费尔和希金斯（Laufer & Higgins，2012）研究发现个人成长主动性可视为一种调节定向，来引导个体的行为或进行自我调节。当个体的基本心理需要满足受阻时，个体会倾向于寻找补偿的活动或替代的满足，来帮助他们免受需要受阻的伤害（Deci & Ryan，2000）。在这一补偿过程中，个体需要调节自己的内在感知，当新生代员工的自主需求满足受阻时，个人成长主动性高的个体能够根据客观环境情况，不断地完善自我，从事件中总结经验，吸取教训，实现自我的发展超越，调节自我内心感受。个人成长主动性有利于提高个体获取外部资源的能力（Sharma & Rani，2013）。高水平个人成长主动性的个体在自主需求满足受阻时，能够积极寻求外部支持，避免主观感受受到过度影响。研究也表明，当个人成长主动性程度较高时，个体会自觉且更加关注自己的成长质量与职业责任，也会主动地作相应的改变计划，并且利用相应的资源来实施，以帮助个体实现个人成长，因为他们往往有着更加强大的内部动机，而这种动机进一步强化了个体的职业使命感。

基于此，本书提出假设2：个人成长主动性在工作获得感与职业使命感之间起调节作用。

二、基本心理需要满足对工作获得感的影响及其调节作用

（一）基本心理需要满足对工作获得感的影响

早在 19 世纪，英国的古典经济学家马歇尔根据人的基本需求的角度，解释与推理了人们行为产生的原因。管理学的基本原理也认为，个体需求会导致动机产生，继而会进一步促使个体改变客观认知，为了个体需求的满足与目标的实现，个体需要进行行为的选择。因此，新生代员工职业使命感的形成也能够从基本需求中找到相关的决定因素。

20 世纪 80 年代，美国从事心理学研究的专家学者德西和瑞安提出了一种认知动机理论——自我决定理论，该理论的研究者从促进内部动机和心理健康的社会环境入手，归纳出三种人类最基本的心理需要：自主需要、归属需要和胜任需要。自主需要是指个体对行为具有选择和决策的权利；归属需要是指个体具有内生的希望与他人建立联系，成为组织一员的意愿；胜任需要是指个体希望在工作中感受到对环境和工作结果的掌控。自我决定理论认为，追求个体基本心理需要满足是个体动力的源泉。基本心理需要是个体成长和健康所需要的营养，也是个体追求幸福的源泉。三种基本心理需要满足的程度决定了个体的动力大小，能够满足三种心理需要的社会情境能让个体更长久地坚持某项活动，保持积极的心理状态，产生更积极的行为结果。而阻碍三种需要满足的环境通常会降低个体的动机、成就和幸福感。

根据积极心理学中的自我决定理论，人们的动机可以划分为两大动机，即内部动机与外部动机（Deci & Ryan，1985）。其中，外部动机指的是个人行为的动力源于身体外部的力量，这种动机是源于外部的刺激，因此，动力往往是被动和消极的；内在动机则指个体的行为动力源于身体内部，个体本身也认识到行为的必要性，认识到自己职业的社会责任与使命，因此，这种动机是个体内在的，是主动积极的。有着外部动机的个体，当他们碰到了挫折时，不能够坚持，很容易放弃努力，也更容易拖延。

自我决定理论中提到的个体有自主需要、胜任需要和关系需要三种基本需要，工作获得感源于个体在完成工作后得到组织的认同与认可，继而体会到工作的意义。当新生代员工个体自我决定水平较高，能够自主地安排自己的工作，基本心理需要得到满足，工作中的获得感也强，能自主地安排工作节奏，自主需要得到满足。同时，由于工作的热情度高，他们甘愿投入时间和精力在当前事务中，当他们遇到困难时，勇于担当，直面挑战，愿意挑战难度系数较高的工作，渴望通过任务的完成证明自己的价值，胜任需要得到满足。在这一过程中，会得到来自同事的支持，还会有团队的协作、组织提供的帮助，关系需要也会得到满足。

在资源保存理论中，影响员工工作获得的主要因素是个体资源存量的多少。个体资源存量增加则员工工作获得感增加；个体资源存量减少则员工工作获得感减少。团队的人际关系影响着团队成员的心理体验，在低凝聚力的团队里，组织公民行为等助人行为发生的频率较具有高凝聚力团体要少得多。这是因为，在低凝聚力的团队中，个体人际交往的需要得不到满足，人际关系冷漠，只注重个体利益，而不是整体利益，团队内的资源分配及流通闭塞，个体对助人行为所导致的自身资源存量的变化高低尤为敏感。在低凝聚力的团体中，团队成员之间缺乏互动、缺少情感交流、人际关系错综复杂、冲突明显增加得不到化解，在这样的一系列的负面情境影响下，个体助人行为极少发生，个体感知的自我资源存量是下降的，因此员工个体的工作获得感也是相对减少的。在低凝聚力的团队中，团队缺乏一个明确的目标，自然就没有使命与远景，个体成员之间只维持简单的工作关系，缺少情感沟通等，这些负面因素会降低员工个体的工作积极性，增加个体之间的冲突，从而导致员工工作没有激情，工作效率、绩效低下，员工工作获得感降低。

工作获得感是职业过程中工作获得的重点，工作中获得和工作中体会到的幸福都是个体对当前工作的满意或满足的主观认知感，具体的概念理解重点不同。一种观点认为，获得更具体、客观，幸福更抽象、主观；获得更清晰、直接，幸福更模糊、复杂，需要更高的人类意识水平和程度。总的来说，工作获得感是主体在工作中感到满意的程度。轻松愉快的氛围和员工对工作的满意，能够激发员工的工作热情，有利于员工提高工作效率和自身能力，从而提高员工的创意效能感。工作给予员工更多的心理获得、物质获得，帮助员工实现自我价值，促进员工认识自我，激发创造力，得到更多的赞扬与认可。

当人们的基本需求得不到满足时，会有不同形式的防御反应过程，也会影响到对于体验胜任需要、自主需要、关系需求的渴望程度，正是这些反应过程，造成了人们需要强度上的差异。巴德、德西和瑞安（Baard,Deci & Ryan, 2004）以一家投资银行公司的工作人员为样本进行研究，调查发现当新生代员工的自主需要、胜任需要和归属需要的满足度得到提高时，新生代员工的工作效率明显得到提高，基本心理需要的满足也降低了新生代员工的焦虑和躯体化。

自我决定理论中的基本需要是指个体在从事各种活动过程中，能够依据自己本来意愿采取和选择行动的需要，其对个体将外在动机内化为内在动机有重要作用。由此可见，个人工作获得感与自主需求都与自我内部动机相关，二者必然存在重要关联。根据本书对基本心理需要满足结果变量的总结与归纳，当个体心理需要得到满足时，个体会在企业内部感受到愉快、和谐的工作氛围，将会产生例如组织公民行为等积极的工作结果，因此员工对工作抱有积极态度，并在相互合作、相互理解的基础上，更高效、高质量地完成工作，增强员工工作成就感，使员工对现有工作产生满足感。在群体中也会形成较为轻松、和谐的氛围。在这种组织氛围的感染下，员工不仅在心理上得到满足，在薪酬上得到物质回报，也会在地位上获得提升，企业目标能够更好地完成，从而工作获得感得到一定程度的提升。

目前，从个体基本心理需要满足的角度来探讨与工作获得感及其职业使命感的关联，尚未见到有直接的研究证据。笔者深入考察已有工作获得感的研究后发现，工作获得感的产生，也源于个体三种基本心理需要的满足。换言之，自主、胜任和归属三种基本需要也是引起工作获得感的心理源泉，它们有着共同的心理学原理。

据此，本书提出假设3：基本心理需要的满足对工作获得感有显著的正向影响，即个体基本心理需满足程度越高，其工作获得感越强。

假设3a：自主需要满足对工作获得感有显著的正向影响。

假设 3b：归属需要满足对工作获得感有显著的正向影响。

假设 3c：胜任需要满足对工作获得感有显著的正向影响。

（二）参照群体在基本需要满足与作获得感之间的调节作用

人具有社会性，在与他人相互比较过程中发现自己在整个社会中的得失与自己的位置。早期的研究者默顿（Merton，1957）在《社会理论和社会结构》中把参照群体理论引入相对剥夺理论的研究中。默顿认为剥夺感的产生是相对的，那么作为剥夺感的另一面，工作获得感其实也是有个相互比较的过程，工作获得感的获得也与参照群体的选择紧密相关。因此参照群体的选择直接决定着主体是否产生工作获得感以及工作获得感的程度。也就是说，参照群体的选择对个体工作获得感有直接影响。工作获得感的不同会导致个人或群体产生两种截然不同的态度和行为，即消极的后果，如压抑、自卑；或者积极的后果，如奋发图强。工作获得感高的个体会更加体会到工作的收获与意义，能够有更多的使命感与责任感参与到组织的管理工作，体会到自己在组织中的成长，体会到组织对个人的关怀，因此，工作更加主动积极。对于新生代员工群体而言，参照群体的选择同样直接影响着其心理需要的满足与工作获得感的体验。

参照对象的选择影响到比较对象个体的感受，在与周边其他的团队进行比较时，如果个体感受到在团队内工作获得感不高，员工更容易产生工作倦怠的问题。同事之间的凝聚力越低，员工工作倦怠的可能性就越高，员工产生工作倦怠，会对工作失去热情、情绪失落、消极怠工，从而负面影响员工的生理获得感和物质获得感。让每个团队成员有工作获得感是必要的，它可以影响员工在职场上的生理体验和心理体验。一般而言，在一个关系融洽的团队里，员工更愿意付出自己的时间精力来为公司创造价值，员工有心理上的归属感，和公司站在同一角度，主动产出，这些行为不仅为公司创造利益，而且自身在职场上的获得感也会得到提升，以此循环，员工的工作获得感会越来越高，公司在创造利益的同时也为员工提供好的工作环境和积极向上的工作氛围，形成一个良性的循环圈。周文娟、段锦云和朱月龙（2013）的研究发现，在高凝聚力团队中，自愿助人行为是一种经常发生的行为，员工的助人行为被视为一种角色内行为，团队

内的资源流通更为顺畅，员工对助人行为所带来的自身资源存量的变化感
知度较低，同时，当处于高凝聚力的团体中时，个体更愿意付出自己的资
源，为工作带来益处，员工在工作中的积极性会提高，从而有利于员工自
身的发展，提高员工的工作获得感。

在20世纪初，心理学家赫兹伯格对美国当地各州11个行业中的不同
专业人员进行调查，调查结果显示：工作的积极情绪是让员工产生满意事
项的根本原则。员工的工作时长与员工的情绪产生呈正相关状态。这两个
因素构成了现在工作获得感的理论基础。作为一种积极的心理状态，获得
感是基于一定的条件产生的，有着它自身产生的心理机制，以自身安全感
产生为前提。人们在日常生活中的实际需求、精神需要的满足、生命及保
障都是获得感产生的动力。从获得感来看幸福感，可以看出，获得感是幸
福感的增进手段，获得感是基于幸福感之上的。我国社会正处于经济发展
的转型期，当前人们的幸福感大多是依靠于个人利益增长而实现的，长久
的心理预期与现实的冲突最终会影响获得感的体验。改革开放以后，从我
国社会主义劳动力的主体流动性来看，人才的合理流动也带动了观念与财
富的流动。如对外来务工人员的管理，经历了从早期的外部限制到后来合
理引导的过程，但外来劳动力依然在享有社会保障等方面与当地居民有着
一定的差异。斯托弗等（Stouffer et al.，2010）发现，现实中个体的生活
和工作满意感并非依赖绝对的、客观的标准，而是以周围的人为参照。可
见，工作获得感是自己与特定的人或者群体相比产生的结果。若自己处于
较低地位，比较的结果就会产生相对剥夺感。若自己相对比较起来，觉得
有收获，就会产生获得感。综上，其核心社会心理过程是进行社会比较，
因此参照群体的选择影响着工作获得感的体验。

关于参照群体的选择对个体结果的研究，学者史晋川和吴兴杰（2010）
考察了外来务工者群体所感知的收入差距与犯罪行为的关系，研究发现，
员工认为其所在群体与当地居民巨大的收入差距可能导致其具有更高的
犯罪率。学者奈特等（Knight et al.，2009）以我国农村居民为对象，
研究收入水平对其幸福感的影响，发现收入水平的高低与幸福感有着正
向影响，而且，农村居民倾向于以本村庄居民作为参照对象，收入水平
相对高的家庭，其幸福感也比较强。学者奈特和古纳蒂拉卡（Knight &

Gunatilaka，2010）进一步研究发现，随着农村居民市民化的发展，其参照群体也由农村转向了当地居民，导致其幸福感指数下降。基于以上分析，本书提出以下假设：

假设 4：参照群体在基本心理需要满足和工作获得感之间起调节作用。对于新生代员工群体而言，当选择地位高的人作为参照群体时，基本心理满足对工作获得感的影响就小。

假设 4a：参照群体在自主需要满足和工作获得感之间起调节作用。对于新生代员工群体而言，当选择地位高的人作为参照群体时，自主需要满足对工作获得感的影响就小。

假设 4b：参照群体在归属需要和工作获得感之间起调节作用。对于新生代员工群体而言，当选择地位高的人为参照群体时，归属需要满足对工作获得感的影响就小。

假设 4c：参照群体在胜任需要和工作获得感之间起调节作用。对于新生代员工群体而言，当选择地位高的人为参照群体时，胜任需要满足对工作获得感的影响就小。

三、组织/社会情境对基本心理需要满足的影响

对于组织情境变量的选取，本书选取在有关职业使命感研究中的"组织公平""工作特征""授权型领导"作为组织情境变量的代表进行研究，将"工作家庭冲突"作为社会情境中的代表进行研究。

（一）组织公平对基本心理需要满足的影响

组织公平指人们在组织中所体验到的公平感受。1965 年亚当斯从个人投入和产出的等价性来说明公平理论。之后，组织公平与员工感受之间的关系受到许多学者的关注，一些研究表明组织公平对员工的情绪状态、员工的工作满意度和工作绩效呈现显著的正向影响（朱仁崎、孙多勇和彭黎明，2013）。经过近 50 年的研究，人们对组织公平的认知从单维的概念转向了多维发展的概念，对于组织公平的结构虽然没有共识，但 3 个维度结构是目前最为广泛认可的结构组合（张戌凡、周路路和赵曙明，

2013），即在目前的研究中，大家普遍认为组织公平三维度模型更加合理（即程序公平、分配公平和互动公平），当然也有研究者把互动公平再进行了划分，认为互动公平包括人际公平和信息公平。本书也采用组织公平3个维度这种划分方法。

关于组织公平对员工行为的影响，学者们进行了大量的研究。如肖尔等（Scholl et al.，1987）研究发现，组织公平与员工角色外情境绩效显著相关。组织公平对员工偷窃行为的影响，也受到组织规章制度、职业道德教育等因素交互影响（Gould et al.，2003）。组织公平同积极的工作态度（McFarlin & Sweeney，1992）、组织承诺（Korsgaard et al.，1995）、在职意愿（Masterson et al.，2000）、对管理层的信任（Konovsky & Pugh，2000）、对组织规则的遵从和接受（Kim & Beehr，2018）呈正相关关系，而同反社会行为呈现负相关关系（Gould & Greenberg，2003）。关于组织公平各维度的具体影响，科尔奎特等（Colquitt et al.，2001）运用元分析方法研究发现，互动公平（人际和信息公平）与员工的消极行为呈显著负相关，阿基诺（Aquino，1997）等研究发现，互动公平比分配公平、程序公平更能预测越轨行为。程序公平对任务绩效、关联绩效均有显著的预测（Zhou，Chen & Liu；Masterson et al.，2019；汪新艳、廖建桥，2009）。

组织公平还影响到人们的身心健康。学者泰珀（Tepper，2001）研究发现，组织中分配公平与程序公平越高，组织中的人们感受到的心理压抑程度水平越低；此外，组织中的分配公平与程序公平之间有着交互作用，在组织中分配公平较高时，组织成员心理压抑水平较低，而在组织分配公平水平较低的情况下，组织内的程序公平高会显著降低成员的心理压抑水平，而程序公平水平较低则会提高组织成员的心理压抑程度。德波尔等（De Boer et al.，2002）选取了旷工率为研究样本进行数据调查，实证研究结果表明，组织中的不公平会影响到员工的身心健康水平，进而会导致员工的工作绩效水平降低，即组织中的不公平会导致员工对组织的期望水平的降低、对公司直接领导的不满、对组织制度的抑制，还会降低员工自己的价值感受。另外，这种价值感受会让员工产生无力感，感觉筋疲力尽，也会影响员工的心理健康水平。可见，组织不公对健康的影响以基本心理需要满足为中介，但由于组织公平感内涵结构的多维性，组织公平对员工基本心理需要满足的研究不多见，其内部作用机制及考察则更是难以见到。由于薪酬水平设计不科学、与员工沟通不利，会导致同级员工的薪酬差距过大，对内部管理产生不公平感，员工盈利意识不强。学者斯珀罗等（Sparrowe et al.，2005）还认为员工与管理者之间如果能够保持良好的人际关系，也能促进员工基本心理需要得到满足，要想与员工建立良好的人际关系，需要管理者公平公正地对待员工。学者刘亚、龙立荣和李晔（2003）通过研究工作环境中出现的一些不公平事件，发现员工会感知到组织内部的不公平，由此引发员工对管理者的信任感降低，员工个人的精神压力也增加了。因此，不公平降低了员工内在的工作动机和基本心理需要的满足程度，由此可以推知，组织公平公正的环境是员工基本心理需要满足的前提条件，组织公平能够正向预测员工的基本心理需要。

组织气氛越良好的群体，其员工感受的心理满足程度就越高。良好的组织氛围对于员工在职场上建立和维持良好的人际关系起到关键性作用。组织气氛通过影响员工关系特征来影响员工心理满足程度，如果企业员工和职场同事、上级领导之间不能进行舒畅的沟通，没有任何人能够倾诉，会对员工的内心产生一定的负面影响，从而会使员工的内心感受到自己的情感被抽离，这样会使员工对组织的归属感变得疏远，如果这种情况持续下去，员工内心健康也会受到极大的影响，员工如不能及时开解自己心结的话，会对公司的绩效产生一定的影响。在组织层面上建立良好的人际关系可以强化员工对于组织的认同感，获得情感上的补偿，进而增加员工的心理满足程度。

也有一些学者研究了公平感与心理需要满足的联系。群体价值模型认为，从群体决策的过程来看，如果在组织决策的过程中，允许组织中成员发表见解，组织中成员会感觉到尊重，他们就会感知到被组织所需要，从而体会到自我的价值。克罗潘扎诺（Cropanzano，2001）认为每个人都有控制、自尊、归属和道德需要，也就是每个人存在着"多重需要模式"。公平与这四种需要直接或者间接相关。当个体感知到公平时，个体的控制和自尊需要就得到满足，人们就会体会到自主感、自我的价值和自我胜任感。学者威廉姆斯（Williams，2006）等研究认为，人们至少有控制、归属、自尊、有意义的生活四种相互关联的心理需要，组织的公平感能够满足人们对这四种心理的需求。虽然在目前的文献中，从自我决定理论的角度来探讨组织公平与员工基本心理需要满足的文献还不多，但由先前的研究，我们可以看出，至少组织中的公平环境能够体现管理者对员工的尊重与重视的程度，进而会影响员工对工作的意义、自己工作的能力、安排工作的自主性、自己影响力的相关看法（王开庆和王毅杰，2012）。受到传统文化与观念的影响，在具体的管理过程中，存在着不同程度的长官意识和唯上意识，特别是在转型期，各种组织不公必然影响着员工的心理状态。从自我决定理论和组织公平的内涵看来，组织公平无疑有利于满足员工的胜任、自主与归属需要（刘玉新、张建卫、张西超、王成全、张杰，2013）。据此，本书提出假设5：组织公平（程序公平、分配公平、互动公平）对基本心理需要满足有显著的正向影响，组织不公平越严重，新生代员工的基本心理需要满足水平越低。

假设5a：组织公平及其各维度对自主需要满足有显著正向影响。

假设5b：组织公平及其各维度对归属需要满足有显著正向影响。

假设5c：组织公平及其各维度对胜任需要满足有显著正向影响。

（二）工作特征对基本心理需要满足的影响

"工作特征"概念源于哈克曼和奥德汉姆（Hackman & Oldham，1975）提出的"工作特征模型"。工作特征模型提出了一种工作设计的新思路，认为有意义的工作包括五个方面的特征：技能的多样性、任务的自主性、任务的完整性、任务的重要性和任务的反馈性（张一弛等，2005）。哈克曼和奥德曼深入研究了工作特征与人的心理之间的关系，认为工作特征影响着员工工作过程中的心理体验，这种心理体验也决定着员工工作的结果。由此可见，富有意义的工作本身让员工感受到积极的心理体验，这种积极的心理体验直接影响着员工的投入水平，进而对工作的结果产生着重要影响。伊达扎克和特拉斯高（Idaszak & Drasgow，1987）研究认为工作本身的特征影响着员工心理需求状态，对员工工作的动力有着显著影响，也影响着员工的工作满意度。由此可见，以工作模型为基础设计的工作，能够对员工本身产生一种激励作用，技能的多样性让员工工作不单调，任务的完整和反馈能够让员工体会到成就感，任务的自主性让员工感觉到自我支配感，任务的重要性则让员工感受到对组织的价值。

工业化大生产的现代化程度的提高，使人们越来越多地成为工作的附属物，人们在工作中迷失了自我，失去了个性特征，在工作中体会不到工作的意义。互联网行业的兴起让人们看到了更多的"996"式员工，让人们更加关注员工的心理健康问题。心理健康问题正在困扰着现代年轻人，许多企业家也逐渐发现新生代员工的心理健康问题远比身体健康问题更严重，企业也不只关注成本与效益，也更多地关注企业氛围以及职场上员工的心理健康。伴随着内外环境的剧烈变化，员工心理也成为企业管理者重点要关注的地方。自主意识较强的员工更喜欢按照自己的计划和步骤进行工作，这有利于员工根据实际发生的情况对工作进行结构性调整，表现出更多的主动性行为。在员工遇到困难和挫折时，员工对组织的心理所有权程度越高，越会积极主动地对困难和挫折寻求解决方法。员工认为自己会对组织决策产生影响时，会更积极地为组织出谋划策，不断进行自我反思，改进自己的工作方式，使组织更好发展。

新生代员工与老一代外来务工者相比，已经摆脱了老一代外来务工者求生存的境地，他们不会过多地忍受单调和枯燥的工作。国家统计局调查的数据表明，截至 2021 年 3 月，我国 16~24 岁劳动者调查失业率高达 13.6%，而同期公布的对全国 9 万家规模以上工业企业的抽样调查中，约有 44% 的企业反映"招工难是他们面临的最大问题"。由此可见，一方面，企业面临劳动力缺口；另一方面，年轻的劳动力调查失业率较高。这种现象一方面与员工专业技能缺乏、从事工作技术含量不高、工作环境相对较差、收入水平不高相关，另一方面也是员工个体追求发展的体现（刘永生，2011）。员工希望通过工作让自己得到成长和发展，从而实现自己追求美好生活的愿望，他们拟通过频繁跳槽来转换自己的工作岗位，寻找适合自己发展的工作，也从另一个角度说明了工作对他们来说缺乏有意义的体验。单调枯燥的工作让他们感受不到自己工作的重要性，工作岗位技能要求单一也让他们体会不到工作的价值，满足不了他们成长的需求和愿望。

哈克曼等（1975）的研究结果表明，积极的工作特征与员工成长需求的满足呈正相关关系，与员工的工作满意度呈显著正影响。加涅

（Gagne，2005）实证研究认为，积极的工作特征对员工心理需要的满足产生积极的影响，进而影响着员工的行为结果，如创造性的工作业绩的提高、组织公民行为的增加、工作满意度增加、积极的工作态度和主观幸福感的增加。目前，从自我决定理论角度来探讨积极工作特征对员工基本心理需要满足的影响还不多见，但综合以上分析可知，积极的工作特征能够让员工体验到工作的重要性、工作的自主性，这些无疑会让员工体会到在组织中的归属感，体会到自己工作的胜任感。工作特征模型所强调的对工作意义的体验、对工作结果责任感的体验和对工作结果的感知的体验，由这些体验所产生的心理状态与自我决定理论中基本心理需要满足是一致的，据此，本书提出假设6：工作特征对新生代员工基本心理需要满足有显著的正向影响。

假设6a：工作特征对新生代员工自主需求满足有显著的正向影响。

假设6b：工作特征对新生代员工归属需求满足有显著的正向影响。

假设6c：工作特征对新生代员工胜任需求满足有显著的正向影响。

（三）授权型领导对基本心理需要满足的影响

授权型领导是一种独特的领导风格，学者阿恩、马修和拉普（Ahearne，Mathieu & Rapp，2005）认为这种风格主要是领导者通过赋予员工自主决策的权力，鼓励下属参与式决策。在具体的企业实践中，授权领导通常表现为引起四种行为的组合，即强化工作的意义、促进参与决策、表达对高绩效的信心以及提供摆脱官僚约束的自主权。当前管理情境下，新生代员工走上工作岗位，他们受教育程度较高，工作中自主意识较强。为了激发他们工作的自主性及内部动机，工作中适当地对其进行授权也成为许多组织选用的管理方式。领导鼓励员工参与决策，通过分享一定的权力，让他们独立选择做出某些行为，以激发新生代员工的内部动机。通过授权，让新生代员工拥有一定的工作自主的权利，也能够让他们为工作以外的事情作出贡献，并且能够体会到个人在工作上发展和成长（Laloux，2014）。授权不仅仅是将权力下放给下属员工，更是一个激励的过程。员工在授权中获得了参与管理与决策的机会，提高了参与度，激发了员工参与工作的热情，从而使其保持一定的工作投入度。学者研究也表明，授权领导具有积极领导行为的特征，会带来许多积极的结果。领导者通过支持性行为激发组织内成员内部动机，从而对员工的积极情感产生影响。这些研究结果表明，授权型领导在提高员工心理积极状态上颇有助益，因此，它也有助于提高新生代员工的积极心理状态。

阿蒙森和马丁森（Amundsen & Martinsen，2015）认为，授权领导力的两个核心维度是自主支持和发展支持。领导者的授权使员工能够在工作中保持一定的独立性，从而使他们的工作具有弹性。授权的过程，能够让新生代员工感觉在工作中得到领导的认可与尊重，感到领导对自身工作价值的肯定，从而体会到工作有尊严。授权领导力的本质在于影响下属，是一个激励组织成员提高内在动机水平的过程（Park，Kim，Yoons et al.，2017），其作用在于创造温暖的人际关系，给予员工充分的自主权和自由，使他们能够独立作出决定，并不断鼓励下属取得更高的绩效（Ahearne，Mathieu & Rapp，2005），从而获得与付出对等的报酬，这是获得薪酬的满足感的途径之一。授权形式的领导鼓励员工参与决策，通过员工工作中的自主性，为新生代员工提供锻炼能力的机会，让他们在实践中得到成长，从而获得能力的提升感。同时，授权带来一种积极的心态，对新生代员工来说，当实现目标的道路是明确的，并且他们有实现该目标的自主权时，他们对能够实现自己的目标充满信心，对自己未来的职业发展也充满着信心。积极的心态会导致员工的个人主观幸福感增加。正如前文所述，授权型领导能够使新生代员工产生积极的心理工作体验，工作获得感也正是典型的积极心理体验的表现。

自我决定理论是一种关于人类动机心理学的宏观理论，旨在说明促进或阻碍人类福祉、个人成长和发展的社会环境和条件的动态（Ryan & Deci，2017）。爱德华·德西（Edward L. Deci）和理查德·瑞安（Ryan Richard M.）认为人类是活跃的有机体，自然具备与环境相关的个人成长和发展条件，并具有将生活经验融入连贯的自我意识。工作环境包括组织、同事和领导，可能会促成这种自然趋势。当周边工作环境是积极的、滋养的和支持个人的，它会刺激个人的成长和发展，促进幸福。相反，过度轻视、控制和指挥的工作环境将损害个人的发展。已有研究探索了支持自主性的工作环境或领导风格的有益影响，并描述了其对工作成果、员工幸福感、激励水平和敬业度方面的不同结果（Broeck，Ferris & Chang，2016）。这些积极结果产生的机制已被确定为满足了三种基本心理需要，即自主、胜任和归属需要，这三种心理需要对于个人的心理功能至关重要，就像水、食物和住所对身体机能的影响一样。自主需要指的是一个人体验到自己对其行为决定的感觉；胜任需要指的是个体对其能力有效性的体验；归属需要是指被他人爱和关心的体验。

授权型领导赋予员工一定的自主权，并强调需要为员工创造一定的空间，让他们学会如何参与工作和与组织合作，增加他们自由的体验和选择，从而提高员工的满意度。学者斯莱姆、科恩和帕特里克等（Slemp，Kern & Patrick et al.，2018）的研究发现，通过授权和自主支持，领导者认识到员工的个人贡献，这些贡献会诱发积极的工作行为。可见，授权型领导积极让员工参与决策，促进员工自我管理和自主，加强了员工对能力的需求（Edmondson & Lei，2014）。加涅和德西（Gagne & Deci，2005）通过强化领导者支持员工自我发展和成长，在工作环境中锻炼员工的才能。通过员工参与度、领导者支持，让员工在实践中提高技能水平，在参与中发挥其擅长的领域，从而体会到成长过程中从事某项工作的乐趣。积极参与的领导者承认经常提供反馈的重要性，特别是积极反馈，通过反馈满足胜任能力的需求。授权通过促进团队成员之间和跨职能部门的协作，促进人际关系、团队合作和团队精神，满足员工对归属的基本需要。可见，授权型领导通过分享权力的行为，满足了新生代员工的基本心理需要。因此，本书提出假设 7：授权型领导对新生代员工基本心理满足有显著的正向影响，授权程度越高，新生代员工的基本心理需要满足感越高。

假设 7a：授权型领导对新生代员工自主需要满足有显著的正向影响。

假设 7b：授权型领导对新生代员工归属需要满足有显著的正向影响。

假设 7c：授权型领导对新生代员工胜任需要满足有显著的正向影响。

（四）工作家庭冲突对基本心理需要满足的影响

对工作家庭冲突的术语表达十分丰富，但使用频率最高的是"工作家庭冲突"（work-family conflict），同时适合我国的文化背景，因此，本书采用了这种表述。国外对工作与家庭冲突的研究时间较早，可以追溯到 20

世纪 60~70 年代；而国内对于工作家庭冲突的研究起步较晚。从中外学者给出的定义来看，工作家庭冲突概念之间的差异并不大，更多学者从角色冲突的视角来解释工作家庭冲突。

卡恩（Kahn，1980）最早提出工作家庭冲突（work-family conflict，WFC），他认为工作家庭冲突是因工作和家庭不可调和的角色矛盾而形成的冲突。新生代员工因工作原因无法尽心照顾到家庭，或由于家庭问题耽误工作完成。例如，当一个人工作任务过重，需要加班，而家庭里还有急事需要处理，这个时候即使是要加班也无法安心，心里还在想着家庭中的急事，工作效率自然低，这个时候工作就和家庭起了冲突。根据资源保存理论可知，获取资源能弥补丧失资源给员工带来的负面影响。工作家庭冲突就是一个人的两种角色（即工作角色和家庭角色）资源无法平衡时，有一方多付出资源，那么另一方就会投入相应较少的资源。在研究工作家庭冲突对工作获得感的影响中，工作家庭冲突的产生，意味着员工丧失了某种资源，影响了员工的工作积极性和热情，降低了员工对基本心理需要满足的感知。资源保存理论整合了社会认知理论和期望理论，该理论解释了个体压力产生的原因，也说明了压力产生的一些外部资源条件，因此，个体会补充或留住资源从而来缓解组织带来的压力。

埃克（Gutek，1991）等人提出一种新观点，即工作家庭冲突实质上是工作和家庭这两个不同领域相互影响、相互干涉而产生的双向影响，即工作影响家庭（work interference with family，WIF）和家庭影响工作（family interference with work，FIW）。换言之，个体因为工作需要，投入很多资源，干扰到自己的家庭责任，即工作对家庭冲突；个体因为家庭投入很多资源，导致自己的工作受到干扰，即产生家庭与工作之间的压力。工作家庭冲突可分为两种模式，工作影响家庭（WIF）和家庭影响工作（FIW）。例如工作任务繁重，使员工不能按时回家陪伴家人，就是工作影响家庭（WIF），而在家庭中办公，由于家人打扰和家庭活动使本该完成的任务效率变低，就是家庭影响工作（FIW）。工作获得感是员工在工作期间对工作环境和工作性质内容、工资薪酬和组织环境等物质满足，对工作中有着良好的人际关系和工作氛围等精神满足。由于工作家庭冲突会带来个体的压力和焦虑等负面情绪，不利于员工在工作促进家庭和家庭促进工作这样的良性循环中提高工作效率。与此同时，员工又会因为没有足够资源用于对家庭的承诺和表现，对员工的工作满意度和家庭幸福感产生负面影响。工作家庭冲突也对员工表现出负面影响。当工作家庭冲突产生时，员工将会体验到情绪耗竭和工作倦怠，这时为了保护自身资源，他们可能仅会完成工作内的任务。这些将不利于员工在工作中发掘自身潜力、做出更好的成绩，也同样不利于其在家庭领域的付出。

学者郑馨怡、刘宗华（2020）发现工作家庭冲突会对员工的良好职业评价起到阻碍作用，包括职业满意度、职业奖励和发展。卡普兰（Caplan，1975）认为工作压力是工作环境对个体造成威胁而产生的匮乏状态，即工作环境使得员工感到资源不足或者感到力不从心、疲惫、抗拒，此时就叫作工作压力的产生。工作压力会消耗员工的能量、耐心，增加员工的心理负担，使员工常感到缺乏可支配的个人时间，生活和工作节奏过于紧密而身心疲倦。因此，工作压力不仅影响员工身心健康，也影响员工在工作期间的个人感受。工作压力的增加会增加员工的心理负担，降低员工的愉悦感，让员工产生厌倦工作的心理，以及抗拒工作、产生不良情绪；工作压力的减少可以有效缓解工作节奏紧凑带来的不适感，给予员工更多的可支配时间，让员工能够更好地处理工作中和生活上的矛盾。

工作家庭冲突影响了归属需要的满足；工作家庭冲突使得个体与他人之间的心理契约被破坏，双方对彼此关系的认同出现的差异使得关系价值降低。威廉姆斯等（Willams et al.，1997）认为，人有归属需要、自尊需要、控制需要和存在意义感知这四种基本需要，工作家庭冲突影响了人的基本需要满足。

综上，本书提出假设 8：工作家庭冲突对新生代员工基本心理需要满足具有显著负向影响。

假设 8a：工作家庭冲突对新生代员工自主需要满足具有显著负向影响。

假设 8b：工作家庭冲突对新生代员工归属需要满足具有显著负向影响。

假设 8c：工作家庭冲突对新生代员工胜任需要满足具有显著负向影响。

四、职业使命感形成的"需要—工作获得感"模型的中介作用

综合上述研究过程，我们可以从分析中得到"组织情境→基本心理需要满足→工作获得感""工作家庭冲突→基本心理需要满足→工作获得感"和"基本心理需要满足→工作获得感→职业使命感"三组中介关系链，由此三种中介关系链，结合以上分析，我们据此提出以下假设：

假设 9：工作获得感中介基本心理需要满足与职业使命感。

假设 9a：工作获得感中介自主需要满足与职业使命感。

假设 9b：工作获得感中介归属需要满足与职业使命感。

假设 9c：工作获得感中介胜任需要满足与职业使命感。

假设 10：基本心理需要满足中介工作家庭冲突与工作获得感。

假设 10a：自主需要满足中介工作家庭冲突与工作获得感。

假设 10b：归属需要满足中介工作家庭冲突与工作获得感。

假设 10c：胜任需要满足中介工作家庭冲突与工作获得感。

假设 11：基本心理需要满足中介组织公平及其各维度与工作获得感。

假设 11a：自主需要满足中介组织公平氛围及其各维度与工作获得感。

假设 11b：归属需要满足中介组织公平氛围及其各维度与工作获得感。

假设 11c：胜任需要满足中介组织公平氛围及其各维度与工作获得感。

假设 12：基本心理需要满足中介工作特征与工作获得感。

假设 12a：自主需要满足中介工作特征与工作获得感。

假设 12b：归属需要满足中介工作特征与工作获得感。

假设 12c：胜任需要满足中介工作特征与工作获得感。

假设 13：基本心理需要满足中介授权型领导与工作获得感。

假设 13a：自主需要满足中介授权型领导与工作获得感。

假设 13b：归属需要满足中介授权型领导与工作获得感。

假设 13c：胜任需要满足中介授权型领导与工作获得感。

第二节　模型及假设汇总

一、本书的模型

综上所述，本书拟探讨在我国组织/社会情境下，新生代员工职业使命感的形成过程，分析组织情境（组织公平、工作特征、授权型领导）、社会情境（工作家庭冲突）对职业使命感的影响效应，探讨其在参照群体和个人成长主动性的内在作用机制，形成如下研究模型框架（见图3-1）。

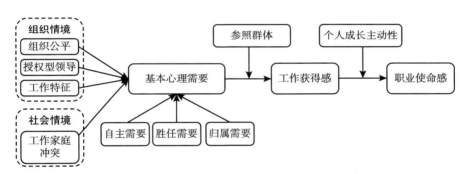

图3-1　基于自我决定理论的职业使命感研究模型

二、本书假设汇总

本书所有假设汇总具体内容如表3-1所示。

表3-1　　　　　　　　　　　　本书假设汇总

假设	假设内容
假设1	工作获得感对新生代员工职业使命感有显著正向影响
假设2	个人成长主动性在工作获得感与职业使命感之间起调节作用
假设3	基本心理需要满足对工作获得感有显著正向影响，即个体基本心理需要满足程度越高，其工作获得感越强

续表

假设	假设内容
假设 3a	自主需要满足对工作获得感有显著的正向影响
假设 3b	归属需要满足对工作获得感有显著的正向影响
假设 3c	胜任需要满足对工作获得感有显著的正向影响
假设 4	参照群体在基本心理需要满足与工作获得感之间起调节作用；对于新生代员工群体而言，当选择比自己地位高的参照群体时，基本心理需要满足对工作获得感的影响就小
假设 4a	参照群体在自主需要满足和工作获得感之间起调节作用。对于新生代员工群体而言，当选择地位高的人为参照群体时，自主需要对工作获得感的影响就越小
假设 4b	参照群体在归属需要和工作获得感之间起调节作用。对于新生代员工群体而言，当选择地位高的人为参照群体时，归属需要满足对工作获得感的影响就小
假设 4c	参照群体在胜任需要和工作获得感之间起调节作用；对于新生代员工群体而言，当选择地位高的人为参照群体时，胜任需要满足对工作获得感的影响就小
假设 5	组织公平（程序公平、分配公平、互动公平）对基本心理需要满足有显著的影响作用，组织不公平越严重，新生代员工的基本心理需要满足水平越低
假设 5a	组织公平的各维度对自主需要满足有显著影响作用
假设 5b	组织公平的各维度对归属需要满足有显著影响作用
假设 5c	组织公平的各维度对胜任需要满足有显著影响作用
假设 6	工作特征对新生代员工基本心理需要满足有显著的正向影响
假设 6a	工作特征对新生代员工自主需求满足有显著的正向影响
假设 6b	工作特征对新生代员工归属需求满足有显著的正向影响
假设 6c	工作特征对新生代员工胜任需求满足有显著的正向影响
假设 7	授权型领导对新生代员工基本心理满足有显著的正向影响，授权程度越高，新生代员工的基本心理需要满足感越高
假设 7a	授权型领导对新生代员工自主需要满足有显著的正向影响
假设 7b	授权型领导对新生代员工归属需要满足有显著的正向影响
假设 7c	授权型领导对新生代员工胜任需要满足有显著的正向影响
假设 8	工作家庭冲突对新生代员工基本心理需要满足具有显著负向影响
假设 8a	工作家庭冲突对新生代员工自主需要具有显著负向影响
假设 8b	工作家庭冲突对新生代员工归属需要具有显著负向影响
假设 8c	工作家庭冲突对新生代员工胜任需要具有显著负向影响
假设 9	工作获得感中介基本心理需要满足与职业使命感

续表

假设	假设内容
假设 9a	工作获得感中介自主需要满足与职业使命感
假设 9b	工作获得感中介归属需要满足与职业使命感
假设 9c	工作获得感中介胜任需要满足与职业使命感
假设 10	基本心理需要满足中介工作家庭冲突与工作获得感
假设 10a	自主需要满足中介工作家庭冲突与工作获得感
假设 10b	归属需要满足中介工作家庭冲突与工作获得感
假设 10c	胜任需要满足中介工作家庭冲突与工作获得感
假设 11	基本心理需要满足中介组织公平及其各维度与工作获得感
假设 11a	自主需要满足中介组织公平氛围及其各维度与工作获得感
假设 11b	归属需要满足中介组织公平氛围及其各维度与工作获得感
假设 11c	胜任需要满足中介组织公平氛围及其各维度与工作获得感
假设 12	基本心理需要满足中介工作特征与工作获得感
假设 12a	自主需要满足中介工作特征与工作获得感
假设 12b	归属需要满足中介工作特征与工作获得感
假设 12c	胜任需要满足中介工作特征与工作获得感
假设 13	基本心理需要满足中介授权型领导与工作获得感
假设 13a	自主需要满足中介授权型领导与工作获得感
假设 13b	归属需要满足中介授权型领导与工作获得感
假设 13c	胜任需要满足中介授权型领导与工作获得感

在后面的研究中，我们将利用调查的数据，综合运用多元统计方法，检验本章所提出的勾勒新生代员工职业使命感产生的过程，从中发现组织情境（组织公平、工作特征、授权型领导）和社会情境（工作家庭冲突）对新生代员工基本心理需要满足、工作获得感和新生代员工职业使命感的影响。

第四章

研究问卷的设计与预调查

　　本章主要依据问卷开发的原则，把第三章假设中的各个研究变量具体化，制定本书中各变量的具体测量条目，进而设计出本书的初始调查问卷，并对问卷进行初始测试，依据初步调查的统计分析的结果，判断初始问卷所具的信度和区分度，对问卷进行修正，得到最终的调查问卷。

第一节　调查问卷的设计与过程

一、调查问卷设计原则

　　调查问卷的设计必须保证能够真实地获取研究目的所需要的信息，从而为得到有效的研究结果提供前期基础，杨国枢等（2006）提出，在调查问卷的设计过程中，需要满足以下要求：（1）调查研究的题项设计，要以研究的情境和假设为基本依据，让题项所反映的内容切合假设模型中的意思表达；（2）题项中的意思表达要符合调查对象的知识理解水平，以免出现理解偏差导致反映信息不准；（3）避免诱导性的问题，避免让作答者易于作出虚假反馈；（4）题项语句的表述简洁、明了、尽量不用晦涩词语或者专业学术术语，导致问题抽象化；（5）保证研究变量的维度构成意思表述完整；（6）为保证调查对象真实地反馈信息，在导语部分作出信息保密的承诺，从而降低调查对象的顾虑。

二、调查问卷设计过程

按照以上调查问卷的设计原则，依照如下步骤设计调查问卷。

第一，文献的收集，整理归纳现有成熟的量表。本书中涉及组织公平、授权型领导、工作特征、基本心理需要满足等变量量表。学者们根据各自的研究，设计出符合自己研究目的的量表，虽然有些量表已经成熟，但是由于存在文化、语言、思维理解和研究情境上的差异，本书收集并整理学者们运用量表，以设计出符合企业新生代员工的调查量表。针对收集到的国外量表，先请2名人力资源管理的硕士研究生和英语专业的硕士研究生对量表进行了翻译，之后，在自己所属的学术团队中进行讨论，包括2名副教授，3名博士和1名博士研究生对题项进行讨论，并对照国内学者们使用的量表，筛选出符合我国文化背景的表述方式，确定各量表的翻译质量，减少由于文化的差异给量表带来的影响，构建本书量表测量题项。

第二，量表题项的修订。研究中所涉及的变量量表，虽然在已有的研究中，学者们也会使用到，但缺少专门针对新生代员工这一群体的量表，对于有些量表的题项，学者们也没有完全达到一致，本书针对新生代员工这一群体的个性特征和工作环境，对研究变量的测量题项进行修订，并用修订后的初始问卷进行预调查。

第三，结合预调查样本的结果，通过与专家和部分企业新生代员工进行访谈，对调查问卷进行完善，形成了调查问卷的最终版本。首先，结合初始调研数据，运用SPSS 22.0进行分析，形成正式调查问卷的样卷，请2名博士和2名企业新生代员工对修订后的样卷进行反馈，从问卷结构编排、语言表达、内容顺序、版式结构进行讨论，最终形成正式调查量表。

第二节　各研究变量的初始测量题项

一、组织公平感的初始测量题项

　　组织公平是指组织中员工对公平的判断、知觉和感受，即公平的知觉或公平感。员工对于其所在组织的印象，会根据自己与他人与组织的互动，形成一些自己的主观看法和感觉，组织公平就是研究员工对于组织的这些看法和感觉。由于这种看法和感觉更多的是人们的一种心理差异和感受，存在着认同上的差别，因此，从早期亚当斯的公平理论到如今，人们对组织公平的结构维度问题还未形成统一共识，但可以肯定的是，随着研究的深入，人们对组织公平的研究更加透彻。亚当斯的公平理论重在分配公平，从分配的结果来分析公平问题，这也构成组织公平感研究后期的一个重要维度。在对组织公平结构的认知上，存在单因素、二因素、三因素或四因素之说，研究的结构因素包括从最初的分配公平，发展到后期的程序公平、互动公平、人际公平、信息公平等维度。具体而言，分配公平关注的是结果，强调个体对资源配置结果的感受；程序公平关注的是分配的过程，强调个体对资源分配程序和决策的手段的公平感知；互动公平关注的是组织内部沟通的质量，强调个体对组织内部沟通反馈的公平感知；人际公平关注的是在程序执行的过程中人与人之间的互动态度，更多的是从下属对上级的态度感知；信息公平关注的是信息给予和解释的透彻性。

　　二因素论（Thibaut & Walker，1975）认为，组织公平包括分配公平和程序公平，而单因素论认为只要分配的过程是公平的，分配公平很自然地就会得到保证；三因素论（Masterson et al.，2000）是在二因素的基础上，加上了互动公平；四因素论（Colquitt，2001）是对互动公平理念的进一步细化，用人际公平和信息公平两个概念来解释互动公平。这一观点与格林伯格的观点一致。国内学者的研究也大都以国外学者为基础，结合各自的研究目的实际进行研究，在对组织公平的界定上也有二因素论、三因素论和四因素论三种类别。如学者赖志超、黄光国（2000）把组织公平分为分配公平和程序公平，樊景立等（Farh et al.，1997）的研究则应用的是三因素模型，学者张戌凡、周路路和赵曙明（2013）也比较认可组织公平感的三因素论，刘亚等（2003）通过实证研究，借鉴西方的四因素论，用领导公平代替了人际公平，提出并验证了中国组织情境下的组织公平四因素模型。

在研究量表的使用上，我国学者大多直接借鉴国外学者研究的量表。西方学者对于组织公平的测量也都是按照其构成的维度来确定的。对于分配公平的测量，主要以亚当斯的公平理论为基础，如摩尔曼（Moorman，1991）所编制的问卷，题项如："我的工资水平和我的付出相比来说是合理的。"古奎特（Colquit，2001）所构建的问卷样题如："我所得到的工资待遇反映了我对工作的努力。"对于程序公平的测量，学者们设计量表的依据可以分以下三类：（1）以锡博特和华尔克（1975）的理论为依据，把对决策的参与程度作为衡量程序公平的指标。如泰勒（Tyler，1990）的问卷题项有："你参加与你有关的决策的次数是否较多。"（2）以利文撒尔等（Leventhal et al.，1980）提出的程序公平六个原则为基础，题项如："分配过程没有偏见""分配过程有准确的信息依据""分配的过程符合所有人的共同利益"。（3）将上述两者结合。

对于人际公平感的测量，主要以贝斯和莫格（Bies & Moag）的理论为依据，如泰勒（1990）的问卷题项有："我的上司对我是公平的""我的上司在做决策时，会考虑我的权利"。而对于信息公平的测量，大多依照格林伯格的观点，如福尔杰（Folger，1989）的问卷题项有："当我对分配结果有意见时，我的上司会给予充分的解释""我的上司会对公司的分配标准进行说明"。

国内学者对于组织公平的量表构建，主要是借鉴国外学者的研究，根据各自研究的目的，来构建各自的研究量表。如李超平和时勘（2003）构建的组织公平问卷时借鉴了普莱斯和穆勒（Price & Mueller，1986）的研究成果和亚历山大和鲁德尔曼（Alexander & Ruderman，1987）的研究成果，用程序公平和分配公平两因素作为组织公平的构建维度。分配公平的典型题项如："相对我的付出，我的收入是公平的。"程序公平包括参与公平和投诉机制两部分，其典型的题项如："我能够参与到分配的政策制定中""我能够向更高一级领导投诉我受到的不公平待遇"。刘亚、龙立荣和李晔（2003）开发了组织公平感四维度测量量表，并对量表进行了探索性因素分析，发现各分量表的可信度系数可达 0.88，整体量表的信度系数为 0.95，进行验证性因素分析后，其拟合指标也达到了要求。本书认为，组织公平所构成维度中的人际公平和信息公平，从本质上来说还是互动公平，因此，本书采用张戌凡、周路路、赵曙明（2013）的观点，认可组织公平的三因素结构论。将使用的量表最后两项进行合并，本书得到组织公平初始量表的具体项目如表 4 - 1 所示。

表 4 - 1　　　　　　　　　　组织公平初始量表的题项

测量维度	编号	题项内容	来源
程序公平	Q1 - 1	我们单位的工资分配有章可循	
	Q1 - 2	我们单位的工资分配是公开的和透明的	
	Q1 - 3	我们单位的工资制度都能得到很好的执行	
	Q1 - 4	我们单位员工能够参与分配制度的制定过程	
	Q1 - 5	我们单位所有人在分配制度面前都是平等的	
	Q1 - 6	我们单位的分配制度能够代表大多数人的意愿	
分配公平	Q1 - 7	我的工资反映了我对工作所作的努力	摩尔曼（1991），古奎特（2001），泰勒（1989），福尔杰和卡诺夫斯基（1989），普莱斯和穆勒（1986）；亚历山大和鲁德尔曼（1987）；李超平和时勘（2003）；刘亚、龙立荣和李晔（2003），张戌凡、周路路、赵曙明（2013）
	Q1 - 8	与其他同事的工作表现比，我的工资待遇是合理的	
	Q1 - 9	我的工资反映了我对单位的贡献	
	Q1 - 10	与相同工作和职务的同事比，我的薪酬待遇是合理的	
	Q1 - 11	就我的工作量和责任而言，我所得的工资是合理的	
	Q1 - 12	就我的工作表现而言，我所得到的报酬是合理的	
互动公平	Q1 - 13	单位领导对我没有偏见	
	Q1 - 14	我的工作得到了单位领导的认可	
	Q1 - 15	单位领导对我的评价是恰当的	
	Q1 - 16	在工作中，单位领导能给我提供支持和帮助	
	Q1 - 17	我觉得自己得到了单位领导足够的重视	
	Q1 - 18	我觉得领导对分配过程和结果的解释有道理	
	Q1 - 19	领导很关心我对分配的想法，并能够及时地与我沟通	

二、工作特征量表的初始测量题项

哈克曼和奥德汉姆（1975）提出了工作的五个因素，目的是用以设计出能够让员工感受到工作的意义，产生对工作的责任感，通过让员工产生对工作的成就感体会到工作的意义。他们认为，积极的工作应当包括以下五个的特征：工作的技能多样性、工作的任务完整性、工作的任务重要性、工作的任务自主性和工作反馈。技能多样性是指工作对不同类型活动的需求程度，以及由此决定的对员工所应具备技艺和才干的要求的多样程度；任务完整性是指职位对完成一整套条块分明的工作的需求程度；任务重要性是指工作对别人的生活或工作有多大影响；任务自主性是指员工安排工作内容、确定工作程序时，有多大的自由度、独立性及判断力；工作反馈是指员工在完成任务的过程中，能够在多大程度上获得有关自己工作绩效的直接而明确的信息。1980 年，哈克曼等对工作特征模型作了进一步修订，但仍然包含这五个特征维度。

伊达萨克和特拉斯高（Idaszak & Drasgow，1987）对工作特征模型量表作了进一步修正，指出题项中的反向记分项目会导致工作特征因子数目的不一致性，决定用新的题项取代了原来的反向计分题项，并对量表进行了因子结构研究。

我国学者张一弛（2005）等对哈克曼和奥德汉姆所开发量表在我国进行了测验，包括工作技能多样性、重要性、自主性、反馈以及工作完整性五个观测指标，共 15 个题项，采用李克特五点量表，1 代表非常不同意，5 代表非常同意。在量表中，每个维度中都有一个反项计分的题项，通过调查，得到量表总体的最终的 Cronbach' α 系数仅为 0.56，工作完整性维度的 Cronbach' α 系数为 0.547，且三个条目的置信区间水平（CICT）值均小于 0.5，说明我国员工对工作完整性这一概念的理解还比较模糊，杨红明（2012）在学者张一驰研究的基础上，利用其研究的结果，对研究量表进行了修正，修订后的量表共 12 个题项，整体 α 系数达到了 0.764，并对改进后的量表进行了探索性因子分析，分析显示，4 个因素共解释了 67.45% 的变异量，量表也具有良好的结构效度，表明核心工作维度的测量可信、有效。本书中使用的量表题项均源于哈克曼等（1975）与伊达萨克等（1987）改进的量表以及我国相关学者的研究（见表4-2）。

表4-2 工作特征初始量表的题项

测量维度	编号	题项内容	来源
技能多样性	Q2-1	我的工作需要何种程度的技能完成各项任务	哈克曼等（1975）、张一弛（2005）、伊达萨克等（1987）、奥尔德汉姆和朗纳（1988）、杨红明（2012）
	Q2-2	工作要求我使用许多复杂或高水平的技能	
工作重要性	Q2-3	我的工作结果会对他人的生活产生重大影响	
	Q2-4	我工作完成的好坏会对很多人产生影响	
工作自主性	Q2-5	我自己决定完成工作的程度	
	Q2-6	工作给予我很好的机会去独立自主地决定如何完成任务	
任务完整性	Q2-7	我的工作是一项有明显开始和结束的完整的工作	
	Q2-8	工作给我提供了完成所有各部分工作的机会	
工作反馈	Q2-9	工作本身提供的关于我工作绩效信息的程度	
	Q2-10	我从事的工作能提供信息，让我了解工作进度完成情况	

三、授权型领导的初始测量题项

对于授权型领导的测量，国内外学者基本都是从两个视角，即情境授权和心理授权视角进行测量的；同时通过个体和团队两个层次来对授权型领导进行测量。学术界对于授权型领导的研究取向不同，使测量维度和测量量表存在一些差异，本书对国内外学者关于授权型领导测量工具进行了整理。

基于团队层面，阿诺德（Arnold，2010）从团队层次开发了五个维度38个题项的授权型领导量表，其维度包括：决策参与、以身作则、信息分享、领导指导和领导关怀；阿赫恩等（Ahearne et al.，2005）又从心理授权视角开发了四维度共12个题项的领导行为量表（leadership empowerment behavior），四个维度包括：工作意义的强调、绩效信心的传递、员工决策参与的促进以及员工自由度的提高，该量表变现出很好的内部一致性。

基于个体层面，康扎克等（Konczak et al.，2000）从个体层次出发开发了"领导授权行为量表（leader empowering behavior questionnaire）"包括了六个维度 17 个题目，该量表被证实具有良好的效度和信度，六个维度包括：赋予权力、承担责任、自主决策、信息共享、技能扩展以及创新绩效指导。国内学者王辉等（2008）结合中国情境，开发了符合中国组织情境的量表，量表一致性为 0.68～0.87，包含六个维度 24 个题项，该量表具有较好的信度，其维度包括：权力委任、目标控制、决策参与、工作指导、过程控制以及个人发展支持。本书也以基于个体层面的量表为基础，作为本研究中授权型领导量表的初始测量题项，如表 4 - 3 所示。

表 4 - 3　　　　　　　　授权型领导的初始量表的题项

编号	题项内容	来源
Q3 - 1	领导与我谈论个人目标与组织目标紧紧相依	
Q3 - 2	领导会使我明白我的职责的重要地位	
Q3 - 3	领导常常耐心指导我的工作	
Q3 - 4	公司决策是领导和我的共同成果	
Q3 - 5	公司重大决定领导总是征求我的意见	
Q3 - 6	在可能影响到我的决定中，领导会征求我的意见	阿诺德（2010）；阿赫恩等（2005）；王辉等（2008）
Q3 - 7	即使难度很大，领导始终相信我能够完成	
Q3 - 8	领导认为我可以独自改正错误	
Q3 - 9	领导认为我的能力很强	
Q3 - 10	领导允许我按我的方式完成我的工作	
Q3 - 11	领导避免设置繁杂的制度阻碍我的工作效益	
Q3 - 12	在重大紧急问题面前领导鼓励我迅速决定	

四、基本心理需要的初始测量题项

基本心理需要理论是自我决定理论的核心，根据自我决定理论的观点，每个个体都有着本身固有的三种基本心理需要（自主需要、归属需要和胜任需要），满足个体的基本心理需要对人们的个人职业以及积极的行为都有非常重要的作用（Deci & Ryan，200），其中，自主需要是指个体对自己行为具有自主选择的需要，按照自己的意愿，希望在选择个人行为的过程中体会到自由，不受到外界的干涉与限制，对自己的行为有决定的权利；归属需要则是指个体愿意与周边的组织与人建立良好的人际关系，愿意成为组织中的一员，被组织接纳与认同；胜任需要是指个体有能力完成自己的工作任务，体现出对工作的掌控能力，执行自己的计划并且完成。在实际的研究中，自我决定理论所强调的三种需要并不是指员工个体自身需要的强度，而是指特定环境下满足这三种基本心理需要的程度。为了测量基本心理需要的满足程度，德西和瑞安也编制了相应的量表，共有 21 个题项，每种包含 7 个题项，题项采用自陈式李克特量表，运用 7 分制，得分高代表需要满足程度高。刘惠军等（2012）在对基本心理需要与职业倦怠的关系研究中，使用了由德西和瑞安编制的量表，在他们的研究中，基本心理需要量表的信度系数为 0.84，三个分量表的信度系数分别为 0.64（自主需要）、0.67（归属需要）和 0.74（胜任需要），表明此量表对我国员工的测量也有一定的适用性。在量表的制定上，除了有德西和瑞安的量表外，还有拉瓜迪亚（La Guardia）等编制的需要满意度量表，区别在于后者没有反向计分项目，且共有 9 道题目。徐凤等（2013）则借助该量表进行了北京"蚁族"幸福感与留京动机方面的研究，他们在研究中运用了 7 点计分法进行测试，调查数据测算的结果表明，量表的内部一致性信度达到了 0.70。另外，还有伊拉尔迪和莱昂内（Ilardi & Leone）等于 1993 年编制的工作基本心理需要量表，刘玉新（2011）在研究组织公正感与反生产行为之间的关系时借用此量表，采用李克特五点计分法，包含从"完全不符"到"完全符合"五个量度，用数字"1"~"5"代表。研究中，在表明基本心理需要的结构拟合度上，使用三因素模型结构拟合程度良好，其近似误差均方根（RMSEA）值达到了 0.061。在已有的研究中，学者们对于基本心理需要量表的制定，除了有工作领域的之外，还有人际交往领域使用的测量题项数，除了有 21 项之外，还有 15 项和 9 项之分，并且都达到了可信度水平；在测量的维度上，都参照了最早的界定，从自主需要、归属需要和胜任需要三个方面来测量基本心理需要的满足程度。在学者们的研究中，基本心理需要满足量表（工作领域）使用较为广泛，本书也将以此表为基础，来选择工作中的基本心理需要满足量表的初始测量题项，如表 4 - 4 所示。

表 4 - 4　　　　　　　　　基本心理需要初始量表的题项

测量维度	编号	题项内容	来源
自主需要	Q4 - 1	工作中我能自己决定我的工作方式	伊拉尔迪和莱昂内等（1993）；德西和瑞安（2000）；刘玉新（2011）
	Q4 - 2	在工作中我必须做的事正是我想做的	
	Q4 - 3	在工作中我能自由表达我的想法和观点	
	Q4 - 4	我觉得在工作中我能按照自己的真实想法来工作	
归属需要	Q4 - 5	工作中，我认为是集体的一部分	
	Q4 - 6	工作中，我觉得与其他人联系紧密	
	Q4 - 7	我非常喜欢与我一起工作的同事	
	Q4 - 8	我与同事们相处得很好	
	Q4 - 9	同事们关心我	
胜任需要	Q4 - 10	我感觉能做好自己的工作	
	Q4 - 11	有同事告诉我，不管我做什么，都能做得很好	
	Q4 - 12	我相信自己能把工作做好	
	Q4 - 13	我很擅长我的工作	
	Q4 - 14	绝大多数时候，我都能从工作中获得成就感	

五、参照群体的初始测量题项

参照群体是人们推崇或想要加入的群体（Merton & Kitt，1950）。从其概念可知，参照群体是人们的心理感知，也代表了人们的心理选择。对于参照群体测量，目前学界的研究上还是以问卷调查的方式为主，不过在量表的设计上，有两种主要方式：（1）在量表中列出大量的群体类型，利用所调查对象列出所比较的频率来推断测量对象的参照群体，通常选用最多的即是被调查对象的显著参照群体，是调查对象心理潜在状况的反映，但这种方式没有考虑到调查对象的差异，因为每个调查对象的背景不同，而且，量表中所列举的群体也有一定的局限性，不可能包括所有的群体，有些群体还被限制在调查设计者的思维之外，所以调查的数据存在一定的局限性，不能反映出被调查对象的真实情况；（2）采用开放式的题项，让被调查者直列出或者说出自己的参照群体，这种方式收集到的调查对象信息比较准确，而且真实可靠，但往往缺少规范化的回答，使得研究量化起来存在一定的困难，无法按照统一的模式进行标准化。在对参照群体的研究上，沙阿（Shah，1998）提出了另外一种参照群体的认知方式，他认为，参照群体的选择是以友谊和人际距离的影响为基础的，认为人们在生活中所接触到对象的频率是参照群体选择的一大依据，这种观点表明，可以从人际交往的角度来构建参照群体的测量量表。范玉静（2012）以此观点为基础，构建了我国外来务工人员参照群体的量表，认为外来务工人员的参照群体会以自己所交往和求助的群体为基本的对象，以此来构建量表题项。从社会交往上来看，由于外来务工人员群体来自异乡，大都以自己的亲属或者老乡为基本交往网络，缺少与当地居民的接触与交流，难以获得当地居民的更多信息，信息的可获取性减少，自然不会与当地居民进行比较；而那些与当地居民沟通较多的员工，互动较多，获取的当地居民的信息也较多，这样才可能更多地与当地居民进行比较。从友谊交往来看，友谊需要也代表着一种归属感的需要，城市生活的方便会唤起外来务工人员对美好生活的向往，唤起他们对友谊的需要，因此，与当地居民交往多的人才可能满足这种需要，才能成为外来务工人员参照对象。在范玉静的研究中，参照群体的量表可信度系数达到了 0.721，说明以此法构建的量表具备良好的信度。本书以范玉静的研究为基础，参照群体初始量表初步设计的题项如表 4－5 所示。

表 4 – 5 参照群体初始量表初步设计的题项

编号	题项内容	来源
Q5 – 1	我希望成为那样的人（好员工、好父母或成功人士）	沙阿（1998）；范玉静（2012）
Q5 – 2	当遇到困难时，我会很乐意向地位比我高的人寻求帮助	
Q5 – 3	我会观察或模仿专家或成功人士	

六、工作获得感的初始测量题项

本书认为工作获得感不仅有物质上的，也有精神上的。物质上的工作获得感包括工资待遇、工作环境、工作条件、组织前途。例如，当组织内部变动较大时，就会影响员工的工作状态，员工会时刻担心自己的未来，从而降低了员工感知工作成就带来的获得感。精神上的工作获得感包括人际关系、工作氛围、自我评价、个人价值观。例如，当员工在组织中人际关系良好时，可以及时得到组织的帮助，那么员工就会提高情绪，无形中增加了自己工作获得的愉悦感，从而提高工作的获得感。在对工作获得感的测量上，因为工作获得感是一个潜变量，从本质上来说，它是人们进行相互比较的一种主观感受，所以测量也一般运用主观指标法。在量表的构成比较方式上，有横向比较和纵向比较两种方式：（1）横向比较是与自己条件相似的群体或者他人进行比较；（2）纵向比较是同自己的历史或者与自己的期望进行比较。从分类上来讲，有研究者又将其分为个体获得和群体获得；从获得的内容上讲，工作获得感的来源有物质的和非物质的，在衡量的方式上，工作获得感的测量量表一般以收入为主要指标；在具体的测量上，学者们根据各自的研究目的，对工作获得感的测量角度又会不同，目前还没有形成统一的、公认的工作获得感测量量表，目前的工作获得感的量表大都以自编为主。本书中工作获得感量表借鉴了朱平利、王媛媛（2020）等学者所编写的工作获得感量表，其构建的工作获得感量表信度在检验后达到了 0.836。本书量表包括四个维度，即工作尊严感、薪酬满足感、能力提升感和职业憧憬，通过整理提炼先前学者们使用的项量表，本书使用的工作获得感问题题项有 13 个，形成工作获得感的初始量表如表 4 – 6 所示。

表 4 - 6   工作获得感初始量表的题项

编号	题项内容	来源
Q6 - 1	我的工作得到上级的肯定	朱平利等（2020）；王媛媛（2019）
Q6 - 2	我的工作能得到同事的认同	
Q6 - 3	这个组织肯定我在工作中的成绩	
Q6 - 4	我得到的薪资报酬是合理的	
Q6 - 5	我得到了期望的薪酬待遇	
Q6 - 6	我认为我的工作负荷是相对公平的	
Q6 - 7	工作让我熟练掌握了岗位知识和技能	
Q6 - 8	工作让我提高了分析问题的能力	
Q6 - 9	工作让我提高了解决工作中问题的能力	
Q6 - 10	工作让我提高了与他人有效协作	
Q6 - 11	我从事的工作与我的职业理想相关	
Q6 - 12	我对我在组织的发展充满信心	
Q6 - 13	我对我未来的职业发展充满希望	

七、工作家庭冲突的初始测量题项

本书采用的工作家庭冲突量表分为两个维度，分别是工作影响家庭和家庭影响工作，共有 5 个测量题项。工作影响家庭的测量题目有 3 个，家庭影响工作的测量题目有 2 个。该量表是由尼特迈伊（Netemeyer）等在 1996 年开发的量表，问卷采用李克特五点量表格式（1 = 强烈反对；5 = 强烈赞同），分别为强烈反对、比较反对、一般、比较赞同、强烈赞同。分数越高，冲突越大。所构建的工作家庭冲突量表更是一种主观的心理体会，如表 4 - 7 所示。

表 4 - 7   工作家庭冲突初始量表的题项

编号	题项内容	来源
Q7 - 1	我的工作占用的时间太长，很难满足家庭的需要责任	尼特迈伊等（1996）
Q7 - 2	我的工作要求干扰了我的家庭生活	
Q7 - 3	我的工作造成压力，使我难以履行家庭责任	
Q7 - 4	我想在家里做的事情，因为工作要求而无法完成	
Q7 - 5	我的家庭职责迫使我做一些不喜欢的工作	

八、个人成长主动性的初始测量题项

在学术研究上，对个人成长主动性的测量大都是以学者罗比谢克的概念为基础的，罗比谢克将个人成长主动性划分为四维度，我国学者也将这些应用到国内的相关研究中，并对变量的题项进行了修订和删改。在具体的变量项目的选择上，最开始的量表由罗比谢克等（1997）编制，以中年人为主要研究对象，构建了单一维度的测量量表，由 9 个题项构成，这些题目主要陈述了自身对主体行为的认知及行为两个方面因素，测量个体成长主动性的差异情况，因此，在应用起来有些局限，有些题目并不能真正应用在职业场所的一些情境。所以，在 2012 年，学者罗比谢克在进一步完善原有理论的基础上，将个人成长性理论划分为四个维度结构，并且编制了新的个人成长主动性量表 – Ⅱ（PGIS – Ⅱ）。新的个人成长主动性量表包含了 16 个题项，在构建时运用了李克特 6 分评价法，每个量表的题目表述上均为正向描述，而且，所依据的理论结构是按照新的四维结构来构建新的题项，也构成了四个分量表，这些量表分别对应测试个人成长主动性中的对改变的准备、计划性、利用资源与主动行为四个维度。量表出现后，多个国家的学者都引入了自己的研究，研究的运用情况也表明，该量表有着比较好的信度和效度。

我国学者在研究时，引入了罗比谢克编制的 PGIS – Ⅱ，依照中国的情境，进行了适当的改编，引入我国相关课题的研究中。如学者王倩和孙灯勇（2015）结合中国国情，对罗比谢克编制的 PGIS – Ⅱ进行翻译并修订，该量表共 16 题，包括对改变的准备、计划性、利用资源、主动的行为 4 个维度。其中包含对改变的准备有 4 题，计划性有 5 题，利用资源有 3 题，主动的行为有 4 题，且各维度内部一致性系数较高。童张梦子（2016）以生活满意度量表作为效标，基于高中生群体，对 PGIS – Ⅱ进行中文版修订，经检验，修订版问卷效标关联效度良好。李品（2016）考察 PGIS – Ⅱ的信效度及其在中国企业文化背景下的适用性，发现计划性和对改变的准备这两个维度之间存在很强的正相关，很难把它们区分开。因此对维度进行重新划分并测量。把计划性和改变的准备两个维度合并为一个维度——"对改变的准备",定义为"为自己的改变作好了心理准备并有能力制定改变过程的计划"。确定了在中国文化背景下的三维度个人成长主动性量表。共有 14 个项目组成,其中包括 3 个分量表,分别是"对改变的准备"(7 个项目)、"资源的利用"(3 个项目)和"主动的行为"(4 个项目)。许丹佳、喻承甫、窦凯(2019)在研究家庭功能对初中生抑郁的影响时对个人成长主动性量表进行修订,确定其结构和维度,使其可以运用到初中生个人成长主动性水平的测量上来。

本书拟选用李品(2016)在探讨中国企业文化背景下的适用性时对 PGIS – Ⅱ 的修订量表,经证明,此量表具有较好的信效度。该问卷包含 14 个题项,在研究中,问卷的内部一致性系数为 0.706,本书以此为基础,构建的初始量表如表 4 – 8 所示。

表 4 – 8　　　　　　　　个人成长主动性初始量表的题项

编号	题项内容	来源
Q8 – 1	对于我希望自己改变的方面,应该制定具体的目标	
Q8 – 2	对于何时去做具体的自我改变,我总能觉察到	
Q8 – 3	为了改变自己,我知道如何制定一个合理的计划	
Q8 – 4	一旦成长的机会出现,我一定会把握	
Q8 – 5	为了改变自己,我会为自己制定一个现实可行的计划	
Q8 – 6	为了改变自己,我会寻求他人帮助	
Q8 – 7	我会通过积极工作(学习)来提升自己	罗比谢克(1997、2012),
Q8 – 8	我能清楚意识到自己有哪些方面需要改变	李品(2016)
Q8 – 9	我一直都在努力成长	
Q8 – 10	我知道如何设定一些具体的目标来进行自我改变	
Q8 – 11	我清楚自己何时需要做出具体的自我改变	
Q8 – 12	当我尝试改变自己时,我能利用多方的资源	
Q8 – 13	当自我成长时,我会积极主动地寻求帮助	
Q8 – 14	我会寻找身边的各种机会来自我成长	

九、职业使命感的初始测量题项

学者们在研究的过程中对职业使命感的测量进行了探讨。学者戴维森和卡德尔（1994）把职业使命感看作是单纯的一维度构念，研究中只用一个题项"我感受到了强烈的内心呼唤"来测量职业使命感的程度。学者博伊德（2010）对职业使命感的概念进行进一步丰富，指出职业使命感包括职业的目标性和亲社会性两个方面，研究量表的构建也是围绕着两个方面来进行。随着研究的深入，学者迪克与达菲（2009）根据职业使命感的形成过程把其分为三个层次的结构，并且开发出职业使命感量表，该量表包括 24 个题项。学者兰戈文等（Elangovan，2010）对其进行了修正，认为职业使命感的内涵包括职业定位、个人义务感和亲社会倾向三个方面。学者哈格迈尔等（Hagmaier et al.，2012）应用质性研究方法，通过访谈构建了 9 个题项的问题，作为测量的条目，包含了三个维度的内容（个人环境匹配、指引力和工作意义感），张春雨等（2012）探究编制了中国职业使命感的量表，以企业员工为研究对象，收集数据进行质性研究，编制出了包含 10 个题项的量表，也对量表进行了信度效度测试。随着研究的深入，也有学者把职业使命感划分为五个维度的构念，进一步丰富了职业使命感的结构内容，如塔马拉（Tamara）等认为职业使命感包括超越的引导力量（transcendent guiding force）、工作认同（identification with one's work）、意义感（sense of meaning）、价值观为导向的行为（value-driven behavior）以及工作—雇员匹配。

通过以上综合职业使命感的含义探讨，可以看出，学者们在不断丰富职业使命感的内涵。其中，多布罗等（2011）总结归纳了其他学者的观点，比较了其他学者观点的差异，开发出了合适的量表，这个量表经过七年时间的研究得到了更好的修正，比较严谨和科学。因此，本书将采用由多布罗等开发、裴宇晶和赵曙明翻译修订的职业使命感量表，该量表一共有 12 个题项。此量表在本书中的内部一致性系数（Cronbach'α）值为 0.910，具有较高的内部一致性。职业使命感初始量表题项如表 4－9 所示。

表 4 – 9 职业使命感初始量表的题项

编号	题项内容	来源
Q9 – 1	我对我的职业充满热情	
Q9 – 2	我享受我的职业胜过其他任何事情	
Q9 – 3	从事现在的职业让我有巨大的满足感	
Q9 – 4	为了我的职业我会不惜一切代价	
Q9 – 5	每当向别人描述我是谁时，我首先会想到的是我的职业	
Q9 – 6	即使面临重重困难，我仍将坚持选择从事我的职业	多布罗等（Dobrow et al., 2011）；张春雨等（2015）
Q9 – 7	我的职业将一直是我生命的一部分	
Q9 – 8	我对自己从事的职业有一种使命感	
Q9 – 9	从某种意义上说，我内心深处一直装着这个职业	
Q9 – 10	在没有做这份工作时，我也常考虑要从事这个职业	
Q9 – 11	投身目前的职业让我的生命更有意义	
Q9 – 12	我现在从事的职业能够深深地触动内心，给我带来喜悦	

十、其他控制性变量设计

本书所设计的其他控制变量包括性别、文化程度、出生年代、婚姻状况、工作年限等人口统计学变量。性别分为男性与女性；文化程度主要分初中及以下、高中和大学；出生年代分 20 世纪 80 年代和 20 世纪 90 年代；婚姻状况分为已婚和未婚；工作年限分为 5 年、5 ~ 10 年和 10 年及以上。

在确定各量表的题项的基础上，设计初始问卷，并以此为基础进行调查问卷的预测试，为调查问卷的进一步修订提供基础。

第三节　初始问卷的调查及其修订

一、初始问卷预测及预测试样本描述

根据研究假设和组织公平感、工作特征、授权型领导、基本心理需要、参照群体、工作获得感、个人成长主动性和职业使命感的定义，结合前期总结的研究变量的题项，设计各个变量的测量问卷。本书采用李克特五级计分法对变量进行测量，用 1 代表非常不符合或者完全不存在，2 代表不符合或者不存在，3 代表不确定，4 代表符合或者存在，5 代表非常符合或者总是存在。

预测试数据的收集主要有两个渠道，一是通过笔者所带的学生，共发放 40 份问卷，调查对象主要是企业员工；另一个渠道是通过熟人，发放 60 份问卷，最后将回收到的问卷进行筛选，剔除一些无效问卷，最终得到有效问卷 86 份，有效率为 86%，所调查初始样本主要从性别、出生年代、受教育程度、工作年限等方面对被试者进行描述，初始调查样本的人口统计学分布如表 4 - 10 所示。

表 4 - 10　　　　　　正式调查样本人口统计分布表（N = 86）

变量	分类	频率	百分比（%）	有效百分比（%）	累积百分比（%）
性别	男性	36	41.9	41.9	41.9
	女性	50	58.1	58.1	100.0
文化程度	初中及以下	51	59.3	59.3	59.3
	高中及以上	35	40.7	40.7	100.0
出生年代	20 世纪 90 年代	29	33.7	33.7	33.7
	20 世纪 80 年代	57	66.3	66.3	100.0
婚姻状况	未婚	26	30.2	30.2	30.2
	已婚	60	69.8	69.8	10.0
工作年限	5 年及以下	34	39.5	39.5	39.5
	5～10 年	40	46.5	46.5	86.0
	10 年及以上	12	14.0	14.0	100.0
合计		86	100.0	100.0	

由表 4 - 10 可知，在最终有效的数据样本中，男性有 36 人，占 41.9%；女性有 50 人，占 58.1%，调查对象以女性居多。从文化程度来

看，企业员工以初中及以下文化为主，在样本中有 51 人，占总样本的 59.3%，高中及以上有 35 人，占总样本的 40.7%，20 世纪 80 年代出生的有 57 人，占 66.3%，而 20 世纪 90 年代出生的有 29 人，占 33.7%；已婚的有 60 人，占 69.8%，未婚的有 26 人，占 30.2%，工作年限在 5 年及以下的有 34 人，占 39.5%，5～10 年的有 40 人，占 46.5%，10 年及以上的有 12 人，占 14.0%。

二、预测试样本的分析方法

在对预测试样本的分析中，主要运用项目分析法、信度分析法来判断问卷的区分度和各个分量表题项的信度，推断各测量题项存在的问题，并对各量表中的题项进行修改和净化，为构建正式的调查问卷和正式调查作好准备。

项目分析主要是依照测评样本数据的结果对量表中的各个题项进行分析，判断测评题项质量的好坏，并对题项进行净化的方法，包括各题项对变量鉴别力的检验。对于各题项鉴别力的检验，是将各题项的得分按部分由低到高顺序排列，总分在前 27% 的作为高分组，总分在后 27% 的作为低分组，然后对高分组和低分组在每题得分的平均数的差异进检验。选用独立样本 T 检验，观察检验运算的结果 F 统计量的值，如检验结果 F 值显著（显著性一栏的值小于 0.05），则代表原假设不成立（也即样本异质假设），说明高分组和低分组所代表的组别总体方差不等，则需要再看"假设方差不相等"一栏的 t 值，如果结果显著（显著性一栏的值小于 0.05），则说明此题项具有鉴别度。如检验结果 F 值不显著（即显著性一栏的值大于 0.05），说明高分组和低分组别的总体方差相等（即样本同质假设），则需要查表"假设方差相等"栏的 t 值，如果结果显著（显著性一栏的值小于 0.05），则说明此题项具有鉴别度。另外，对于判断二组平均数差异是否是显著，还可以考虑差异值的 95% 的置信区间，如果在 95% 的置信区间内未包含 0，表示高分组和低分组平均数的差异显著；如果包含 0 在内，则表示高分组和低分组的平均数有可能相等，两组的平均数差异就不显著。

对于信度的检验，可以利用 CITC 值来判断所要检验量表的可靠性，并依据其值的大小对所测量变量的题项进行净化和筛选。净化与筛选的原则是，通常当 CITC 小于 0.5 时，该条目就应当被删除（Cronbach，1951）。当然，卢纹岱（2002）等学者认为，在实际的研究中，如果研究的样本数不多，当 CITC 值为 0.3 及以上，也符合研究的要求。本书的试调查阶段样本量只有 86，为小样本，选择 0.3 作为净化测量题项的标准。另外，在采用 CITC 法分析的过程中，结合信度系数法检验测量题项的信度。假如系统运算结果提示删除某个测量题项，Cronbach' α 系数会增加，则表明可以删除该题项。

对于信度分析的判断标准，一般在社会科学领域的研究中，大多以 Cronbach' α 系数为参考依据。如果 Cronbach' α 系数大于 0.70，表明量表的信度达到可接受水平；如果系数大于 0.80，表明量表的信度可以达到理想水平（Hinkin，1998）。在研究中，问卷的各个分量表信度最好大于 0.7，在 0.6 和 0.7 之间也可以接受。通过信度分析，如果在删除某一题项后，所调查的量表整体性信度系数比未删除前的高出许多，代表此题项与量表中的其他题项相比，其同质性水平不高，可以考虑将其删除或者进行修正，以提高量表的整体信度水平。

三、预测试分析结果

（一）项目分析

对预调查所得到的样本数据作项目分析，把 86 个样本数据按每个量表题项总得分由高到低排列，把每一项数据选择得分在前 27% 的样本作为高分组，得分在后 27% 的样本作为低分组，分别在高分组和低分组的受试者在每个题项平均数上作独立样本 T 检验，运算结果如表 4-11 所示。表中的第 2 列是检验的 F 统计量的观察值，第三列为 F 值所对应的为概率 P 值，如果显著水平大于 0.05，则认为高分组和低分组的平均数的方差无显著差异，即通过了列文（LEVENE）方差齐性检验。再进行 T 检验，在该表第 4 列给出 t 统计量的观察值，如果显著性水平小于 0.05，则拒绝原假设，认为高分组和低分组的均值存在着差异，也即认为高分组和低分组存在着差异。另外，参照第9列的差分95%的置信区间，如果在差分95%的置信区间内，其值未包含0，表示二者的差异显著；如果包含0在内，表示高分组和低分组的平均数有可能相等，这两组的差异就不显著。

由表4-11的检验结果可知，组间结果在95%的上下区间不包括0，表明二者差异都显著，说明各量表的题项有着较强的区分度，因此建议各题项保留。

表4-11 量表的各题项独立样本检验结果

编号		方差方程的 Levene 检验		均值方程的 t 检验					差分95% 置信区间	
		F	Sig0.	t	df	Sig0.（双侧）	均值差值	标准误差值	下限	上限
Q1-1	假设方差相等	50.625	0.02	140.906	49	0.00	20.8298	0.1939	20.4440	30.20357
	假设方差不相等			150.555	460.294	0.00	20.8298	0.1818	20.4574	30.18822
Q1-2	假设方差相等	310.63	0.00	60.026	49	0.00	10.6099	0.2859	10.1212	20.25487
	假设方差不相等			60.575	310.482	0.00	10.6999	0.2518	10.1679	20.21520
Q1-3	假设方差相等	0.844	0.36	130.198	49	0.00	20.3854	0.1800	20.0261	20.74647
	假设方差不相等			130.737	460.853	0.00	20.3854	0.1751	20.0346	20.73262
Q1-4	假设方差相等	940.240	0.00	40.985	49	0.00	10.2129	0.2459	0.72477	10.70380
	假设方差不相等			50.510	270.00	0.00	10.2429	0.2037	0.76212	10.66645
Q1-5	假设方差相等	70.169	0.010	90.374	49	0.00	20.4312	0.2525	10.9015	20.95110
	假设方差不相等			10.040	380.218	0.00	20.4312	0.2425	10.9401	20.9203
Q1-6	假设方差相等	190.884	0.00	40.192	49	0.00	10.1199	0.2702	0.58936	10.67461
	假设方差不相等			40.525	350.361	0.00	10.1319	0.2504	0.62435	10.63962
Q1-7	假设方差相等	20.283	0.137	170.114	52	0.00	20.6667	0.1582	20.3540	20.97934
	假设方差不相等			170.140	490.712	0.00	20.6667	0.1558	20.3513	20.97920
Q1-8	假设方差相等	20.082	0.155	120.970	52	0.00	20.5500	0.1961	20.1548	20.94452
	假设方差不相等			130.696	480.299	0.00	20.5500	0.1819	20.1750	20.92430
Q1-9	假设方差相等	10.997	0.02	140.842	52	0.00	20.3467	0.1577	20.0508	20.65826
	假设方差不相等			150.40	510.397	0.00	20.3467	0.1505	20.0646	20.64687

续表

编号		方差方程的 Levene 检验		均值方程的 t 检验					差分 95% 置信区间	
		F	Sig0.	t	df	Sig0.（双侧）	均值差值	标准误差值	下限	上限
Q1－10	假设方差相等	20.491	0.121	40.177	52	0.00	10.1033	0.2637	0.57583	10.64084
	假设方差不相等			40.357	500.701	0.00	10.1033	0.2436	0.59760	10.61906
Q1－11	假设方差相等	30.303	0.075	90.742	52	0.00	10.2833	0.2181	10.7316	20.72350
	假设方差不相等			10.091	510.559	0.00	10.2833	0.2379	10.8917	20.70749
Q1－12	假设方差相等	10.093	0.301	120.110	52	0.00	20.2167	0.1511	10.8021	20.61312
	假设方差不相等			120.295	510.559	0.00	20.2167	0.1832	10.8574	20.60759
Q1－13	假设方差相等	0.026	0.874	80.813	55	0.00	10.5128	0.1742	10.2172	10.94084
	假设方差不相等			80.80	540.238	0.00	10.5828	0.1968	10.2107	10.94149
Q1－14	假设方差相等	20.722	0.105	120.08	55	0.00	10.9629	0.1638	10.6647	20.29210
	假设方差不相等			110.954	500.775	0.00	10.9629	0.1642	10.6437	20.29421
Q1－15	假设方差相等	0.987	0.325	80.715	55	0.00	10.6130	0.1813	10.2230	10.98430
	假设方差不相等			80.697	530.799	0.00	10.6130	0.1850	10.2136	10.98524
Q1－16	假设方差相等	0.085	0.771	110.708	55	0.00	10.8158	0.1543	10.5050	20.12165
	假设方差不相等			110.759	520.769	0.00	10.8158	0.1506	10.5053	20.12062
Q1－17	假设方差相等	50.568	0.022	20.265	55	0.02	10.6206	0.2741	0.07156	10.16982
	假设方差不相等			20.275	520.881	0.02	10.6206	0.2786	0.07337	10.16801
Q1－18	假设方差相等	0.07	0.934	110.451	55	0.00	20.0123	0.1746	10.6510	20.35146
	假设方差不相等			110.465	540.951	0.00	20.0123	0.1756	10.6510	20.35106
Q1－19	假设方差相等	0.047	0.830	40.431	55	0.00	10.1330	0.2558	0.62060	10.64541
	假设方差不相等			40.437	540.946	0.00	10.1330	0.2558	0.62120	10.64481
Q2－1	假设方差相等	0.435	0.513	60.150	50	0.00	10.2637	0.2057	0.85207	10.67866
	假设方差不相等			60.151	470.394	0.00	10.2637	0.2070	0.85164	10.67910
Q2－2	假设方差相等	80.103	0.06	60.148	50	0.00	10.3035	0.2217	0.87820	10.73049
	假设方差不相等			50.856	350.857	0.00	10.3035	0.2223	0.85258	10.75612
Q2－3	假设方差相等	10.834	0.182	70.276	50	0.00	10.4152	0.2327	10.1235	10.98010
	假设方差不相等			70.326	480.456	0.00	10.4152	0.2181	10.1295	10.97749

续表

编号		方差方程的 Levene 检验		均值方程的 t 检验					差分95%置信区间	
		F	Sig0.	t	df	Sig0.（双侧）	均值差值	标准误差值	下限	上限
Q2-4	假设方差相等	20.351	0.131	90.724	50	0.00	10.8556	0.1988	10.4816	20.26297
	假设方差不相等			10.014	490.984	0.00	10.8756	0.1830	10.4935	20.25177
Q2-5	假设方差相等	0.522	0.473	90.052	50	0.00	10.8507	0.2438	10.4357	20.26058
	假设方差不相等			90.245	490.845	0.00	10.8507	0.2012	10.4808	20.25207
Q2-6	假设方差相等	40.201	0.046	50.882	50	0.00	10.2218	0.2077	0.80464	10.63913
	假设方差不相等			60.082	490.852	0.00	10.2218	0.2091	0.81831	10.62546
Q2-7	假设方差相等	41.223	0.043	52.812	50	0.00	10.2234	0.2017	0.70463	11.63913
	假设方差不相等			60.082	490.85	0.00	10.1118	0.1092	0.81831	10.62546
Q2-8	假设方差相等	38.231	0.043	52.812	50	0.00	10.2332	0.2077	0.81673	10.43568
	假设方差不相等			60.082	490.85	0.00	10.6643	0.4244	0.82834	10.62736
Q2-9	假设方差相等	23.246	0.048	68.882	50	0.00	10.2189	0.2073	0.86435	10.63456
	假设方差不相等			62.482	490.857	0.00	10.9287	0.3722	0.72635	10.37353
Q2-10	假设方差相等	42.562	0.096	68.882	50	0.00	10.2289	0.2073	0.83455	10.63913
	假设方差不相等			64.732	490.252	0.00	10.2635	0.1524	0.7263	10.26525
Q3-1	假设方差相等	50.533	0.025	60.264	44	0.00	10.4422	0.2947	10.0247	20.06657
	假设方差不相等			60.232	420.031	0.00	10.5522	0.2342	10.0963	20.04564
Q3-2	假设方差相等	40.824	0.469	50.484	44	0.00	10.6517	0.9585	10.0366	20.28886
	假设方差不相等			50.468	430.965	0.00	10.6517	0.3022	10.0474	20.23166
Q3-3	假设方差相等	40.817	0.10	90.253	44	0.00	20.2739	0.2675	10.7748	20.61795
	假设方差不相等			90.287	410.918	0.00	20.2739	0.2863	10.6368	20.69257
Q3-4	假设方差相等	60.356	0.04	50.247	44	0.00	20.6070	0.2176	20.1914	20.04011
	假设方差不相等			50.383	350.463	0.00	20.6070	0.2641	20.3267	20.04315
Q3-5	假设方差相等	42.394	0.049	60.2467	44	0.00	20.1304	0.1884	20.7422	20.15366
	假设方差不相等			60.833	380.430	0.00	20.9104	0.1853	20.6370	20.28531
Q3-6	假设方差相等	31.286	0.077	60.105	44	0.00	20.2139	0.1356	10.6842	20.56367
	假设方差不相等			60.136	370.106	0.00	20.1357	0.1357	10.1256	20.64683

续表

编号		方差方程的Levene检验		均值方程的t检验					差分95%置信区间	
		F	Sig0.	t	df	Sig0.（双侧）	均值差值	标准误差值	下限	上限
Q3－7	假设方差相等	47.928	0.002	40.543	44	0.00	20.5899	0.1724	20.4565	20.84677
	假设方差不相等			40.563	260.049	0.00	20.6372	0.1063	20.4636	20.82551
Q3－8	假设方差相等	50.637	0.031	50.882	44	0.00	10.3582	0.2073	0.80497	10.63682
	假设方差不相等			50.742	220.573	0.00	10.2687	0.2025	0.86444	10.31345
Q3－9	假设方差相等	50.201	0.012	60.863	44	0.00	10.7379	0.2733	0.82567	10.43673
	假设方差不相等			60.732	240.423	0.00	10.3673	0.2736	0.82568	10.24674
Q3－10	假设方差相等	50.443	0.026	60.873	44	0.00	10.9268	0.2026	0.87374	10.75563
	假设方差不相等			60.140	250.415	0.00	10.8514	0.2389	0.82467	10.54325
Q3－11	假设方差相等	50.723	0.046	60.926	44	0.00	10.1256	0.2233	0.88542	10.67678
	假设方差不相等			60.256	260.392	0.00	10.8942	0.3745	0.83456	10.21984
Q3－12	假设方差相等	50.627	0.046	60.812	44	0.00	10.2345	0.3763	0.82584	10.67437
	假设方差不相等			60.375	420.372	0.00	10.8392	0.2724	0.87143	10.8582
Q4－1	假设方差相等	30.702	0.060	80.711	53	0.00	10.5536	0.1790	10.1954	10.91718
	假设方差不相等			80.623	480.821	0.00	10.5536	0.1873	10.1513	10.92158
Q4－2	假设方差相等	60.705	0.012	70.716	53	0.00	10.5151	0.2026	10.1770	20.0523
	假设方差不相等			70.513	390.771	0.00	10.5951	0.2182	10.1332	20.01970
Q4－3	假设方差相等	80.899	0.04	60.330	53	0.00	10.1180	0.1854	0.79366	10.52995
	假设方差不相等			60.189	420.129	0.00	10.1680	0.1874	0.78297	10.54063
Q4－4	假设方差相等	150.020	0.00	10.148	53	0.00	10.6835	0.1698	10.3544	20.01726
	假设方差不相等			90.892	420.364	0.00	10.6435	0.1728	10.3030	20.02840
Q4－5	假设方差相等	70.299	0.09	10.489	55	0.00	10.6153	0.1374	10.3443	10.92064
	假设方差不相等			90.625	330.675	0.00	10.6123	0.1653	10.2195	10.95312
Q4－6	假设方差相等	10.033	0.314	60.969	55	0.00	10.4227	0.2043	10.0199	10.83255
	假设方差不相等			60.852	440.549	0.00	10.4227	0.2772	10.0480	10.84175
Q4－7	假设方差相等	50.073	0.028	10.938	55	0.00	10.8186	0.1602	10.4814	20.14857
	假设方差不相等			10.268	360.990	0.00	10.8186	0.1784	10.4753	20.17418

续表

编号		方差方程的 Levene 检验		均值方程的 t 检验						
		F	Sig0.	t	df	Sig0.（双侧）	均值差值	标准误差值	差分95%置信区间	
									下限	上限
Q4-8	假设方差相等	0.296	0.589	70.530	55	0.00	10.4990	0.1122	10.0568	10.82311
	假设方差不相等			60.870	320.875	0.00	10.4390	0.2960	10.0340	10.86639
Q4-9	假设方差相等	10.790	0.186	90.084	55	0.00	10.8340	0.2624	10.4608	20.28672
	假设方差不相等			90.010	460.037	0.00	10.8740	0.2092	10.4589	20.29191
Q4-10	假设方差相等	20.042	0.158	60.607	58	0.00	10.0905	0.1573	0.70334	10.31476
	假设方差不相等			60.967	560.953	0.00	10.0905	0.1483	0.71903	10.29907
Q4-11	假设方差相等	0.033	0.856	70.628	58	0.00	10.366	0.1713	10.0794	10.72509
	假设方差不相等			70.981	570.704	0.00	10.3652	0.1723	10.0273	10.70930
Q4-12	假设方差相等	20.959	0.091	80.880	58	0.00	10.1698	0.1372	0.90602	10.43335
	假设方差不相等			90.052	570.016	0.00	10.1668	0.1222	0.91092	10.42845
Q4-13	假设方差相等	30.841	0.055	70.937	58	0.00	10.4143	0.1716	10.0540	10.77066
	假设方差不相等			80.022	550.878	0.00	10.4103	0.1727	10.0090	10.76715
Q4-14	假设方差相等	40.647	0.035	10.831	58	0.00	10.7136	0.1578	10.3692	20.01580
	假设方差不相等			110.20	570.976	0.00	10.7036	0.1590	10.3929	20.05143
Q5-1	假设方差相等	0.366	0.548	90.899	45	0.00	20.0899	0.2096	20.6617	20.44180
	假设方差不相等			90.938	440.174	0.00	20.0289	0.2417	10.6156	20.44041
Q5-2	假设方差相等	10.513	0.225	90.121	45	0.00	20.1862	0.2337	10.6858	20.59866
	假设方差不相等			90.152	440.426	0.00	20.1262	0.2358	10.6602	20.59723
Q5-3	假设方差相等	0.462	0.50	10.482	45	0.00	20.2447	0.2143	10.8138	20.67585
	假设方差不相等			10.468	440.498	0.00	20.2447	0.2143	10.8156	20.67657
Q6-1	假设方差相等	20.959	0.091	110.072	56	0.00	20.8485	0.1830	10.7064	20.46205
	假设方差不相等			10.659	430.270	0.00	20.0848	0.1950	10.6045	20.47924
Q6-2	假设方差相等	70.308	0.09	90.415	56	0.00	10.9321	0.2021	10.5271	20.33710
	假设方差不相等			90.999	550.857	0.00	10.9322	0.1932	10.5450	20.31921
Q6-3	假设方差相等	50.077	0.028	50.053	56	0.00	10.2048	0.2384	0.72722	10.68248
	假设方差不相等			50.344	550.05	0.00	10.2048	0.2254	0.75304	10.65665

续表

编号		方差方程的 Levene 检验		均值方程的 t 检验						
		F	Sig0.	t	df	Sig0.（双侧）	均值差值	标准误差值	差分95%置信区间	
									下限	上限
Q6 - 4	假设方差相等	20.315	0.134	60.841	56	0.00	10.4464	0.2104	10.0087	10.86640
	假设方差不相等			70.034	550.637	0.00	10.4434	0.2022	10.0247	10.85481
Q6 - 5	假设方差相等	20.477	0.121	40.528	56	0.00	10.1391	0.2476	0.63059	10.63123
	假设方差不相等			40.646	550.469	0.00	10.1391	0.2443	0.64316	10.61866
Q6 - 6	假设方差相等	50.524	0.041	50.212	56	0.00	10.2189	0.2073	10.8064	10.82357
	假设方差不相等			50.421	550.284	0.00	10.3755	0.3745	10.8326	10.46759
Q6 - 7	假设方差相等	40.131	0.012	50.812	56	0.00	10.2292	0.2383	10.8035	10.63913
	假设方差不相等			50.374	550.921	0.00	10.3753	0.3745	10.3646	10.38498
Q6 - 8	假设方差相等	50.785	0.011	50.746	56	0.00	10.8689	0.2076	10.3844	10.63913
	假设方差不相等			50.264	550.348	0.00	10.4875	0.2632	10.3744	10.33747
Q6 - 9	假设方差相等	50.672	0.041	50.855	56	0.00	10.2969	0.2073	10.4987	10.63913
	假设方差不相等			50.275	550.358	0.00	10.3742	0.2387	10.3742	10.84694
Q6 - 10	假设方差相等	40.952	0.012	50.937	56	0.00	10.9682	0.2783	10.3747	10.63057
	假设方差不相等			50.294	550.274	0.00	10.3745	0.2859	10.3874	10.38373
Q6 - 11	假设方差相等	30.352	0.016	50.836	56	0.00	10.2125	0.2134	10.3843	10.63913
	假设方差不相等			50.382	550.585	0.00	10.3746	0.2747	10.3748	10.38474
Q6 - 12	假设方差相等	30.242	0.036	50.132	56	0.00	10.2474	0.2763	10.3749	10.62375
	假设方差不相等			50.045	550.375	0.00	10.3746	0.2745	10.2738	10.38347
Q6 - 13	假设方差相等	30.422	0.021	50.457	56	0.00	10.3887	0.2361	10.3747	10.63398
	假设方差不相等			50.195	550.264	0.00	10.374	0.2183	10.2387	10.38474
Q7 - 1	假设方差相等	60.020	0.017	90.274	64	0.00	10.5283	0.1621	10.1979	10.85088
	假设方差不相等			90.579	630.970	0.00	10.5283	0.1898	10.2524	10.84043
Q7 - 2	假设方差相等	10.745	0.191	50.808	64	0.00	10.1352	0.1688	0.75021	10.53684
	假设方差不相等			50.623	510.164	0.00	10.1452	0.2336	0.73530	10.55174
Q7 - 3	假设方差相等	70.064	0.010	90.896	64	0.00	20.1241	0.2152	10.7388	20.61095
	假设方差不相等			90.695	540.771	0.00	20.1741	0.2207	10.7332	20.62150

续表

编号		方差方程的 Levene 检验		均值方程的 t 检验						
		F	Sig0.	t	df	Sig0.（双侧）	均值差值	标准误差值	差分95%置信区间	
									下限	上限
Q7-4	假设方差相等	60.463	0.013	90.084	64	0.00	20.0735	0.2001	10.6579	20.48891
	假设方差不相等			90.659	470.878	0.00	20.0735	0.2106	10.6492	20.50979
Q7-5	假设方差相等	40.201	0.046	50.882	64	0.00	10.2189	0.2773	10.8044	10.63645
	假设方差不相等			50.737	580.374	0.00	10.3746	0.2454	10.3874	10.43745
Q8-1	假设方差相等	30.190	0.665	30.626	56	0.01	0.64720	0.1747	0.28969	10.0472
	假设方差不相等			30.683	490.640	0.01	0.64720	0.1772	0.29419	10.0022
Q8-2	假设方差相等	30.440	0.069	90.363	56	0.00	10.4236	0.1592	10.1103	10.72669
	假设方差不相等			90.226	440.854	0.00	10.4236	0.1516	10.1183	10.73289
Q8-3	假设方差相等	50.354	0.024	60.994	56	0.00	10.2360	0.1795	0.87314	10.57407
	假设方差不相等			70.601	550.994	0.00	10.2360	0.1699	0.90110	10.54610
Q8-4	假设方差相等	30.782	0.057	70.459	56	0.00	10.4048	0.1802	10.0284	10.77913
	假设方差不相等			70.645	550.968	0.00	10.4048	0.1346	10.0416	10.77080
Q8-5	假设方差相等	30.472	0.495	50.664	56	0.00	10.0360	0.1874	0.66155	10.38566
	假设方差不相等			50.545	430.805	0.00	10.0260	0.1460	0.65152	10.39569
Q8-6	假设方差相等	30.201	0.041	50.855	56	0.00	10.2969	0.2073	10.4987	10.63913
	假设方差不相等			50.275	550.348	0.00	10.3742	0.2387	10.3742	10.84694
Q8-7	假设方差相等	30.424	0.046	50.882	56	0.00	10.2189	0.0773	10.0464	10.13455
	假设方差不相等			50.287	550.287	0.00	10.2371	0.0333	10.3747	10.92475
Q8-8	假设方差相等	30.576	0.041	50.473	56	0.00	10.2124	0.2085	10.8042	10.63913
	假设方差不相等			50.253	550.273	0.00	10.4745	0.2034	10.9573	10.93737
Q8-9	假设方差相等	30.726	0.032	50.947	56	0.00	10.2258	0.8374	10.3747	10.96863
	假设方差不相等			50.364	230.364	0.00	10.3765	0.2374	10.2744	10.98475
Q8-10	假设方差相等	30.628	0.021	50.836	56	0.00	10.2283	0.2453	10.8044	10.62344
	假设方差不相等			50.263	450.283	0.00	10.3764	0.2487	10.3746	10.38474
Q8-11	假设方差相等	30.743	0.023	50.372	56	0.00	10.2679	0.2857	10.8464	10.63913
	假设方差不相等			50.253	560.276	0.00	10.3764	0.4375	10.4875	10.37456

续表

编号		方差方程的 Levene 检验		均值方程的 t 检验					差分 95% 置信区间	
		F	Sig0.	t	df	Sig0.（双侧）	均值差值	标准误差值	下限	上限
Q8 – 12	假设方差相等	30.625	0.021	50.856	56	0.00	10.5467	0.2012	10.3746	10.98377
	假设方差不相等			50.1453	490.274	0.00	10.3644	0.2966	10.2654	10.76365
Q8 – 13	假设方差相等	30.458	0.020	50.821	56	0.00	10.2156	0.2073	10.8474	10.63913
	假设方差不相等			50.873	470.264	0.00	10.3764	0.2874	10.3764	10.84754
Q8 – 14	假设方差相等	30.231	0.015	50.823	50	0.00	10.2854	0.2123	10.3847	10.63957
	假设方差不相等			50.2764	360.274	0.00	10.3937	0.2917	10.3753	10.73645
Q9 – 1	假设方差相等	60.990	0.00	80.144	78	0.00	20.0497	0.2418	10.5182	20.49812
	假设方差不相等			70.107	280.389	0.00	20.0497	0.2211	10.4744	20.58249
Q9 – 2	假设方差相等	60.057	0.011	120.023	78	0.00	10.8018	0.1554	10.5052	20.17985
	假设方差不相等			120.773	690.125	0.00	10.8018	0.1442	10.5809	20.16227
Q9 – 3	假设方差相等	60.201	0.041	50.855	78	0.00	10.2969	0.2073	10.4987	10.63913
	假设方差不相等			50.275	550.348	0.00	10.3742	0.2387	10.3742	10.84694
Q9 – 4	假设方差相等	40.201	0.025	50.882	78	0.00	10.2189	0.0773	10.0464	10.13455
	假设方差不相等			50.287	550.287	0.00	10.2371	0.0333	10.3747	10.92475
Q9 – 5	假设方差相等	60.874	0.036	50.855	78	0.00	10.2969	0.2073	10.4987	10.63913
	假设方差不相等			50.275	550.348	0.00	10.3742	0.2387	10.3742	10.84694
Q9 – 6	假设方差相等	60.637	0.026	50.937	78	0.00	10.9682	0.2783	10.3747	10.63057
	假设方差不相等			50.294	550.274	0.00	10.3745	0.2859	10.3874	10.38373
Q9 – 7	假设方差相等	60.251	0.012	50.836	78	0.00	10.2125	0.2134	10.3843	10.63913
	假设方差不相等			50.274	550.585	0.00	10.3746	0.2747	10.3748	10.38474
Q9 – 8	假设方差相等	60.282	0.021	50.882	78	0.00	10.2249	0.2073	0.81937	10.24913
	假设方差不相等			80.647	340.362	0.00	10.2543	0.2843	0.83641	10.27346
Q9 – 9	假设方差相等	60.726	0.046	50.861	78	0.00	10.2985	0.2123	0.81234	10.63924
	假设方差不相等			50.874	370.748	0.00	10.3454	0.2747	0.82636	10.32743

编号		方差方程的 Levene 检验		均值方程的 t 检验					差分95%置信区间	
		F	Sig0.	t	df	Sig0.（双侧）	均值差值	标准误差值	下限	上限
Q9 – 10	假设方差相等	60.937	0.012	50.856	78	0.00	10.5467	0.2012	10.3746	10.98377
	假设方差不相等			50.453	490.274	0.00	10.3644	0.2966	10.2654	10.76365
Q9 – 11	假设方差相等	60.201	0.023	50.323	78	0.00	10.5467	0.2012	10.3746	10.98377
	假设方差不相等			50.153	490.274	0.00	10.3644	0.2966	10.2654	10.76365
Q9 – 12	假设方差相等	60.082	0.021	80.167	78	0.00	10.5154	0.1545	10.1434	10.88374
	假设方差不相等			80.465	640.770	0.00	10.5454	0.1791	10.1520	10.87187

（二）各变量量表的信度分析

1. 组织公平量表的信度分析

由表4–12可以看出，程序公平量表中6个测量题项的CITC值均大于0.4，每个题项的α值均大于0.7，6项题项中的任何一个剔除都不会增加对程序公平量表的α系数值，因此，程序公平量表中的各题项均符合要求，量表中的题项无需剔除；分配公平量表6个测量题项中Q1–10的CITC值为0.376，其他均大于0.6，剔除此项后的分配公平量表的整体α值将达到0.913，因此，剔除此项以提高分配公平量表的信度；互动公平量表中的7项测量题项中的Q1–17、Q1–19的CITC值分别为0.164、0.229，其他均大于0.7，剔除此两项后的分配公平量表的整体α值将达到0.909，因此，删除此两项以提高分配公平量表的信度。最终经过剔除后的程序公平、分配公平、互动公平各量表的Cronbach'α值分别为0.817、0.913和0.909，均大于0.8，说明组织公平的这三个分量表具有相当高的信度。

表 4-12　　　　　　组织公平量表初始 CITC 值及内部一致性信度

测量维度	编号	题项内容	CITC 值	项已删除的 α 值（初始）	项已删除的 α 值（调整值）
程序公平	Q1-1	我们单位有工资分配制度	0.749	0.746	
	Q1-2	我们单位公开的工资分配情况	0.460	0.813	
	Q1-3	我们单位严格的执行现有的工资制度	0.758	0.749	
	Q1-4	我能够参与单位分配制度	0.478	0.808	
	Q1-5	在我们单位分配制度面前人人平等	0.619	0.780	
	Q1-6	大多数人认可单位的分配制度	0.439	0.815	
		整体 α 系数		0.817	
分配公平	Q1-7	我所作的努力能够得到工资上的回报	0.866	0.840	0.869
	Q1-8	与其他同事的表现比，我的工资待遇是合理的	0.743	0.861	0.903
	Q1-9	我对单位的贡献能够得到工资上的回报	0.816	0.850	0.886
	Q1-10	与同职务的同事相比，我的工资是合理的	0.376	0.913	
	Q1-11	我的工资反映了我的责任与工作量	0.691	0.870	0.907
	Q1-12	我的工作表现得到了应有的工资回报	0.739	0.862	0.901
		整体 α 系数		0.888	0.913
互动公平	Q1-13	我的主管对我没偏见	0.646	0.784	0.904
	Q1-14	我的工作表现得到了主管的认可	0.826	0.750	0.860
	Q1-15	我的主管能够恰当地评价我	0.726	0.770	0.909
	Q1-16	我的主管能够给我提供帮助和支持	0.720	0.771	0.889
	Q1-17	我的主管尊重我	0.164	0.860	
	Q1-18	我的主管很好地解释了分配的过程和结果	0.768	0.759	0.875
	Q1-19	领导能够经常地与我沟通	0.229	0.855	
		整体 α 系数		0.863	0.909

2. 工作特征量表的信度分析

由表 4-13 可以看出，工作特征量表每项测量题项的 CITC 值均大于 0.4，每个题项的 α 系数值均大于 0.6，删除 10 个题项中的任何一个都不会增加工作特征量表的 α 系数值，因此，工作特征量表中的各题项均符合要求，量表中的题项无需删除。

表 4－13　　　　工作特征量表初始 CITC 值及内部一致性信度

测量变量	编号	题项内容	CITC 值	删除题项的 α 值（初始）
工作特征	Q2－1	我的工作需要何种程度的技能完成各项任务	0.487	0.673
	Q2－2	工作要求我使用许多复杂或高水平的技能	0.463	0.707
	Q2－3	我的工作结果会对他人的生活产生重大影响	0.514	0.662
	Q2－4	我工作完成的好坏会对很多人产生影响	0.477	0.674
	Q2－5	我自己决定怎样完成工作的程度	0.553	0.648
	Q2－6	工作给予我很好的机会去独立自主地决定如何完成任务	0.577	0.773
	Q2－7	我的工作是一项有明显开始和结束的完整的工作	0.663	0.787
	Q2－8	工作给我提供了完成所有各部分工作的机会	0.764	0.762
	Q2－9	工作本身提供的关于我工作绩效信息的程度	0.677	0.874
	Q2－10	我从事的工作能提供信息，让我了解工作进度完成情况	0.427	0.716
整体 α 系数				0.720

3. 授权型领导量表的信度分析

由表 4－14 可以看出，授权型领导量表中 12 项测量题项的 CITC 值均大于 0.5，每个题项的 α 值大于 0.8，12 个题项中的任何一个删除都不会增加对程序公平量表的 α 系数值，因此，授权型领导量表中的各题项均符合要求。

4. 基本心理需要满足量表的信度分析

由表 4－15 可以看出，自主需要量表 4 项测量题项中的 Q4－3 的 CITC 值为 0.332，其他均大于 0.5，而且删除题项 Q4－3 后，自主需要量表的 α 系数增加，调整后的自主需要量表中各题项的 α 系数值都在 0.6 以上，而且整体 α 系数值达到 0.796，调整后的系数较高，符合要求；归属

表 4 - 14   授权型领导量表初始置信区间水平（CITC）值及内部一致性信度

编号	题项内容	置信区间水平（CITC）值	删除题项的 α 值（初始）
Q3 - 1	领导与我谈论个人目标与组织目标紧紧相依	0.623	0.835
Q3 - 2	领导会使我明白我的职责的重要地位	0.717	0.843
Q3 - 3	领导常常耐心指导我的工作	0.790	0.856
Q3 - 4	公司决策是领导和我的共同成果	0.742	0.822
Q3 - 5	公司重大决定领导总是征求我的意见	0.843	0.855
Q3 - 6	在可能影响到我的决定中，领导会征求我的意见	0.659	0.785
Q3 - 7	即使难度很大，领导始终相信我能够完成	0.779	0.783
Q3 - 8	领导认为我可以独自改正错误	0.642	0.893
Q3 - 9	领导认为我的能力很强	0.765	0.762
Q3 - 10	领导允许我按我的方式完成我的工作	0.783	0.683
Q3 - 11	领导避免设置繁杂的制度阻碍我的工作效益	0.643	0.843
Q3 - 12	在重大紧急问题面前领导鼓励我迅速决定	0.659	0.832
	整体 α 系数		0.872

表 4 - 15   基本心理需要满足量表初始 CITC 值及内部一致性信度

测量维度	编号	题项内容	CITC 值	删除题项的 α 值（初始）	删除题项的 α 值（调整值）
自主需要	Q4 - 1	工作中我能自己决定我的工作方式	0.756	0.572	0.647
	Q4 - 2	在工作中我必须做的事正是我想做的	0.507	0.708	0.790
	Q4 - 3	在工作中我能自由表达我的想法和观点	0.332	0.796	
	Q4 - 4	我觉得在工作中我能按照自己的真实想法来工作	0.610	0.647	0.732
		整体 α 系数		0.746	0.796
归属需要	Q4 - 5	工作中，我认为是集体的一部分	0.816	0.709	
	Q4 - 6	工作中，我觉得与其他人联系紧密	0.481	0.801	
	Q4 - 7	我非常喜欢与我一起工作的同事	0.604	0.765	
	Q4 - 8	我与同事们相处得很好	0.504	0.795	
	Q4 - 9	同事们关心我	0.596	0.769	
		整体 α 系数		0.806	

续表

测量 维度	编号	题项内容	CITC 值	删除题项 的 α 值 （初始）	删除题项 的 α 值 （调整值）
胜任 需要	Q4 – 10	我感觉能做好自己的工作	0.607	0.742	0.777
	Q4 – 11	有同事告诉我，不管我做什么都能做得很好	0.553	0.754	0.764
	Q4 – 12	我相信自己能把工作做好	0.421	0.792	
	Q4 – 13	我很擅长我的工作	0.599	0.738	0.707
	Q4 – 14	绝大多数时候，我都能从工作中获得成就感	0.675	0.710	0.710
		整体 α 系数		0.789	0.792

需要满足量表 5 项测量题项的中的 CITC 值大于 0.4，归属需要量表的整体 α 值将达到 0.806；胜任需要量表中的 5 项测量题项的中的 Q4 – 12 的 CITC 值为 0.421，而且，删除该项后的胜任需要量表的整体 α 值得到提高，达到 0.792。最终，删除后的自主需要、归属需要和胜任需要各量表的 α 系数值分别为 0.796、0.806 和 0.792，均大于 0.7，说明基本心理需要满足的三个分量表具有相当高的信度。

5. 参照群体量表信度分析

由表 4 – 16 可以看出，参照群体量表 3 项测量题项的 CITC 值大于 0.5，而且删除任何一项后的参照群体量表的整体 α 值不会得到提高，参照群体量表的整体 α 系数值为 0.748，大于 0.7，说明参照群体量表具有相当高的信度。

表 4 – 16　　　　　参照群体量表初始 CITC 值及内部一致性信度

编号	题项内容	CITC 值	删除题项的 α 值
Q5 – 1	我希望成为那样的人（好员工、好父母或成功人士）	0.517	0.728
Q5 – 2	当遇到困难时，我会很乐意向地位比我高的人寻求帮助	0.617	0.615
Q5 – 3	我会观察或模仿专家或成功人士	0.594	0.642
	整体 α 系数		0.748

6. 工作获得感量表信度分析

由表 4 - 17 可以看出，工作获得感量表 13 项测量题项中 Q6 - 3 的 CITC 值为 0.144，其他的都大于 0.4，而且删除该项后，工作获得感量表的整体 α 值会得到提高，因此删除该题项，删除后的工作获得感量表的整体 α 系数值为 0.775，大于 0.7，说明工作获得感量表具有相当高的信度。

表 4 - 17　　　工作获得感量表初始 CITC 值及内部一致性信度

编号	题项内容	CITC 值	删除题项的 α 值（初始）	删除题项的 α 值（调整值）
Q6 - 1	我的工作得到上级的肯定	0.563	0.617	0.750
Q6 - 2	我的工作能得到同事的认同	0.640	0.582	0.648
Q6 - 3	这个组织肯定我在工作中的成绩	0.144	0.775	
Q6 - 4	我得到的薪资报酬是合理的	0.599	0.610	0.710
Q6 - 5	我得到了期望的薪酬待遇	0.616	0.709	0.721
Q6 - 6	我认为我的工作负荷是相对公平的	0.481	0.801	0.812
Q6 - 7	工作让我熟练掌握了岗位知识和技能	0.604	0.765	0.785
Q6 - 8	工作让我提高了分析问题的能力	0.504	0.795	0.805
Q6 - 9	工作让我提高了解决工作中问题的能力	0.596	0.769	0.819
Q6 - 10	工作让我提高了与他人有效协作	0.732	0.709	0.819
Q6 - 11	我从事的工作与我的职业理想相关	0.492	0.801	0.821
Q6 - 12	我对我在组织的发展充满信心	0.523	0.765	0.785
Q6 - 13	我对我未来的职业发展充满希望	0.427	0.676	0.765
整体 α 系数			0.709	0.775

7. 工作家庭冲突量表信度分析

由表 4 - 18 可以看出，工作家庭冲突量表 5 项测量题项的 CITC 值为都大于 0.4，而且删除任何题项后，工作家庭冲突量表的整体 α 值不会得到提高，工作家庭冲突量表的整体 α 系数值为 0.771，大于 0.7，说明工作家庭冲突量表符合要求。

表 4 – 18　　　　工作家庭冲突量表初始 CITC 值及内部一致性信度

编号	题项内容	CITC 值	删除题项的 α 值
Q7 – 1	我的工作占用的时间太长，很难满足家庭的需要责任	0.507	0.646
Q7 – 2	我的工作要求干扰了我的家庭生活	0.466	0.671
Q7 – 3	我的工作造成压力，使我难以履行家庭责任	0.576	0.597
Q7 – 4	我想在家里做的事情，因为工作要求而无法完成	0.673	0.757
Q7 – 5	我的家庭职责迫使我做一些不喜欢的工作	0.472	0.668
	整体 α 系数		0.711

8. 个人成长主动性量表信度分析

由表 4 – 19 可以看出，个人成长主动性量表 14 项测量题项中的 CITC 值都大于 0.3，而且删除任何题项后，个人成长主动性量表的整体 α 值不会得到提高，工作家庭冲突量表的整体 α 系数值为 0.729，大于 0.7，说明个人成长主动性量表符合要求。

表 4 – 19　　　　个人成长主动性量表初始 CITC 值及内部一致性信度

编号	题项内容	CITC 值	删除题项的 α 值
Q8 – 1	对于我希望自己改变的方面，应该制定具体的目标	0.339	0.723
Q8 – 2	对于何时去做具体的自我改变，我总能觉察到	0.552	0.666
Q8 – 3	为了改变自己，我知道如何制定一个合理的计划	0.470	0.690
Q8 – 4	一旦成长的机会出现，我一定会把握	0.497	0.681
Q8 – 5	为了改变自己，我会为自己制定一个现实可行的计划	0.539	0.623
Q8 – 6	为了改变自己，我会寻求他人帮助	0.626	0.719
Q8 – 7	我会通过积极工作（学习）来提升自己	0.441	0.821
Q8 – 8	我能清楚意识到自己有哪些方面需要改变	0.624	0.755
Q8 – 9	我一直都在努力成长	0.415	0.755
Q8 – 10	我知道如何设定一些具体的目标来进行自我改变	0.642	0.739
Q8 – 11	我清楚自己何时需要做出具体的自我改变	0.742	0.729
Q8 – 12	当我尝试改变自己时，我能利用多方的资源	0.483	0.811
Q8 – 13	当自我成长时，我会积极主动地寻求帮助	0.384	0.715
Q8 – 14	我会寻找身边的各种机会来自我成长	0.573	0.659
	整体 α 系数		0.729

9. 职业使命感量表信度分析

由表 4 – 20 可以看出，职业使命感量表各测量题项的 CITC 值都大于 0.5，职业使命感量表的整体 α 系数值为 0.779，大于 0.7，说明职业使命感量表符合要求。

表 4 – 20　　　　职业使命感量表初始 CITC 值及内部一致性信度

编号	题项内容	CITC 值	删除题项的 α 值
Q9 – 1	我对我的职业充满热情	0.573	0.717
Q9 – 2	我享受我的职业胜过其他任何事情	0.653	0.882
Q9 – 3	从事现在的职业让我有巨大的满足感	0.521	0.675
Q9 – 4	为了我的职业我会不惜一切代价	0.568	0.713
Q9 – 5	每当向别人描述我是谁时，我首先会想到的是我的职业	0.626	0.609
Q9 – 6	即使面临重重困难，我仍将坚持选择从事我的职业	0.581	0.703
Q9 – 7	我的职业将一直是我生命的一部分	0.614	0.825
Q9 – 8	我对自己从事的职业有一种使命感	0.524	0.734
Q9 – 9	从某种意义上说，我内心深处一直装着这个职业	0.546	0.749
Q9 – 10	在没有做这份工作时，我也常考虑要从事这个职业	0.632	0.612
Q9 – 11	投身目前的职业让我的生命更有意义	0.432	0.747
Q9 – 12	我现在从事的职业能够深深地触动内心，给我带来喜悦	0.513	0.665
整体 α 系数			0.779

四、初始问卷的修订

本书根据预测试调查样本数据所分析的结果，结合专家给予的意见和试测样本问卷的作答情况，对初始问卷进行修订。

（一）净化了部分变量的测量题项

如依据预调查数据分析的结果，对照前面所讲的 CITC 值和信度系数的要求，为了保证总体量表具有较高的信度，对原始量表中的题项 Q1 – 10、Q1 – 17、Q1 – 19、Q4 – 3、Q4 – 12 和 Q6 – 3 都进行了剔除，剔除题项后各量表 Cronbach' α 系数都能提高，保证了总体信度水平。

（二）修订了部分测量题项的表达方式

如对于组织公平量表中所有题项的表达，为了能够让被调查对象表达自身的感受，在题项的描述中加了"我们单位"。在授权型领导量表的表达中，将题项中"我的主管"改为"领导"。一方面可以降低被调查对象的心理防线，让调查对象真实地反映实际中的情境，另一方面可以避免社会称许效应的存在。在工作获得感量表中，将 Q6-4 的表述改为"我得到的报酬是公平的"，让调查语句更符合新生代员工的情境。另外，为了降低话题的敏感性，将调查的标题命名为《我国员工工作状况调查问卷》，从而让新生代员工从心理上更加愿意接受调查。

修订后的《新生代员工工作状况调查问卷》由两部分组成：第一部分为组织公平、授权型领导、工作家庭冲突、基本心理需要、参照群体、工作获得感、个人成长主动性和职业使命感变量的各分量表，共 99 个题项，采用李克特五级计分法。第二部分包括调查对象的人口统计学变量信息，如性别、受教育程度、工作年限、婚姻状况和年龄等信息。

第 五 章

问卷调查数据分析与结果

    本章运用修订后的问卷进行大样本调查，并对调查的数据进行分析，检验第三章所提出的研究假设。首先介绍大样本调查对象、调查方法，问卷信度和效度分析，其次运用了 SPSS 22.0 和 AMOS 21.0 等计量工具软件，用这些软件对筛选后的有效数据进行了描述性统计、单因素检验、验证性因子分析和回归分析等，然后依据运算的结果对本书的研究假设进行了验证。

第一节　调查数据收集与分析方法

一、调查数据的收集

    在公开的数据中，还没有本书所需要的变量数据，笔者运用问卷调查法获取本书中所涉及的变量数据。调查问卷的最终设计借鉴了前期学者的研究成果，参考效度较高的量表，把所要研究的自变量、中介变量、调节变量和结果变量进行分析，形成初始问卷，在预测问卷进行调研后，对初始问卷进行了再次的修订，以保证问卷的效度和信度。

（一）调查对象的选择

    在我国，吸收就业人口比较多的地区主要有长三角和珠三角地区，这两个地区改革开放较早，人们思想观念比较活跃。另外，由于数据的可获取性，本书主要选择珠三角地区的在非国有企业就业的新生代员工为研究对象，选择同一个地区的企业作为调查数据的来源，可以消除地域差异可能带来的影响，从而提高研究结论的内部效度，另外，选择在非国有企业主要是因为非国有企业相对来说，用人制度与方式更能与市场接轨，特别是外资企业，企业经营环境与管理方式受到体制内的干扰较小，在这些企业工作的新生代员工，接受市场化的管理方式，更能体现出当前我国政府政策的效应。

（二）问卷调查方法

本书主要的数据来自三家公司，分别为深圳市宝安区西乡高科电子、东莞华宏眼镜有限公司和广州立白集团。在征得对方同意后，进行数据的收集整理。

二、样本描述

本书共发放了正式调查问卷 600 份，实际回收的调查问卷共有 513 份，通过对回收的调查问卷进行形式上有效性的查看，剔除掉其中的一些无效的问卷之后，最终本调查共得到了有效的调查问卷共 435 份，有效调查问卷的回收率为 72.5%。本书对回收的调查问卷进行筛选查验，只要是在问卷中出现有下列所述情况之一的，就把该问卷当成是无效问卷：（1）调查问卷中提供的答案空缺题在 2 项及其以上；（2）调查问卷中同时选择两个以上互相矛盾的答案；（3）调查问卷中有选择不确定的或者是在调查回答中居中的选项超过题项数答案的一半；（4）调查问卷回答中还有一些明显矛盾的地方（如 20 世纪 90 年代出生的人，选择参加工作 20 年以上）。

本书利用 SPSS 22.0 计量专业软件对整理后的 435 份样本进行了描述性统计分析，选择的特征变量包括性别、文化程度、出生年代、工作年限等，得到正式使用样本的人口统计学分布，如表 5-1 所示。

表5-1　　　　本书中正式调查的样本人口统计分布（N=435）

变量	分类	频率（人）	百分比（%）	有效百分比（%）	累积百分比（%）
性别	男性	170	39.1	39.1	39.1
	女性	265	60.9	60.9	100.0
文化程度	初中及以下	263	60.5	60.5	60.5
	高中及以上	172	39.5	39.5	100.0
出生年代	20世纪90年代	146	33.6	33.6	33.6
	20世纪80年代	289	66.4	66.4	100.0
婚姻状况	未婚	126	29.0	29.0	29.0
	已婚	309	71.0	71.0	100.0
工作年限	5年及以下	164	37.7	37.7	37.7
	5~10年	202	46.4	46.4	84.1
	10年及以上	69	15.9	15.9	100.0
合计		435	100.0	100.0	

从表5-1可以看出，在最终有效的数据样本中，男性有170人，占39.1%；女性有265人，占60.9%，调查对象以女性居多。从文化程度来看，新生代员工以初中及以下文化为主，在样本中有263人，占总样本的60.5%，高中及以上有172人，占总样本的39.5%。20世纪80年代出生的有289人，占66.4%，而20世纪90年代出生的有146人，占33.6%。已婚的人有309人，占71.0%；未婚的有126人，占29.0%。工作年限在5年及以下的有164人，占37.7%；5~10年的有202人，占46.4%；10年及以上的有69人，占15.9%。

三、量化分析方法

本书主要运用SPSS 22.0和AMOS 21.0计量经济学软件，把调查到的数据进行计量分析，包括：（1）信度和效度分析，运用Cronbach' α系数进一步检验经过整理后的样本数据的信度，再运用验证性因素分析方法来检验量表的聚合效度和区分效度；（2）运用单因素方差分析法来说明不同的性别、文化程度、出生年代、婚姻状况与工作年限的新生代员工在基本心理需要满足、工作获得感与职业使命感水平上的差异；（3）分析本书中各变量的描述性统计量的分布和变量之间的相关性；（4）运用多元线性回归方法，分析前面所提出的研究假设是否成立，检验中介效应和调节效应。

第二节　调查样本数据信度与效度检验

一、调查样本数据信度分析

运用 SPSS 22.0 软件，利用调查样本数据的 Cronbach' α 系数来分析调查样本的内部一致性信度，赫金（Hinkin，1998）指出，Cronbach' α 系数在 0.70 及以上即可接受。由表 5－2 可知，本书所有量表的 Cronbach' α 系数在 0.707～0.952 之间，都在临界值 0.70 以上，说明经过修改后的量表问卷具有相当高的内部一致性信度。

表 5－2　　　　问卷量表的内部一致性信度值及 KMO 值汇总

变量	包含题项号	项数	Cronbach's α 值	KMO 值	Bartlett 的检验	
					近似卡方值	Sig. 值
组织公平	Q1－1 ~ Q1－16	16	0.825	0.863	2795.121	0.000
工作特征	Q2－1 ~ Q2－10	10	0.891	0.903	1414.201	0.000
授权型领导	Q3－1 ~ Q3－12	12	0.872	0.931	2132.483	0.000
基本心理需要满足	Q4－1 ~ Q4－12	12	0.793	0.806	2015.516	0.000
参照群体	Q5－1 ~ Q5－3	3	0.783	0.697	369.277	0.000
工作获得感	Q6－1 ~ Q6－12	12	0.707	0.727	307.103	0.000
工作家庭冲突	Q7－1 ~ Q7－5	5	0.778	0.764	475.573	0.000
个人成长主动性	Q8－1 ~ Q8－14	14	0.923	0.920	1799.181	0.000
职业使命感	Q9－1 ~ Q9－12	12	0.795	0.745	249.303	0.000

另外，为了进一步分析所调查样本的效度，对各量表进行抽样适合性检验（KMO）和巴特利球体（Bartlett）的检验，判断样本数据是否适合做因子分析，由上表可以看出，每个分量表的取样足够度的 KMO 度量值均在 0.5 以上，并且都较显著，说明每个分量表适合做因子分析。

二、效度分析

本书所采用的量表，大多是借鉴前期学者开发的量表，因此，在内容效度上有着充分的保证。本部分主要分析各量表的构念效度，构念效度包括聚合效度和区分效度两个方面。其中对于区分效度的检验，在问卷的试测试阶段已经进行了分析和探讨，表明所用问卷具有良好的区分度，本节在前一阶段分析的基础上，主要分析调查量表的聚合效度。在研究中，学者们一般运用验证性因子分析的方法来检验正式量表的聚合效度（吴隆增等，2009），在验证性因子分析中，除了要求各个题项的标准化因子载荷值应大于 0.4 外，还需要参照的指标标准有：

（1）绝对拟合指数。绝对拟合指数是将理论模型和饱和模型相比较得到一个统计量，在绝对拟合指数的判断中常常用到卡方值与自由度的比值、拟合优度指数（GFI）、修正拟合优度指数（AGFI）等。卡方值与自由度的比值（χ^2/df）越接近 1，表示样本协方差矩阵 S 与估计的协方差矩阵 E 的相似程度越高。如果 χ^2/df 的值小于 2，表明模型拟合较好；如果 χ^2/df 的值小于 5，说明尚可接受。GFI 与 AGFI 用于衡量假设模型与样本数据的拟合程度。一般认为，GFI 的值大于 0.85、AGFI 的值大于 0.8 为好，这两个指标越接近 1，表明拟合程度越高，在具体的计算过程中，GFI 和 AGFI 的值的大小还受样本数量的影响（Hu & Bentler，1995）。

（2）近似误差指数。近似误差指数用近似误差均方根（RMSEA）表示，RMSEA 的理想值为 0，说明拟合程度最高，如果 RMSEA 的值大于 0.1 则不能接受，小于 0.1 为好（Mac Callum & Browne，1996）。

（3）相对拟合指数。相对拟合指数是通过将理论模型与基准模型进行比较而得到的统计量。常常用到的指标数值包括 CFI、NFI 和 IFI。虽然其取值范围在 [0，1]，但一般认为，CFI、NFI 和 IFI 大于 0.90 为好，其值越大，说明模型拟合越好（Bentler & Bonett，1980）。

（4）简约拟合指数。简约拟合指数是前两类指数派生出来的一类指数，包括 CN、NC、AIC、PGFI、PNFL。其中，PGFI 为简约适配度指数，其值范围在 0 和 1 之间，在具体的判断标准中，要求其值大于 0.5 为好。PNFI 用于不同自由度模型之间的比较，一般认为其值大于 0.5 为可接受水平。

本书主要选取 χ^2/df 值、近似误差指数 RMSEA、绝对拟合指数 GFI 和 AGFI 指数、相对拟合指数 CFI、NFI 和 IFI、简约拟合指数 PCFI 和 PNFI 来进行综合判断各变量的效度。

（一）组织公平感量表的效度分析

从表 5-3 可以看出，在组织公平感量表中，各测量题项的标准化因子载荷量都在 0.4 以上，因子结构明晰，临界值都达到了 0.001 的显著性水平，χ^2/df 的值为 2.477，小于 3，模型拟合比较好，近似误差指数 RMSEA 为 0.058，小于 0.08，绝对拟合指数中的 GFI 为 0.936、AGFI 为 0.914，都大于 0.9，相对拟合指数 CFI 为 0.945、NFI 为 0.912、IFI 为 0.945，均大于 0.9，简约拟合指数 PCFI 为 0.795、PNFI 值为 0.767，均大于 0.5，说明组织公平感量表拟合度较好，量表的聚合效度高。

表 5-3　　　　　　　　　　组织公平感验证性因素分析结果

变量维度	测量题项	标准化因子载荷量	标准误差 S. E.	临界比 C. R.	P
程序公平	Q1-1	0.845	0.040	21.176	***
	Q1-2	0.775	0.039	18.562	***
	Q1-3	0.768	0.036	18.349	***
	Q1-4	0.779	0.039	18.732	***
	Q1-5	0.747	0.038	17.619	***
	Q1-6	0.724	0.052	16.887	***
分配公平	Q1-7	0.595	0.024	12.819	***
	Q1-8	0.753	0.034	17.398	***
	Q1-9	0.765	0.034	17.803	***

续表

变量维度	测量题项	标准化因子载荷量	标准误差 S. E.	临界比 C. R.	P
分配公平	Q1 – 10	0.552	0.017	11.731	***
	Q1 – 11	0.858	0.035	20.933	***
互动公平	Q1 – 12	0.550	0.041	10.228	***
	Q1 – 13	0.619	0.041	11.616	***
	Q1 – 14	0.623	0.045	11.702	***
	Q1 – 15	0.510	0.039	9.420	***
	Q1 – 16	0.461	0.041	8.446	***
拟合指标值	$\chi^2/df = 2.477$，RMSEA = 0.058，GFI = 0.936，AGFI = 0.914，NFI = 0.912，IFI = 0.945，CFI = 0.945，PCFI = 0.795，PNFI = 0.767				

注："***"表示 0.001 水平上显著。

（二）工作特征量表的效度分析

从表 5 – 4 可以看出，工作特征量表中，各测量题项的标准化因子载荷量都在 0.5 以上，因子结构明晰，临界值都达到了 0.01 的显著性水平，χ^2/df 为 1.5，小于 2，说明模型拟合较好，RMSEA 为 0.034，小于 0.08，绝对拟合指数中的 GFI 为 0.997、AGFI 为 0.976，都大于 0.9，相对拟合指数的 NFI 为 0.991、IFI 为 0.990，都大于 0.9，简约拟合指数 PCFI 为 0.598、PNFI 为 0.594，大于 0.5，说明工作特征量表达到了较为理想的拟合效果，量表的聚合效度高。

表 5 – 4　　　　　　　　　工作特征验证性因素分析结果

变量	测量题项	标准化因子载荷量	标准误差 S. E.	临界比 C. R.	P
工作特征	Q2 – 1	0.862	0.046	21.928	***
	Q2 – 2	0.804	0.044	19.673	***
	Q2 – 3	0.862	0.049	21.919	***
	Q2 – 4	0.552	0.049	11.986	***
	Q2 – 5	0.712	0.049	16.570	***
	Q2 – 6	0.758	0.048	18.066	***

变量	测量题项	标准化因子载荷量	标准误差 S. E.	临界比 C. R.	P
工作特征	Q2 – 7	0.562	0.017	12.741	***
	Q2 – 8	0.838	0.043	21.923	***
	Q2 – 9	0.655	0.053	18.238	***
	Q2 – 10	0.719	0.052	12.626	***
拟合指标值	$\chi^2/df = 1.5$，RMSEA = 0.034，GFI = 0.990，AGFI = 0.976，NFI = 0.991，IFI = 0.997，CFI = 0.997，PCFI = 0.598，PNFI = 0.594				

注："***"表示 0.001 水平上显著。

（三）授权型领导量表的效度分析

从表 5 – 5 可以看出，授权型领导量表中，各测量题项的标准化因子载荷量都在 0.7 以上，因子结构明晰，临界值都在 0.6 以上，都达到了 0.01 的显著性水平，χ^2/df 的值为 2.817，小于 3，说明模型拟合较好，近似误差指数 RMSEA 为 0.067，小于 0.08，绝对拟合指数中的指数 GFI 为 0.927、AGFI 为 0.902，都大于 0.9，相对拟合指数 CFI 为 0.931、NFI 为 0.918、IFI 为 0.995，均大于 0.9，简约拟合指数 PCFI 值为 0.673、PNFI 的值为 0.675，均大于 0.5，说明授权型领导量表达到了较为理想的拟合效果，量表的聚合效度高。

表 5 – 5　　　　　　　授权型领导验证性因素分析结果

变量	测量题项	标准化因子载荷量	标准误差 S. E.	临界比 C. R.	P
授权型领导	Q3 – 1	0.872	0.049	22.871	***
	Q3 – 2	0.704	0.049	16.662	***
	Q3 – 3	0.884	0.051	23.372	***
	Q3 – 4	0.913	0.049	24.691	***
	Q3 – 5	0.910	0.052	24.552	***
	Q3 – 6	0.916	0.051	24.842	***
	Q3 – 7	0.753	0.034	20.398	***

变量	测量题项	标准化因子载荷量	标准误差 S. E.	临界比 C. R.	P
	Q3 – 8	0.865	0.034	18.802	***
	Q3 – 9	0.653	0.027	13.732	***
授权型领导	Q3 – 10	0.754	0.036	21.935	***
	Q3 – 11	0.653	0.021	18.226	***
	Q3 – 12	0.718	0.045	17.617	***
拟合指标值	\multicolumn{5}{l}{$\chi^2/df=2.817$，RMSEA $=0.067$，GFI $=0.927$，AGFI $=0.902$，NFI $=0.918$，IFI $=0.995$，CFI $=0.931$，PCFI $=0.673$，PNFI $=0.675$}

注："***"表示 0.001 水平上显著。

(四) 基本心理需要满足量表的效度分析

从表 5 – 6 可以看出，基本心理需要满足量表中，各测量题项的标准化因子载荷量都在 0.4 以上，因子结构明晰，临界值都达到了 0.01 的显著性水平。

表 5 – 6   基本心理需要满足验证性因素分析结果

变量维度	测量题项	标准化因子载荷量	标准误差 S. E.	临界比 C. R.	P
	Q4 – 1	0.932	0.487	23.404	***
自主需要	Q4 – 2	0.708	0.932	16.126	***
	Q4 – 3	0.748	0.708	17.29	***
	Q4 – 4	0.776	0.704	16.297	***
	Q4 – 5	0.629	0.776	12.781	***
	Q4 – 6	0.631	0.629	12.837	***
归属需要	Q4 – 7	0.515	0.631	10.147	***
	Q4 – 8	0.487	0.515	9.536	***
	Q4 – 9	0.840	0.036	20.287	***

变量维度	测量题项	标准化因子载荷量	标准误差 S. E.	临界比 C. R.	P
	Q4 – 10	0.791	0.840	18.621	***
胜任需要	Q4 – 11	0.707	0.791	15.979	***
	Q4 – 12	0.704	0.707	15.875	***
拟合指标值	$\chi^2/df = 3.080$，RMSEA = 0.069，GFI = 0.943，AGFI = 0.913，NFI = 0.923，IFI = 0.947，CFI = 0.946，PCFI = 0.731，PNFI = 0.713				

注："***"表示 0.001 水平上显著。

χ^2/df 的值为 3.080，小于 4，说明模型拟合较好，近似误差指数 RM-SEA 为 0.069，小于 0.08，绝对拟合指数中的 GFI 为 0.943、AGFI 为 0.913，都大于 0.9，相对拟合指数 CFI 为 0.946、NFI 值为 0.923、IFI 值为 0.947，均大于 0.9，简约拟合指数 PCFI 值为 0.731、PNFI 的值为 0.713，大于 0.5。说明基本心理需要满足量表达到了较为理想的拟合效果，量表的聚合效度高。

（五）参照群体量表的效度分析

参照群体量表是由三个测量条目组成，无法通过 χ^2/df 加以判断。但从表 5 – 7 中可以看出，其标准化因子载荷量均在 0.7 以上，临界比在 14 以上，因子负荷和临界比两项指标均达到 0.01 的显著水平。因此参照群体量表表现出较好的聚合效度。

表 5 – 7　　　　　　　　　参照群体验证性因素分析结果

变量	测量题项	标准化因子载荷量	标准误差 S. E.	临界比 C. R.	P
	Q5 – 1	0.812	0.054	16.782	***
参照群体	Q5 – 2	0.705	0.049	14.600	***
	Q5 – 3	0.702	0.051	14.534	***

注："***"表示 0.001 水平上显著。

（六）工作获得感量表的效度分析

从表5-8可以看出，工作获得感量表中，各测量题项的标准化因子载荷量都在0.5以上，因子结构明晰，临界值都达到了0.01的显著性水平，χ^2/df的值为2.750，小于3，说明模型拟合较好，近似误差指数RMSEA为0.064，小于0.08，绝对拟合指数中的GFI为0.993、AGFI为0.967，都大于0.9，相对拟合指数CFI为0.988、NFI为0.982、IFI为0.988，均大于0.9，简约拟合指数PCFI值为0.629、PNFI的值为0.627，超过标准值0.5，因此，从总体来讲，工作获得感量表已经达到了较为理想的拟合效果，聚合效度比较好。

表5-8　　　　　　　　工作获得感验证性因素分析结果

变量	测量题项	标准化因子载荷量	S. E.	临界比 C. R.	P
工作获得感	Q6-1	0.520	0.039	9.855	***
	Q6-2	0.627	0.048	11.967	***
	Q6-3	0.874	0.051	23.372	***
	Q6-4	0.813	0.049	24.691	***
	Q6-5	0.891	0.042	24.552	***
	Q6-6	0.816	0.041	25.832	***
	Q6-7	0.754	0.032	21.318	***
	Q6-8	0.667	0.031	16.812	***
	Q6-9	0.756	0.022	12.742	***
	Q6-10	0.857	0.032	20.982	***
	Q6-11	0.748	0.044	10.413	***
	Q6-12	0.662	0.053	14.408	***
拟合指标值	$\chi^2/df = 2.750$，RMSEA = 0.064，GFI = 0.993，AGFI = 0.967，NFI = 0.982，IFI = 0.988，CFI = 0.988，PCFI = 0.629，PNFI = 0.627				

注："***"表示0.001水平上显著。

（七）工作家庭冲突量表的效度分析

从表5-9可以看出，工作家庭冲突量表中各测量题项的标准化因子载荷量都在 0.5 以上，因子结构明晰，临界值都达到了 0.01 的显著性水平，各项拟合指标的值 χ^2/df 的值为 1.21，小于 2，说明模型拟合较好，近似误差指数 RMSEA 为 0.037，小于 0.08，绝对拟合指数中的 GFI 为 0.961、AGFI 为 0.936，都大于 0.9，相对拟合指数 CFI 为 0.912、NFI 为 0.935、IFI 为 0.912，均大于 0.9，简约拟合指数 PCFI 为 0.533、PNFI 为 0.532，超过标准值 0.5，因此，从总体来讲，工作家庭冲突量表已经达到了较为理想的拟合效果，聚合效度较好。

表 5－9　　　　　　　　工作家庭冲突验证性因素分析结果

变量	测量题项	标准化因子载荷量	S. E.	临界比 C. R.	P
工作家庭冲突	Q7－1	0.532	0.047	10.778	***
	Q7－2	0.768	0.053	16.556	***
	Q7－3	0.634	0.054	13.248	***
	Q7－4	0.628	0.037	18.353	***
	Q7－5	0.800	0.057	17.343	***
拟合指标值	χ^2/df = 1.21，RMSEA = 0.037，GFI = 0.961，AGFI = 0.936，NFI = 0.935，IFI = 0.912，CFI = 0.912，PCFI = 0.533，PNFI = 0.532				

注："***"表示 0.001 水平上显著。

（八）个人成长主动性量表的效度分析

从表 5－10 可以看出，个人成长主动性量表中，各测量题项的标准化因子载荷量都在 0.6 以上，因子结构明晰，临界值都达到了 0.01 的显著性水平，χ^2/df 的值为 2.722，小于 3，说明模型拟合较好，近似误差指数 RMSEA 为 0.063，小于 0.08，绝对拟合指数中的 GFI 为 0.983、AGFI 为 0.960，都大于 0.9，相对拟合指数 CFI 为 0.991、NFI 为 0.986、IFI 为 0.991，均大于 0.9，简约拟合指数 PCFI 值为 0.559，PNFI 的值为 0.592，大于 0.5，说明个人成长主动性量表达到了较为理想的拟合效果，量表的聚合效度高。

表 5 – 10 个人成长主动性验证性因素分析结果

变量	测量题项	标准化因子载荷量	S. E.	临界比 C. R.	P
个人成长主动性	Q8 – 1	0.810	0.042	20.057	***
	Q8 – 2	0.811	0.046	20.095	***
	Q8 – 3	0.833	0.04	20.932	***
	Q8 – 4	0.832	0.049	20.888	***
	Q8 – 5	0.826	0.041	20.654	***
	Q8 – 6	0.808	0.050	19.985	***
	Q8 – 7	0.871	0.041	22.871	***
	Q8 – 8	0.802	0.042	21.762	***
	Q8 – 9	0.683	0.031	21.373	***
	Q8 – 10	0.711	0.039	21.681	***
	Q8 – 11	0.692	0.042	23.562	***
	Q8 – 12	0.813	0.041	22.853	***
	Q8 – 13	0.852	0.035	21.331	***
	Q8 – 14	0.667	0.036	19.812	***
拟合指标值	$\chi^2/df = 2.722$, RMSEA = 0.063, GFI = 0.983, AGFI = 0.960, NFI = 0.986, IFI = 0.991, CFI = 0.991, PCFI = 0.559, PNFI = 0.592				

注:"***"表示 0.001 水平上显著。

(九)职业使命感量表的效度分析

从表 5 – 11 可以看出,职业使命感量表中,各测量题项的标准化因子载荷量都在 0.5 以上,因子结构明晰,临界值都在 0.6 以上,都达到了 0.01 的显著性水平,χ^2/df 的值为 2.923,小于 3,说明模型拟合较好,近似误差指数 RMSEA 为 0.072,小于 0.08,绝对拟合指数中的 GFI 为 0.973、AGFI 为 0.924,都大于 0.9,相对拟合指数 CFI 为 0.942、NFI 为 0.962、IFI 为 0.982,均大于 0.9,简约拟合指数 PCFI 值为 0.649、PNFI 的值为 0.561,大于 0.5,说明职业使命感量表达到了较为理想的拟合效果,量表的聚合效度高。

表 5 – 11　　　　　　　　　　职业使命感验证性因素分析结果

变量	测量题项	标准化因子载荷量	S. E.	临界比 C. R.	P
职业使命感	Q9 – 1	0.610	0.032	20.059	***
	Q9 – 2	0.712	0.056	21.196	***
	Q9 – 3	0.734	0.044	19.932	***
	Q9 – 4	0.835	0.039	18.188	***
	Q9 – 5	0.722	0.043	19.153	***
	Q9 – 6	0.509	0.052	20.485	***
	Q9 – 7	0.772	0.043	21.776	***
	Q9 – 8	0.701	0.032	20.262	***
	Q9 – 9	0.682	0.021	20.471	***
	Q9 – 10	0.816	0.029	19.681	***
	Q9 – 11	0.793	0.043	21.568	***
	Q9 – 12	0.813	0.042	21.753	***
拟合指标值	$\chi^2/df = 2.923$，RMSEA $= 0.072$，GFI $= 0.973$，AGFI $= 0.924$，NFI $= 0.962$，IFI $= 0.982$，CFI $= 0.942$，PCFI $= 0.649$，PNFI $= 0.561$				

注："***"表示 0.001 水平上显著。

综合以上分析可以看出，使用修正后的量表进行调查，在对调查的数据进行处理之后，组织公平量表、授权型领导量表、工作特征量表、基本心理需要满足量表、参照群体量表、工作家庭冲突量表、工作获得感量表、个人成长主动性量表和职业使命感量表的信度和效度均较高。

三、共同方法偏差检验

共同方法偏差是指由于同样的数据来源或评分者、同样的测量环境、共同的项目语境以及项目本身特征所造成的预测变量与效标变量之间人为的共变（周浩和龙立荣，2004）。这种偏差的出现会影响运算的结果，会对研究的结果产生误读。本书借鉴周浩和龙立荣（2004）的研究，运用单因素检验方法来检验共同方法偏差。运用主成分分析法，对本书量表的所有题项的样本数据一起做探索性因素分析，其 KMO 值为 0.874，大于 0.8，Bartlett 的球形度检验近似卡方 20315.94，Sig. 值为 0，说明样本数据适合进行因子分析。从表 5－12 可知，所有变量量表的 96 个题项做未旋转探索性因素的分析结果表明，通过主成分分析法，可以提取 12 个公共因子，因子 1 的初始特征值 15.877，能够解释 26.470% 的方差变异，小于 50%，因此，变量间共同方法偏差不会影响本书结论的可靠性。

表 5－12　　　　所有变量题项做未旋转探索性因素分析结果解释的总方差

成分	初始特征值			提取平方和载入		
	合计	方差的百分比（%）	累积百分比（%）	合计	方差的百分比（%）	累积百分比（%）
1	15.877	26.470	26.470	15.877	26.470	26.470
2	5.882	10.231	36.701	5.882	9.811	36.281
3	3.396	7.005	43.706	3.396	5.668	41.949
4	2.921	4.876	48.582	2.921	4.876	46.825
5	2.736	4.568	53.150	2.736	4.568	51.393
6	1.922	3.211	56.361	1.922	3.211	54.604
7	1.642	2.745	59.106	1.642	2.745	57.349
8	1.612	2.695	61.801	1.612	2.695	60.044
9	1.339	2.240	64.041	1.339	2.240	62.284
10	1.296	2.168	66.209	1.296	2.168	64.452
11	1.194	1.998	68.207	1.194	1.998	66.450
12	1.057	1.770	69.977	1.057	1.770	68.220
13	0.941	1.588	71.565			
14	0.841	1.506	73.071			
15	0.793	1.385	74.456			
16	0.723	1.115	75.571			
17	0.773	0.900	76.471			
18	0.715	0.703	77.174			
19	0.701	0.666	77.840			
20	0.671	0.540	78.380			

续表

成分	初始特征值			提取平方和载入		
	合计	方差的百分比（%）	累积百分比（%）	合计	方差的百分比（%）	累积百分比（%）
21	0.635	0.463	78.843			
22	0.631	0.451	79.294			
23	0.627	0.449	79.743			
24	0.623	0.385	80.128			
25	0.619	0.347	80.475			
26	0.615	0.345	80.820			
27	0.611	0.343	81.163			
28	0.607	0.341	81.504			
29	0.603	0.339	81.843			
30	0.599	0.337	82.180			
31	0.595	0.335	82.515			
32	0.591	0.333	82.848			
33	0.587	0.331	83.179			
34	0.583	0.329	83.508			
35	0.579	0.327	83.835			
36	0.575	0.325	84.160			
37	0.571	0.323	84.483			
38	0.567	0.321	84.804			
39	0.563	0.319	85.123			
40	0.559	0.317	85.440			
41	0.555	0.315	85.755			
42	0.551	0.313	86.068			
43	0.547	0.311	86.379			
44	0.543	0.309	86.688			
45	0.539	0.307	86.995			
46	0.535	0.305	87.300			
47	0.531	0.303	87.603			

续表

成分	初始特征值			提取平方和载入		
	合计	方差的百分比（%）	累积百分比（%）	合计	方差的百分比（%）	累积百分比（%）
48	0.527	0.301	87.904			
49	0.523	0.299	88.203			
50	0.519	0.297	88.500			
51	0.515	0.295	88.795			
52	0.511	0.293	89.088			
53	0.507	0.291	89.379			
54	0.503	0.289	89.668			
55	0.499	0.287	89.955			
56	0.495	0.285	90.240			
57	0.491	0.283	90.523			
58	0.487	0.281	90.804			
59	0.483	0.279	91.083			
60	0.479	0.277	91.360			
61	0.475	0.275	91.635			
62	0.471	0.273	91.908			
63	0.467	0.271	92.179			
64	0.463	0.269	92.448			
65	0.459	0.267	92.715			
66	0.455	0.265	92.980			
67	0.451	0.263	93.243			
68	0.447	0.261	93.504			
69	0.443	0.259	93.763			
70	0.439	0.257	94.020			
71	0.435	0.255	94.275			
72	0.431	0.253	94.528			
73	0.427	0.251	94.779			
74	0.423	0.249	95.028			
75	0.419	0.247	95.275			

成分	初始特征值			提取平方和载入		
	合计	方差的百分比（%）	累积百分比（%）	合计	方差的百分比（%）	累积百分比（%）
76	0.415	0.245	95.520			
77	0.411	0.243	95.763			
78	0.407	0.241	96.004			
79	0.403	0.239	96.243			
80	0.399	0.237	96.480			
81	0.395	0.235	96.715			
82	0.391	0.233	96.948			
83	0.387	0.231	97.179			
84	0.383	0.229	97.408			
85	0.379	0.227	97.635			
86	0.375	0.225	97.860			
87	0.371	0.223	98.083			
88	0.367	0.221	98.304			
89	0.363	0.219	98.523			
90	0.359	0.217	98.740			
91	0.355	0.215	98.955			
92	0.351	0.213	99.168			
93	0.347	0.211	99.379			
94	0.343	0.209	99.588			
95	0.339	0.207	99.795			
96	0.335	0.205	100			

第三节　人口统计学特征变量对中介和结果变量的影响

研究中的中介、结果变量可能会受到人口统计学特征变量的影响，如文化程度、出生年代、工作年限、性别、婚姻状况等。本书运用单因素方差分析方法来检验不同人口统计学特征变量的新生代员工在基本心理需要满足、工作获得感和职业使命感这些变量上是否存在显著性差异。

一、人口统计学特征变量对基本心理需要满足影响

（一）不同性别的新生代员工基本心理需要满足的差异性分析

运用单因素方差分析法对不同性别的新生代员工基本心理需要满足进行差异比较发现，从平均水平来看，男性的自主需要满足度比女性低，归属需要满足度也比女性低，只有胜任需要满足度比女性要高，从基本心理需要满足度来讲，男性低于女性（见表5－13）。

表5－13　　　　　不同性别的基本心理需要满足的描述性分析

变量	分组	N	均值	标准差	标准误
自主需要	男性	170	2.347	0.781	0.060
	女性	265	2.477	0.724	0.044
	合计	435	2.426	0.748	0.036
归属需要	男性	170	3.684	0.522	0.040
	女性	265	3.730	0.564	0.035
	合计	435	3.712	0.548	0.026
胜任需要	男性	170	3.049	0.711	0.055
	女性	265	2.949	0.677	0.042
	合计	435	2.988	0.691	0.033
基本心理需要	男性	170	3.026	0.498	0.038
	女性	265	3.052	0.466	0.029
	合计	435	3.042	0.478	0.023

表5－14为性别对新生代员工基本心理需要满足及各维度的方差检

验结果。结果显示，在方差齐次性的检验上，新生代员工自主需要、归属需要和胜任需要检验结果的 P 值均在 0.05 以上，显示新生代员工在其性别上的方差均为齐性；同时，ANOVA 检验结果的 P 值也均在 0.05 以上，说明性别对新生代员工基本心理需要及其各维度满足的影响不显著。

表 5 – 14　　　　不同性别的基本心理需要满足的差异性检验结果

变量	分组	平方和	df	均方	方差齐性检验		ANOVA 检验	
					Levene 统计量	P 值	F 值	P 值
自主需要	组间	1.741	1	1.741	2.423	0.1203	3.125	0.078
	组内	241.300	433	0.415				
	总数	243.040	434					
归属需要	组间	0.222	1	0.222	3.0324	0.0823	0.738	0.391
	组内	130.070	433	0.300				
	总数	130.290	434					
胜任需要	组间	1.025	1	1.025	0.621	0.4311	2.149	0.143
	组内	206.470	433	0.477				
	总数	207.500	434					
基本心理需要	组间	0.067	1	0.067			0.294	0.588
	组内	99.125	433	0.229	2.2278	0.1363		
	总数	99.192	434					

（二）不同文化程度的新生代员工基本心理需要满足的差异性分析

运用单因素方差对不同文化程度的新生代员工基本心理需要满足进行差异比较发现，总体来讲，从平均水平来看，初中及以下文化程度的新生代员工的自主需要满足度比高中及以上的低，归属需要、胜任需要满足度也比高中及以上的低，从总体基本心理需要满足度来讲，初中及以下的比高中及以上的要低（见表 5 – 15）。

表 5 – 15 不同文化程度的基本心理需要满足的描述性分析

变量	分组	N	均值	标准差	标准误
自主需要	初中及以下	263	2.409	0.721	0.044
	高中及以上	172	2.452	0.790	0.060
	合计	435	2.426	0.748	0.036
归属需要	初中及以下	263	3.706	0.558	0.034
	高中及以上	172	3.720	0.533	0.041
	合计	435	3.712	0.548	0.026
胜任需要	初中及以下	263	2.970	0.682	0.042
	高中及以上	172	3.016	0.707	0.054
	总数	435	2.988	0.691	0.033
基本心理需要	初中及以下	263	3.028	0.466	0.029
	高中及以上	172	3.062	0.496	0.038
	合计	435	3.042	0.478	0.023

表 5 – 16 为不同文化程度的新生代员工基本心理需要满足及各维度的方差检验结果。结果显示，在方差齐次的检验上，自主需要、归属需要、胜任需要和基本心理需要检验结果的 P 值均在 0.05 以上，显示出新生代员工不同文化程度上的方差均为齐性；ANOVA 检验结果的 P 值均大于 0.05，表明不同文化程度对新生代员工基本心理需要以及各维度满足上没有显著差异。

表 5 – 16 不同文化程度的基本心理需要满足的差异性检验结果

变量	分组	平方和	df	均方	方差齐性检验		ANOVA 检验	
					Levene 统计量	P 值	F 值	P 值
自主需要	组间	1.741	1	1.741	1.259	0.263	0.330	0.566
	组内	241.300	433	0.415				
	总数	243	434					
归属需要	组间	0.222	1	0.222	0.134	0.715	0.061	0.805
	组内	130.100	433	0.300				
	总数	130.300	434					

续表

变量	分组	平方和	df	均方	方差齐性检验		ANOVA 检验	
					Levene 统计量	P 值	F 值	P 值
胜任需要	组间	1.025	1	1.025	0.072	0.788	0.468	0.494
	组内	206.500	433	0.477				
	总数	207.500	434					
基本心理需要	组间	0.067	1	0.067	0.503	0.4786	0.524	0.469
	组内	99.120	433	0.229				
	总数	99.190	434					

（三）不同出生年代的新生代员工基本心理需要满足的差异性分析

运用单因素方差对不同出生年代的新生代员工基本心理需要满足进行差异比较发现，总体来讲，从平均水平来看，出生在 20 世纪 90 年代后的自主需要满足度比 20 世纪 80 年代出生的高，而归属需要和胜任需要的满足度要低；从总体基本心理需要满足度来讲，20 世纪 90 年代出生的比 20 世纪 80 年代出生的要高（见表 5 - 17）。

表 5 - 17　　不同出生年代的新生代员工基本心理需要满足的描述性分析

变量	分组	N	均值	标准差	标准误
自主需要	20 世纪 90 年代	146	2.466	0.848	0.070
	20 世纪 80 年代	289	2.406	0.693	0.041
	合计	435	2.426	0.748	0.036
归属需要	20 世纪 90 年代	146	3.697	0.551	0.046
	20 世纪 80 年代	289	3.719	0.547	0.032
	合计	435	3.712	0.548	0.026
胜任需要	20 世纪 90 年代	146	3.021	0.720	0.060
	20 世纪 80 年代	289	2.971	0.677	0.040
	合计	435	2.988	0.691	0.033
基本心理需要	20 世纪 90 年代	146	3.061	0.541	0.045
	20 世纪 80 年代	289	3.032	0.444	0.026
	合计	435	3.042	0.478	0.023

表 5 – 18 为不同出生年代的新生代员工基本心理需要满足及各维度的方差检验结果。结果显示，在方差齐次的检验上，自主需要和基本心理需要的显著性水平小于 0.05，说明新生代员工在不同出生年代上的方差存在非齐性，归属需要和基本心理需要检验结果的 P 值均在 0.05 以上，说明新生代员工在文化程度上的方差均为齐性；ANOVA 检验结果的 P 值也均在 0.05 以上，说明出生年代对新生代员工基本心理需要满足以及各维度上差异不显著。

表 5 – 18　　　不同出生年代的新生代员工基本心理需要满足的差异性检验结果

变量	分组	平方和	df	均方	方差齐性检验		ANOVA 检验	
					Levene 统计量	P 值	F 值	P 值
自主需要	组间	0.346	1	0.346	7.670	0.006	0.618	0.432
	组内	242.700	433	0.560				
	总数	243	434					
归属需要	组间	0.046	1	0.046	0.066	0.797	0.153	0.696
	组内	130.200	433	0.301				
	总数	130.300	434					
胜任需要	组间	0.234	1	0.234	0.442	0.506	0.488	0.485
	组内	207.300	433	0.479				
	总数	207.500	434					
基本心理需要	组间	0.082	1	0.082	4.942	0.027	0.357	0.550
	组内	99.110	433	0.229				
	总数	99.190	434					

（四）不同工作年限的新生代员工基本心理需要满足的差异性分析

运用单因素方差对不同工作年限的新生代员工基本心理需要满足进行差异比较发现，总体来讲，从平均水平来看，工作 5 ~ 10 年自主需要满足程度最高，其次是工作 10 年以上的新生代员工；在归属需要方面，工作 10 年以上的新生代员工满足感最高，其次是 5 ~ 10 年；对于胜任需要满足程度，工作 5 年及以下的满足感最高，其次是工作 10 年及以下的新生代员工；基本心理需要的满足感整体上呈现出"U"型，工作 5 年及以下的和工作 10 年及以上的满足感高，而工作 5 ~ 10 年的满足感低，如表 5 - 19 所示。

表 5 - 19　　不同工作年限的新生代员工基本心理需要满足的描述性分析

变量	分组	N	均值	标准差	标准误
自主需要	5 年及以下	164	2.463	0.789	0.062
	5 ~ 10 年	202	2.360	0.694	0.049
	10 年及以上	69	2.531	0.795	0.096
	合计	435	2.426	0.748	0.036
归属需要	5 年及以下	164	3.689	0.597	0.047
	5 ~ 10 年	202	3.715	0.498	0.035
	10 年及以上	69	3.757	0.570	0.069
	合计	435	3.712	0.548	0.026
胜任需要	5 年及以下	164	3.049	0.719	0.056
	5 ~ 10 年	202	2.934	0.439	0.047
	10 年及以上	69	3.000	0.686	0.083
	合计	435	2.988	0.691	0.033
基本心理需要	5 年及以下	164	3.067	0.517	0.040
	5 ~ 10 年	202	3.003	0.435	0.031
	10 年及以上	69	3.096	0.501	0.060
	合计	435	3.042	0.478	0.023

表 5 - 20 为不同工作年限对新生代员工基本心理需要满足及各维度的方差检验结果。结果显示，在方差齐次的检验上，检验结果的 P 值均在 0.05 以上，表明新生代员工在不同工作年限上的方差均为齐性；ANOVA 检验结果的 P 值也均在 0.05 以上，表明工作年限对新生代员工基本心理需要满足以及各维度上差异不显著。

表 5 – 20　　　　不同工作年限的新生代员工基本心理需要满足的差异性检验结果

变量	分组	平方和	df	均方	方差齐性检验		ANOVA 检验	
					Levene 统计量	P 值	F 值	P 值
自主需要	组间	1.88	2	0.942	1.82	0.16	1.687	0.19
	组内	241	432	0.558				
	总数	243	434					
归属需要	组间	0.22	2	0.112	2.49	0.08	0.374	0.69
	组内	130	432	0.301				
	总数	130	434					
胜任需要	组间	1.2	2	0.598	0.30	0.74	1.252	0.29
	组内	206	432	0.478				
	总数	207	434					
基本心理需要	组间	0.61	2	0.306	1.10	0.33	1.34	0.26
	组内	98.6	432	0.228				
	总数	99.2	434					

（五）不同婚姻状况的新生代员工基本心理需要满足的差异性分析

运用单因素方差对不同婚姻状况的新生代员工基本心理需要满足进行差异比较发现，总体来讲，从平均水平来看，已婚新生代员工的胜任需要满足程度较高，自主需要的满足感则比未婚新生代员工的满足程度要低。而未婚新生代员工基本心理需要满足感更高，如表 5 – 21 所示。

表 5 – 21　　　　不同婚姻状况的新生代员工基本心理需要满足的描述性分析

变量	分组	N	均值	标准差	标准误
自主需要	未婚	126	2.447	0.862	0.077
	已婚	309	2.417	0.698	0.040
	合计	435	2.426	0.748	0.036
归属需要	未婚	126	3.687	0.563	0.050
	已婚	309	3.722	0.542	0.031
	合计	435	3.712	0.548	0.026

续表

变量	分组	N	均值	标准差	标准误
	未婚	126	3.046	0.730	0.065
胜任需要	已婚	309	2.964	0.675	0.038
	合计	435	2.988	0.691	0.033
	未婚	126	3.060	0.546	0.049
基本心理需要	已婚	309	3.035	0.448	0.025
	合计	435	3.042	0.478	0.023

表 5 – 22 为不同婚姻状况的新生代员工基本心理需要满足及各维度的方差检验结果。结果显示，在方差齐次的检验上，自主需要和基本心理需要的显著性水平小于 0.05，表明新生代员工在婚姻状况上的方差存在非齐性，归属需要和胜任需要检验结果的 P 值均在 0.05 以上，表明新生代员工在婚姻状况上的方差均为齐性；ANOVA 检验结果的 P 值也均在 0.05 以上，表明婚姻状况对新生代员工基本心理需要满足以及各维度上差异不显著。

表 5 – 22   不同婚姻状况的新生代员工基本心理需要满足的差异性检验结果

变量	分组	平方和	df	均方	方差齐性检验		ANOVA 检验	
					Levene 统计量	P 值	F 值	P 值
	组间	0.078	1	0.078	6.537	0.011	0.140	0.709
自主需要	组内	243	433	0.561				
	总数	243	434					
	组间	0.106	1	0.106	0.026	0.871	0.352	0.553
归属需要	组内	130.200	433	0.301				
	总数	130.300	434					
	组间	0.591	1	0.591	0.714	0.399	1.236	0.267
胜任需要	组内	206.900	433	0.478				
	总数	207.500	434					
	组间	0.058	1	0.058	5.088	0.025	0.254	0.615
基本心理需要	组内	99.130	433	0.229				
	总数	99.190	434					

二、人口统计学特征变量对工作获得感影响的检验

（一）不同性别的新生代员工工作获得感差异性分析

运用单因素方差对不同性别的新生代员工工作获得感进行差异比较发现，总体来讲，从平均水平来看，男性体会到的工作获得感要比女性低，如表 5 - 23 所示。

表 5 - 23　　　　不同性别的新生代员工工作获得感描述性分析

变量	分组	N	均值	标准差	标准误
工作获得感	男性	170	3.132	0.659	0.051
	女性	265	3.221	0.63	0.039
	总数	435	3.186	0.642	0.031

表 5 - 24 为不同性别的新生代员工工作获得感的方差检验结果。结果显示，在方差齐次的检验上，不同性别的工作获得感的显著性水平都大于 0.05，表明新生代员工在性别上的方差均为齐性；ANOVA 检验结果的 P 值为 0.161，大于 0.05，表明性别对新生代员工工作获得感的影响差异不显著。

表 5 - 24　　　　不同性别的新生代员工工作获得感差异性检验结果

变量	分组	平方和	df	均方	方差齐性检验		ANOVA 检验	
					Levene 统计量	P 值	F 值	P 值
工作获得感	组间	0.809	1	0.809	2.829	0.093	1.968	0.161
	组内	178.100	433	0.411				
	总数	178.900	434					

（二）不同文化程度的新生代员工工作获得感差异性分析

运用单因素方差对不同文化程度的新生代员工工作获得感进行差异比

较发现，从平均水平来看，初中及以下文化程度的新生代员工体会到的工作获得感要比高中及以下的要高，如表 5 – 25 所示。

表 5 – 25   不同文化程度的新生代员工工作获得感描述性分析

变量	分组	N	均值	标准差	标准误
工作获得感	初中及以下	263	3.1968	0.6101	0.038
	高中及以上	172	3.1701	0.6897	0.053
	合计	435	3.1862	0.6421	0.031

表 5 – 26 为不同文化程度的新生代员工工作获得感的方差检验结果。结果显示，在方差齐次的检验上，不同文化程度的工作获得感的检验结果的 P 值小于 0.05，表明新生代员工在文化程度上的方差均为非齐性；ANOVA 检验结果的 P 值大于 0.05，表明文化程度对新生代员工工作获得感的影响差异不显著。

表 5 – 26   不同文化程度的工作获得感新生代员工差异性分析差异性检验结果

变量	分组	平方和	df	均方	方差齐性检验		ANOVA 检验	
					Levene 统计量	P 值	F 值	P 值
工作获得感	组间	0.074	1	0.074	5.083	0.025	0.18	0.672
	组内	178.800	433	0.413				
	总数	178.900	434					

（三）不同出生年代的新生代员工工作获得感差异性分析

运用单因素方差对不同出生年代的新生代员工工作获得感进行差异比较发现，从平均水平来看，20 世纪 80 年代出生的新生代员工体会到的工作获得感比较高，如表 5 – 27 所示。

表 5 – 28 为不同出生年代的新生代员工工作获得感的方差检验结果。结果显示，在方差齐次的检验上，不同出生年代的工作获得感的检验结果的 P 值在 0.05 以上，表明新生代员工在不同出生年代的方差均为齐性；

ANOVA 检验结果的 P 值大于 0.05，表明不同出生年代对新生代员工工作
获得感的影响差异不显著。

表 5 - 27　　不同出生年代的新生代员工工作获得感描述性分析

变量	分组	N	均值	标准差	标准误
工作获得感	20 世纪 90 年代	146	3. 152	0. 697	0. 058
	20 世纪 80 年代	289	3. 203	0. 613	0. 036
	合计	435	3. 186	0. 642	0. 031

表 5 - 28　　不同出生年代的新生代员工工作获得感差异性检验结果

变量	分组	平方和	df	均方	方差齐性检验		ANOVA 检验	
					Levene 统计量	P 值	F 值	P 值
工作获得感	组间	0. 251	1	0. 251	2. 127	0. 145	0. 609	0. 436
	组内	178. 700	433	0. 413				
	总数	178. 900	434					

（四）不同工作年限的新生代员工工作获得感差异性分析

运用单因素方差对不同工作年限的新生代员工工作获得感进行差异比
较发现，从平均水平来看，随着工作年限的增加，新生代员工体会到的工
作获得感呈上升趋势，工作年限越长，新生代员工体会到的工作获得感越
强，如表 5 - 29 所示。

表 5 - 29　　不同工作年限的新生代员工工作获得感的描述性分析

变量	分组	N	均值	标准差	标准误
工作获得感	5 年及以下	164	3. 111	0. 702	0. 055
	5 ~ 10 年	202	3. 231	0. 575	0. 040
	10 ~ 15 年	69	3. 232	0. 673	0. 081
	合计	435	3. 186	0. 642	0. 031

表 5 - 30 为不同工作年限的新生代员工工作获得感的方差检验结果。结果显示，在方差齐次的检验上，不同工作年限的工作获得感的检验结果的 P 值为 0.008，小于 0.05，表明新生代员工在不同工作年限的方差均为非齐性；ANOVA 检验结果的 P 值大于 0.05，表明工作年限对新生代员工工作获得感的影响差异不显著。

表 5 - 30　　　　不同工作年限的新生代员工工作获得感的差异性检验结果

变量	分组	平方和	df	均方	方差齐性检验		ANOVA 检验	
					Levene 统计量	P 值	F 值	P 值
工作获得感	组间	1.478	2	0.739	4.903	0.008	1.799	0.1667
	组内	177.400	432	0.411				
	总数	178.900	434					

（五）不同婚姻状况的新生代员工工作获得感差异性分析

运用单因素方差对不同婚姻状况的新生代员工工作获得感进行差异比较发现，从平均水平来看，已婚新生代员工体会到的工作获得感更强，如表 5 - 31 所示。

表 5 - 31　　　　不同婚姻状况的新生代员工工作获得感描述性分析

变量	分组	N	均值	标准差	标准误
工作获得感	未婚	126	3.167	0.706	0.063
	已婚	309	3.194	0.615	0.035
	总数	435	3.186	0.642	0.031

表 5 - 32 为不同婚姻状况的新生代员工对工作获得感的方差检验结果。结果显示，在方差齐次的检验上，不同婚姻状况的工作获得感的检验结果的 P 值为 0.071，大于 0.05，表明新生代员工在不同婚姻状况的方差均为齐性；ANOVA 检验结果的 P 值为 0.439，大于 0.05，表明婚姻状况对新生代员工工作获得感的影响差异不显著。

表 5-32   不同婚姻状况的新生代员工工作获得感差异性检验结果

变量	分组	平方和	df	均方	方差齐性检验		ANOVA 检验	
					Levene 统计量	P 值	F 值	P 值
工作获得感	组间	0.068	1	0.068	3.272	0.071	0.164	0.439
	组内	178.800	433	0.413				
	总数	178.900	434					

三、人口统计学特征变量对职业使命感影响的检验

(一) 不同性别的新生代员工职业使命感差异性分析

运用单因素方差对不同性别的新生代员工职业使命感进行差异比较发现,从平均水平来看,男性新生代员工的职业使命感更强,如表 5-33所示。

表 5-33   不同性别的新生代员工职业使命感的描述性分析

变量	分组	N	均值	标准差	标准误
职业使命感	男性	170	3.394	1.042	0.080
	女性	265	3.157	1.032	0.060
	合计	435	3.249	1.041	0.050

表 5-34 为不同性别的新生代员工职业使命感方差检验结果。结果显示,

表 5-34   不同性别的新生代员工职业使命感的差异性检验结果

变量	分组	平方和	df	均方	方差齐性检验		ANOVA 检验	
					Levene 统计量	P 值	F 值	P 值
职业使命感	组间	5.842	1	5.842	0.326	0.568	5.4421	0.02
	组内	464.800	433	1.074				
	总数	470.700	434					

在方差齐次的检验上，不同性别的职业使命感的检验结果的 P 值为 0.568，大于 0.05，表明新生代员工在不同性别的职业使命感的方差均为齐性；ANOVA 检验结果的 P 值为 0.02，小于 0.05，表明不同性别的新生代员工职业使命感差异显著。

（二）不同文化程度的新生代员工职业使命感差异性分析

运用单因素方差对不同文化程度的新生代员工职业使命感进行差异比较发现，从平均水平来看，高中及以上文化程度的新生代员工的职业使命感比初中及以下的新生代员工的职业使命感更强，如表 5-35 所示。

表 5-35　　　　不同文化程度的新生代员工职业使命感的描述性分析

变量	分组	N	均值	标准差	标准误
职业使命感	初中及以下	263	3.196	1.062	0.07
	高中及以上	172	3.331	1.006	0.08
	总数	435	3.249	1.041	0.05

表 5-36 为不同文化程度的新生代员工职业使命感方差检验结果。结果显示，在方差齐次的检验上，不同文化程度对职业使命感的检验结果的 P 值均为 0.59，大于 0.05，表明新生代员工在不同文化程度的职业使命感的方差均为齐性；ANOVA 检验结果的 P 值为 0.18，大于 0.05，表明不同文化程度对新生代员工职业使命感的影响差异不显著。

表 5-36　　　　不同文化程度的新生代员工职业使命感的差异性检验结果

变量	分组	平方和	df	均方	方差齐性检验		ANOVA 检验	
					Levene 统计量	P 值	F 值	P 值
职业使命感	组间	1.91	1	1.911	0.29	0.59	1.766	0.18
	组内	469	433	1.083				
	总数	471	434					

（三）不同出生年代的新生代员工职业使命感差异性分析

运用单因素方差对不同出生年代的新生代员工职业使命感进行差异比较发现，从平均水平来看，20世纪90年代出生的新生代员工职业使命感比20世纪80年代出生的新生代员工职业使命感更强，如表5-37所示。

表5-37　　　　不同出生年代的新生代员工职业使命感的描述性分析

变量	分组	N	均值	标准差	标准误
职业使命感	20世纪90年代	146	3.336	1.012	0.08
	20世纪80年代	289	3.206	1.055	0.06
	总数	435	3.249	1.041	0.05

表5-38为不同出生年代的职业使命感方差检验结果。结果显示，在方差齐次的检验上，不同出生年代对职业使命感的检验结果的P值为0.75，大于0.05，表明新生代员工在不同出生年代的职业使命感的方差均为齐性；ANOVA检验结果的P值为0.22，大于0.05，表明不同出生年代对新生代员工职业使命感的影响差异不显著。

表5-38　　　　不同出生年代的新生代员工职业使命感的差异性检验结果

变量	分组	平方和	df	均方	方差齐性检验		ANOVA检验	
					Levene统计量	P值	F值	P值
职业使命感	组间	1.63	1	1.633	0.1	0.75	1.507	0.22
	组内	469	433	1.083				
	总数	471	434					

（四）不同工作年限的新生代员工职业使命感差异性分析

运用单因素方差对不同工作年限的新生代员工职业使命感进行差异比较发现，从平均水平来看，随着工作年限的增加，新生代员工职业使命感降低，如表5-39所示。

表 5 - 39　　　　不同工作年限的新生代员工职业使命感的描述性分析

变量	分组	N	均值	标准差	标准误
职业使命感	5 年及以下	164	3.384	1.002	0.08
	5~10 年	202	3.243	1.072	0.08
	10 年及以上	69	2.949	0.989	0.12
	合计	435	3.249	1.041	0.05

　　表 5 - 40 为不同工作年限的新生代员工职业使命感方差检验结果。结果显示，在方差齐次的检验上，不同工作年限的职业使命感检验结果的 P 值为 0.08，大于 0.05，表明新生代员工在不同工作年限的职业使命感的方差均为非齐性；ANOVA 检验结果的 P 值为 0.01，小于 0.05，表明不同工作年限的新生代员工职业使命感差异显著。

表 5 - 40　　　　不同工作年限的新生代员工职业使命感的差异性检验结果

变量	分组	平方和	df	均方	方差齐性检验		ANOVA 检验	
					Levene 统计量	P 值	F 值	P 值
职业使命感	组间	9.2	2	4.601	2.536	0.08	4.307	0.01
	组内	461	432	1.068				
	总数	471	434					

（五）不同婚姻状况的新生代员工职业使命感差异性分析

　　运用单因素方差对不同婚姻状况的新生代员工职业使命感进行差异比较发现，从平均水平来看，未婚新生代员工的职业使命感比已婚新生代员工的职业使命感要高，如表 5 - 41 所示。

表 5 - 41　　　　不同婚姻状况的新生代员工职业使命感的描述性分析

变量	分组	N	均值	标准差	标准误
职业使命感	未婚	126	3.341	1.039	0.093
	已婚	309	3.212	1.042	0.059
	总数	435	3.249	1.041	0.050

表 5 - 42 为不同婚姻状况的新生代员工职业使命感方差检验结果。结果显示，在方差齐次的检验上，不同婚姻状况的职业使命感检验结果的 P 值为 0.714，大于 0.05，表明新生代员工在不同婚姻状况的职业使命感的方差均为非齐性；ANOVA 检验结果的 P 值为 0.241，大于 0.05，表明不同婚姻状况的新生代员工职业使命感差异不显著。

表 5 - 42　　　　不同婚姻状况的新生代员工职业使命感的差异性检验结果

变量	分组	平方和	df	均方	方差齐性检验		ANOVA 检验	
					Levene 统计量	P 值	F 值	P 值
职业使命感	组间	1.496	1	1.496	0.134	0.714	1.381	0.241
	组内	469.200	433	1.084				
	总数	470.700	434					

四、人口统计学特征变量对中介变量和结果变量影响的检验结果

单因素方差分析的结果表明，从总体上看，新生代员工基本心理需要满足及各维度在性别、文化程度、出生年代、工作年限和婚姻状况上无显著的差异。新生代员工工作获得感在性别、文化程度、出生年代、工作年限和婚姻状况上无显著的差异。新生代员工的职业使命感在文化程度、出生年代和婚姻状况上无显著的差异，而新生代员工性别和工作年限对职业使命感的影响差异比较显著，表现为男性的职业使命感比女性要强；随着参加工作年限的增加，新生代员工职业使命感强度降低。这可以从两个方面进行解释：一方面，受中国传统文化的影响，男性主导的社会赋予男性更多的社会责任；另一方面，随着工作时间的增加，人们习惯于每天按部就班的工作和生活，会认同或者习惯了现状，不想去改变。

第四节　各研究假设检验

本部分在前文各量表信度和效度检验的基础上，运用相关分析和回归分

析对第三章提出的各研究假设进行验证，以明确各研究变量之间的联系。

一、各变量的描述性统计分析

（一）各变量分布的正态性检验

表5－43是运用 SPSS 22.0 软件对样本数据的变量所作的描述性统计，表中的数值是各变量的均值、极大值、极小值、标准差等统计量。在进行回归分析时，所分析的变量数据最好是正态分布。克莱恩（Kline，1998）认为，当所研究的变量数据样本的偏度统计量的绝对值均在3以下、峰度统计量的绝对值均在10以下时，则可认为研究的变量数据样本服从于正态分布。由表5－43可以看出，本书中所涉及的研究变量，其描述统计的偏度绝对值均在1.2以下，小于3；峰度统计量的绝对值都在1.2以下，小于10。因此，本书中采用的变量样本数据满足正态分布的条件，可以进行下一步分析。

表5－43　　　　　　　　　　各研究变量的描述统计量

变量	N	极小值	极大值	均值		标准差	偏度		峰度	
	统计量	统计量	统计量	统计量	标准误	统计量	统计量	标准误	统计量	标准误
程序公平	435	1.17	4.67	2.75	0.038	0.795	-0.313	0.117	-0.615	0.234
分配公平	435	1.40	4.60	2.939	0.025	0.525	-0.419	0.117	-0.227	0.234
互动公平	435	1	4	2.462	0.025	0.517	0.130	0.117	0.784	0.234
组织公平	435	1.72	3.80	2.717	0.020	0.425	-0.143	0.117	-0.745	0.234
工作特征	435	1	5	2.273	0.044	0.922	1.170	0.117	0.354	0.234
授权型领导	435	1	4.74	3.442	0.053	1.476	0.284	0.117	1.284	0.234
自主需要	435	1	5	2.426	0.036	0.748	0.657	0.117	0.691	0.234
归属需要	435	1.80	5	3.712	0.026	0.548	-0.051	0.117	0.210	0.234
胜任需要	435	1	5	2.988	0.033	0.691	0.069	0.117	-0.183	0.234

续表

变量	N	极小值	极大值	均值		标准差	偏度		峰度	
	统计量	统计量	统计量	统计量	标准误	统计量	统计量	标准误	统计量	标准误
基本心理需要满足	435	1.73	4.7	3.042	0.023	0.478	0.652	0.117	0.788	0.234
参照群体	435	1	5	3.719	0.043	0.890	-1.031	0.117	0.775	0.234
工作获得感	435	1.25	5	3.186	0.031	0.642	-0.783	0.117	0.246	0.234
工作家庭冲突	435	1	5	3.406	0.042	0.869	-0.778	0.117	0.014	0.234
个人成长主动性	435	0.67	5	3.781	0.045	0.949	-0.712	0.117	-0.829	0.234
职业使命感	435	1	5	3.249	0.050	1.041	0.041	0.117	-0.921	0.234

（二）相关性分析

研究变量的样本的平均值、标准差以及相关系数如表 5 - 44 所示。从表中可以看出，工作获得感与新生代员工的职业使命感的相关系数为 0.194，显著水平为 0.001，即工作获得感对新生代员工的职业使命感有显著正向影响；基本心理需要满足感、自主需要满足感、胜任需要满足感与新生代员工工作获得感的相关系数分别为 0.258、0.264、0.250，并且在 0.001 的水平上显著。程序公平、互动公平、组织公平、工作特征、授权型领导、自主需要、胜任需要、基本心理需要、工作获得感、工作家庭冲突和个人成长主动性与新生代员工职业使命感的相关系数在 -0.401 ~ 0.323 之间；而分配公平、参照群体与职业使命感的相关系数分别为 0.275 和 -0.155，在 0.01 水平上显著；归属需要满足感与职业使命感相关系数为 0.033，但不显著。在 0.001 的显著水平上，分配公平、工作特征、授权型领导、自主需要、胜任需要、基本心理需要和参照群体与工作获得感的相关系数在 -0.456 ~ 0.464 之间，而程序公平和组织公平与工作获得感的相关系数分别为 0.122 和 0.109，在 0.05 的水平上显著，归属需要与工作获得感的相关系数为 0.001，但不显著。在 0.001 的显著水平上，工作特征、授权型领导、自主需要、归属需要和胜任需要与基本心理需要的满足感的相关系数分别为 0.393、0.331、0.448、0.403 和

表 5－44

各变量的均值、标准差和相关系数矩阵

变量	1	2	3	4	5	6	7	8	9	10	11	12	13	14	15	16	17	18	19	20
1 程序公平	1																			
2 分配公平	0.380***	1																		
3 互动公平	0.004	0.240***	1																	
4 组织公平	0.382***	0.346***	0.407***	1																
5 工作特征	0.164**	0.073	0.248***	0.029	1															
6 授权型领导	0.224***	0.099*	0.140***	-0.136 / 0.117*	0.435***	1														
7 自主需要	0.06	0.077	0.140***	0.125**	0.439***	0.364***	1													
8 归属需要	0.087	0.126**	0.016	0.112*	0.084	0.111	0.209***	1												
9 胜任需要	0.05	0.064	0.01	0.053	0.275***	0.249***	0.511***	0.025	1											
10 基本心理需要	0.04	0.057	0.084	0.083	0.393***	0.331***	0.448***	0.403***	0.458***	1										
11 参照群体	0.216***	0.199**	-0.053	0.195***	-0.446***	0.415***	-0.179***	0.076	-0.129**	-0.127**	1									
12 工作获得	0.122*	0.182***	0.102*	0.109*	0.464***	0.446***	0.264***	0.001	0.250***	0.258***	-0.456***	1								
13 工作家庭冲突	-0.031	-0.152**	-0.273***	-0.193***	-0.649***	-0.439***	-0.420***	-0.100**	-0.214***	-0.361***	-0.272***	-0.410***	1							
14 个人成长主动性	0.198**	0.151**	-0.182***	0.112*	0.691***	0.512***	0.327***	0.035	0.166***	0.237***	-0.574***	0.535***	-0.541***	1						
15 职业使命感	0.174***	0.275***	0.250***	0.323***	0.341***	0.349***	0.249***	0.033	0.209***	0.218***	-0.155**	0.194***	-0.401***	0.398***	1					
16 性别	-0.034	-0.095*	0.024	-0.05	-0.034	0.011	0.085	0.041	-0.07	0.026	0.054	0.067	-0.082	0.03	-0.111*	1				
17 文化程度	-0.002	-0.024	0.053	0.01	-0.031	0.069	0.028	0.012	0.033	0.035	-0.016	-0.02	-0.023	0.064	0.064	-0.027	1			
18 出生年代	-0.003	0.016	-0.006	0.002	-0.007	0.127	-0.038	0.019	-0.034	-0.029	-0.019	0.037	-0.013	0.0004	-0.059	-0.05	-0.192***	1		
19 婚姻状况	0.012	0.014	-0.042	-0.004	0.014	0.021	-0.018	0.028	-0.053	-0.024	0.018	0.019	-0.02	0.0002	-0.056	0.101*	-0.230***	0.662***	1	
20 工作年限	-0.021	0.025	0.005	-0.001	0.097*	0.041	0.005	0.041	-0.044	-0.003	0.012	0.079	-0.053	-0.051	-0.135**	0.121**	-0.117**	0.544***	0.359***	1
Mean	2.750	2.939	2.462	2.717	2.273	3.442	2.4268	3.712	2.988	3.042	3.719	3.1869	3.406	3.780	3.249	1.609	1.395	1.664	1.710	1.782
S.D	0.795	0.525	0.517	0.425	0.922	0.053	0.748	0.548	0.691	0.478	0.890	0.642	0.869	0.949	1.041	0.488	0.489	0.473	0.454	0.699

注：* 表示在 0.05 水平（双侧）上显著相关，** 表示在 0.01 水平（双侧）上显著相关，*** 表示在 0.001 水平（双侧）上显著相关。

0.458；而组织公平及各维度对基本心理需要满足的相关系数不显著。以上分析了各变量对中介变量及结果变量的相关系数，也部分地检验了相关研究假设，当然这些变量之间的相关性分析结果仅仅是从表面上说明两两变量之间的初步关系，没有排除控制变量（如性别、文化程度等）的影响，因此，以上分析只是作为参考，下面将采用回归分析方法，对第三章所提到的假设进行进一步分析与验证。

二、组织公平对基本心理需要的满足影响检验

为检验组织公平及其各维度对基本心理需要满足的影响，本书运用SPSS 22.0 软件，根据层次回归分析的思路，首先将控制变量引入模型，在此基础上，将自变量再引入模型，根据相关系数、F 值、R 值来判断回归系数的显著性及影响方向。如表5－45、表5－46、表5－47 和表5－48所示。

根据表5－45，模型1 的回归结果说明，组织公平对新生代员工基本心理需要的满足有着正向影响，但其 P 值大于 0.05，说明影响不显著（$r = 0.084$，$p > 0.05$），因此，假设5 没有得到验证。进一步地分析组织公平各维度对基本心理需要满足的影响，在引入控制变量和自变量后，通过模型2 可以发现，程序公平对基本心理需要的满足感有正向影响，但其 P 值大于 0.05，说明不显著（$r = 0.042$，$p > 0.05$），模型3说明分配公平对新生代员工基本心理需要的满足有着正向影响，但其 P 值大于 0.05，说明影响不显著（$r = 0.061$，$p > 0.05$）。模型4 说明互动公平对新生代员工基本心理需要的满足有着正向影响，但其 P 值大于0.05，说明影响不显著（$r = 0.082$，$p > 0.05$）。可见，组织公平及其各维度对基本心理需要满足虽然都为正向影响，但不显著，进一步说明假设5 没有得到支持。

下面将探讨组织公平及其各维度（程序公平、分配公平和互动公平）分别对自主需要满足、归属需要满足和胜任需要满足的影响。首先，探讨组织公平及其各维度对自主需要满足的影响（见表5－46），根据模型1的回归结果可知，组织公平对自主需要满足感有显著正向影响（$r = 0.130$，

表5-45　基本心理需要满足中介作用的层级回归分析

变量	基本心理需要							工作获得感						
	模型 1	模型 2	模型 3	模型 4	模型 5	模型 6	模型 7	模型 8	模型 9	模型 10	模型 11	模型 12	模型 13	模型 14
控制变量														
性别	0.029	0.0265	0.032	0.022	0.024	0.051	-0.002	0.07	0.063	0.066	0.03	0.035	0.09	0.093 *
文化程度	0.03	0.0305	0.032	0.027	0.029	0.042	0.0193	0	-0.01	-0.01	-0.03	-0.02	-0.001	0.002
出生年代	-0.02	-0.022	-0.02	-0.03	-0.02	0.03	-0.019	0.01	0.007	0.006	-0.05	-0.04	0.01	0.011
婚姻状况	-0.01	-0.011	-0.01	0	-0.02	-0.03	-0.013	-0.02	-0.02	-0.02	-0.01	-0.01	-0.02	-0.02
工作年限	0.013	0.0144	0.011	0.013	-0.01	-0.05	-0.005	0.07	0.099	0.098	-0.147 **	-0.143 **	0.09	0.091
自变量														
组织公平	0.084													
程序公平		0.042												
分配公平			0.061											
互动公平				0.082										
授权型领导					0.331 ***				0.291 ***	0.237 ***				
工作特征						0.401 ***					0.488 ***	0.457 ***		
工作家庭冲突							-0.361 ***						-0.422 ***	-0.377 ***
中介变量														
基本心理需要								0.26 ***		0.131 *		0.079		0.124 **
R²	0.01	0.004	0.006	0.009	0.121	0.161	0.132	0.077	0.243	0.25	0.244	0.249	0.186	0.2
adjR²	-0.004	-0.01	-0.01	-0.005	0.114	0.149	0.120	0.064	0.213	0.218	0.233	0.237	0.175	0.187
F 值	0.692	0.307	0.451	0.663	11.034 ***	13.673 ***	10.820 ***	5.979 ***	21.513 ***	20.175 ***	23.013 ***	20.246 ***	16.331 ***	15.225 ***
容忍度	0.430~0.997	0.430~0.998	0.430~0.998	0.430~0.994	0.430~0.996	0.427~0.980	0.431~0.990	0.430~0.997	0.430~0.996	0.430~0.943	0.427~0.980	0.427~0.980	0.431~0.990	0.430~0.943
VIF	1.003~2.323	1.002~2.323	1.012~2.324	1.006~2.325	1.004~2.323	1.020~2.340	1.010~2.323	1.003~2.323	1.004~2.323	1.060~2.323	1.020~2.340	1.062~2.341	1.010~2.323	1.061~2.323

注：* 表示在 0.05 水平（双侧）上显著相关，** 表示在 0.01 水平（双侧）上显著相关，*** 表示在 0.001 水平（双侧）上显著相关。

表5-46 自主需要的中介作用层级回归分析

变量	自主需要							工作获得感										
	模型1	模型2	模型3	模型4	模型5	模型6	模型7	模型8	模型9	模型10	模型11	模型12	模型13	模型14	模型15	模型16	模型17	模型18
控制变量																		
性别	0.09	0.08	0.08	0.08	0.081	0.11	0.05	0.08	0.068	0.093***	0.066	0.0857	0.063	0.071	0.0305	0.038	0.09366	0.099
文化程度	0.02	0.02	0.03	0.02	0.023	0.04	0.011	-0.007	-0.01	-0.01	-0.01	-0.004	-0.01	-0.01	-0.028	-0.025	-0.0002	0.001
出生年代	0.01	0.01	0.01	-0.04	-0.03	0.02	-0.03	0.01	0.018	0.007	0.022	0.0107	0.007	0.004	-0.046	-0.045	0.0318	0.009
婚姻状况	-0.037	-0.02	-0.02	0.01	-0.01	-0.02	-0.01	-0.02	-0.03	-0.03	-0.03	-0.032	-0.02	-0.02	-0.005	-0.007	-0.0233	-0.02
工作年限	0.02	0.08	0.08	0.02	-0.003	-0.1	-0.001	0.08	0.069	0.075	0.071	0.0758	0.099	0.099	0.147**	0.143**	0.09143	0.091
自变量																		
组织公平	0.130***								0.113***	0.150**								
程序公平		0.063																
分配公平			0.086															
互动公平				0.137**							0.105*	0.069						
授权型领导					0.364***								0.463**	0.412***				
工作特征						0.449***									0.488***	0.458***		
工作家庭冲突							-0.416***										-0.422***	-0.373***
中介变量																		
自主需要								0.271***		0.291***		0.262***		0.148*		0.068		0.116*
R²	0.026	0.013	0.016	0.028	0.153	0.207	0.181	0.083	0.023	0.105	0.021	0.088	0.247	0.312	0.244	0.248	0.186	0.197
adjR²	0.012	0.013	0.003	0.014	0.137	0.196	0.169	0.07	0.009	0.091	0.0074	0.073	0.217	0.248	0.233	0.235	0.175	0.184
F值	1.898***	0.946	1.194	2.033*	12.332***	18.626***	15.750***	6.465***	1.665***	7.178***	1.539***	5.870***	20.731***	20.125***	23.103***	20.070***	16.331***	14.993***
容忍度	0.43~0.997	0.43~0.991	0.43~0.99	0.43~0.994	0.43~0.996	0.427~0.98	0.43~0.99	0.43~0.991	0.431~0.997	0.43~0.98	0.43~0.994	0.43~0.975	0.43~0.996	0.43~0.927	0.427~0.98	0.427~0.942	0.43~0.99	0.43~0.943
VIF	1.003~2.323	1.009~2.324	1.009~2.32	1.006~2.33	1.004~2.32	1.02~2.34	1.01~2.323	1.01~2.324	1.003~2.323	1.02~2.324	1.01~2.325	1.03~2.327	1.00~2.323	1.06~2.324	1.02~2.34	1.06~2.34	1.01~2.324	1.06~2.324

注:* 表示在0.05水平(双侧)上显著相关,** 表示在0.01水平(双侧)上显著相关,*** 表示在0.001水平(双侧)上显著相关。

表 5 - 47 归属需要的中介作用层级回归分析模型

变量	归属需要							工作获得感
	模型 1	模型 2	模型 3	模型 4	模型 5	模型 6	模型 7	模型 8
控制变量								
性别	0.04	0.037	0.048	0.034	0.034	0.0397	0.027	0.062
文化程度	0.019	0.021	0.023	0.02	0.02	0.0229	0.018	-0.01
出生年代	-0.01	-0.01	-0.01	-0.01	-0.01	-9E-04	-0.01	0.017
婚姻状况	0.024	0.021	0.02	0.025	0.022	0.0206	0.023	-0.03
工作年限	0.036	0.039	0.031	0.037	0.032	0.0239	0.032	0.07
自变量								
组织公平	0.114*							
程序公平		0.088						
分配公平			0.130*					
互动公平				0.015				
授权型领导					0.173			
工作特征						0.083		
工作家庭冲突							-0.095*	
中介变量								
归属需要								0.004
R^2	0.017	0.011	0.02	0.004	0.016	0.01	0.013	0.01
adjR^2	0.003	-0.002	0.007	-0.01	0.014	-0.003	-0.001	-0.003
F 值	1.209	0.826	1.479	0.277	1.834	0.7491	0.915	0.732
容忍度	0.431 ~ 0.997	0.430 ~ 0.998	0.430 ~ 0.988	0.430 ~ 0.994	0.430 ~ 0.996	0.427 ~ 0.980	0.431 ~ 0.990	0.431 ~ 0.996
VIF	1.003 ~ 2.323	1.002 ~ 2.323	1.012 ~ 2.324	1.006 ~ 2.325	1.004 ~ 2.323	1.020 ~ 2.340	1.010 ~ 2.323	1.004 ~ 2.323

注：*表示在 0.05 水平（双侧）上显著相关，**表示在 0.01 水平（双侧）上显著相关，***表示在 0.001 水平（双侧）上显著相关

表 5－48　胜任需要的中介作用层级回归分析

变量	胜任需要							工作获得感						
	模型 1	模型 2	模型 3	模型 4	模型 5	模型 6	模型 7	模型 8	模型 9	模型 10	模型 11	模型 12	模型 13	模型 14
控制变量														
性别	-0.066	-0.06	-0.07	-0.06	-0.06	-0.045	-0.08	0.0465	0.063	0.0542	0.031	0.025	0.0937	0.081
文化程度	0.0214	0.021	0.0193	0.02	0.02	0.0291	0.014	-0.008	-0.01	-0.008	-0.03	-0.02	-2.00E-04	0.002
出生年代	0.0032	0.003	0.001	0.003	0.009	0.0402	0.006	0.0184	0.007	0.0084	-0.05	-0.04	0.0132	0.014
婚姻状况	-0.036	-0.03	-0.035	-0.04	-0.04	-0.049	-0.04	-0.036	-0.02	-0.021	-0.01	-0.01	-0.023	-0.03
工作年限	-0.022	-0.02	-0.019	-0.02	-0.04	-0.066	-0.03	0.0648	0.099	0.0942	0.147 **	0.139 **	0.0914	0.086
自变量														
组织公平	0.057													
程序公平		0.052												
分配公平			0.069											
互动公平				0.01										
授权型领导					0.273 ***				0.385 ***	0.332 ***				
工作特征						0.281 ***					0.488 ***	0.455 ***		
工作家庭冲突							-0.222 ***						-0.422 ***	-0.386 ***
中介变量														
胜任需要								0.245 ***		0.179 **		0.119 ***		0.159 **
R²	0.011	0.011	0.013	0.008	0.076	0.086	0.057	0.07	0.237	0.275	0.244	0.257	0.186	0.21
adjR²	-0.003	-0.001	-0.001	-0.01	0.132	0.0728	0.044	0.0567	0.213	0.258	0.233	0.245	0.1749	0.197
F 值	0.8025	0.766	0.9115	0.576	5.746 ***	6.676 ***	4.316 ***	5.349 ***	21.731 ***	21.171 ***	23.103 ***	21.076 ***	16.331 ***	16.235 ***
容忍度	0.431~0.997	0.430~0.998	0.430~0.988	0.430~0.994	0.430~0.996	0.427~0.980	0.431~0.990	0.431~0.992	0.430~0.996	0.430~0.939	0.427~0.980	0.427~0.942	0.431~0.990	0.431~0.943
VIF	1.003~2.323	1.002~2.323	1.012~2.324	1.006~2.325	1.004~2.323	1.020~2.340	1.010~2.323	1.008~2.323	1.004~2.323	1.060~2.323	1.020~2.340	1.061~2.342	1.010~2.324	1.060~2.323

注：* 表示在 0.05 水平（双侧）上显著相关，** 表示在 0.01 水平（双侧）上显著相关，*** 表示在 0.001 水平（双侧）上显著相关。

p<0.001），控制变量及组织公平共同解释自主需要满足感1.2%的方差变异（F=1.898***）；模型2说明程序公平变量对新生新生代员工自主需要的满足有着正向影响，但其P值大于0.05，说明影响不显著（r=0.063，p>0.05）；模型3说明分配公平变量对新生代员工自主需要满足有着正向影响，但其P值大于0.05，说明影响不显著（r=0.086，p>0.05）；模型4表明互动公平对自主需要满足感有显著正向影响（r=0.137，p<0.01），控制变量及互动公平变量共同解释自主需要满足感1.4%的方差变异（F=2.033***）。可见，组织公平及各维度对自主需要满足的影响也出现差异，组织公平和互动公平对自主需要呈现显著正向影响，而程序公平和分配公平对自主需要满足的影响虽然为正向，但不显著，分析结果部分支持假设5a，即假设5a得到部分验证。

其次，分析组织公平及其各维度对归属需要满足的影响（见表5-47），模型1的回归结果表明，组织公平对归属需要满足感有显著正向影响（r=0.114，p<0.05），控制变量及组织公平变量共同解释归属需要满足感0.3%的方差变异（F=1.209）；模型2说明程序公平变量对归属需要满足感有正向影响，但其P值大于0.05，说明影响不显著（r=0.088，p>0.05）。模型3表明分配公平变量对归属需要满足感有显著正向影响（r=0.130，p<0.05），控制变量及分配公平变量共同解释归属需要满足感0.7%的方差变异（F=1.479），而互动公平对对归属需要满足感有正向影响，但不显著（r=0.015，p>0.05）。可见，组织公平及其各维度对归属需要满足的影响也出现差异，组织公平和分配公平对归属需要呈现显著正向影响。程序公平和互动公平对归属需要满足的影响虽然正向，但影响不显著，分析结果部分支持假设5b，即假设5b得到部分验证。

最后，分析组织公平及其各维度对胜任需要满足的影响（见表5-48），根据模型1的回归结果表明，组织公平对胜任需要满足感有负向影响，但不显著（r=0.057，p>0.05）；模型2表明程序公平变量对胜任需要满足感有负向影响，但不显著（r=0.052，p>0.05）。模型3说明分配公平变量对胜任需要满足感有负向影响，但不显著（r=0.069，p>0.05）。而模型4说明互动公平对对胜任需要满足感有正向影响，但不显著（r=0.010，p>0.05）。组织公平和分配公平对胜任需要的影响虽各有差异，但均不显著，分析结果不支持假设 5c，从而假设 5c 没有得到验证。

综合以上分析，组织公平及各维度对基本心理需要满足感及其各维度的影响主要是通过组织公平、分配公平对归属需要满足感的影响以及组织公平、互动公平对自主需要满足感的影响来实现的，其他维度的相互间影响并不显著，从而假设 5 和假设 5c 都未能获得支持，假设 5a 和假设 5b 得到部分支持。

三、授权型领导对基本心理需要满足及各其维度的影响检验

为检验授权型领导对基本心理需要满足的影响，本书根据层次回归分析的思路，运用 SPSS 22.0 软件，首先将控制变量引入模型，在此基础上，将授权型领导变量再引入模型，根据相关系数、F 值、R 值来判断回归系数的显著性及影响方向。结果如表 5－45、表 5－46、表 5－47 和表 5－48 所示。

根据表 5－45 模型 5 的回归结果，授权型领导对基本心理需要的满足感有显著正向影响（$r = 0.331$，$p < 0.001$），控制变量及授权型领导共同解释基本心理需要满足 11.4% 的方差变异（$F = 11.034^{***}$），因此，假设 7 得到验证。进一步分析授权型领导对基本心理需要各维度满足感的影响，在引入控制变量和自变量后，表 5－46 模型 5 分析发现，授权型领导对自主需要的满足感有显著正向影响（$r = 0.364$，$p < 0.001$），控制变量及授权型领导变量共同解释自主需要满足 13.7% 的变异（$F = 12.332^{***}$），假设 7a 得到验证；表 5－47 模型 5 表明授权型领导对归属需要的满足感有正向影响，但不显著（$r = 0.173$，$p > 0.05$），假设 7b 未得到验证；表 5－48 模型 5 表明授权型领导对胜任需要的满足感有显著正向影响，（$r = 0.273$，$p < 0.001$），控制变量自变量授权型领导共同解释胜任需要满足感 13.2% 的方差变异（$F = 5.746^{***}$），假设 7c 得到验证。综合以上分析可以看出，授权型领导对基本心理需要的满足感有显著正向影响，这种影响主要是通过对自主需要和胜任需要的影响来实现的，而授权型领导对归属需要满足影响不显著，从而假设 7、7a、7c 得到验证，假设 7b 未获得支持。

四、工作特征对基本心理需要及其各维度影响的检验

为检验工作特征对基本心理需要满足的影响，本书根据层次回归分析的思路，运用 SPSS 22.0 软件，首先将控制变量引入模型，在此基础上，将工作特征变量再引入模型，根据相关系数、F 值、R 值来判断回归系数的显著性及影响方向。结果如表 5 – 45、表 5 – 46、表 5 – 47 和表 5 – 48 所示。

根据表 5 – 45 模型 6 的回归结果，工作特征对新生代员工基本心理需要的满足有着显著正向影响（$r = 0.401$，$p < 0.001$），控制变量及工作特征共同解释基本心理需要满足 14.9% 的方差变异（$F = 13.673^{***}$），因此，假设 6 得到验证。进一步地分析工作特征对基本心理需要各维度满足感的影响，在引入控制变量和自变量后，表 5 – 46 由模型 6 可知，工作特征对自主需要的满足感有显著正向影响（$r = 0.449$，$p < 0.001$），控制变量及工作特征变量共同解释自主需要满足 19.6% 的变异（$F = 8.626^{***}$），假设 6a 得到验证；表 5 – 47 模型 6 表明工作特征对归属需要的满足感有正向影响，但不显著（$r = 0.083$，$p > 0.05$），假设 6b 未得到验证；表 5 – 48 模型 6 表明工作特征对胜任需要的满足感有显著正向影响，（$r = 0.281$，$p < 0.001$），控制变量、自变量、工作特征共同解释胜任需要满足感 7.3% 的方差变异（$F = 6.676^{***}$），假设 6c 得到验证。综合以上分析可以看出，工作特征对基本心理需要的满足感有显著正向影响，这种影响主要是通过对自主需要和胜任需要的影响来实现的，而工作特征对归属需要满足感的影响不显著，从而假设 6、6a、6c 得到验证，假设 6b 未获得支持。

五、工作家庭冲突对基本心理需要的满足影响检验

为检验工作家庭冲突对基本心理需要满足的影响，本书根据层次回归分析的思路，运用 SPSS 22.0 软件，首先将控制变量引入模型，在此基础上，将工作特征变量再引入模型，根据相关系数、F 值、R 值来判断回归系数的显著性及影响方向。结果如表 5 – 45、表 5 – 46 表 5 – 47 表 5 – 48

所示。

根据表 5-45 模型 7 的回归结果，工作家庭冲突对基本心理需要的满足感有显著负向影响（r = -0.361，p < 0.001），控制变量及工作家庭冲突共同解释基本心理需要满足 12.0% 的方差变异（F = 8.201***），因此，假设 8 得到验证。进一步地分析工作家庭冲突对基本心理需要各维度满足感的影响，在引入控制变量和自变量后，由表 5-46 模型 7 可知，工作家庭冲突对自主需要的满足感有显著负向影响（r = -0.416，p < 0.001），控制变量及工作家庭冲突变量共同解释自主需要满足 16.9% 的变异（F = 5.750***），假设 8a 得到验证；表 5-47 模型 7 表明工作家庭冲突对归属需要的满足感有显著负向影响，（r = -0.095，p < 0.05），控制变量及自变量工作家庭冲突调整后的 R^2 为 -0.1%，说明控制变量及工作家庭冲突变量不是归属需要满足感的异质性来源（F = 0.915），假设 8b 未得到验证；表 5-48 模型 7 表明工作家庭冲突对胜任需要的满足感有显著负向影响，（r = -0.222，p < 0.001），控制变量、自变量、工作特征共同解释胜任需要满足感 4.4% 的方差变异（F = 4.316***），假设 8c 得到验证。综合以上分析可以看出，工作家庭冲突对新生代员工基本心理需要的满足有显著正向影响，这种影响主要是通过对新生代员工自主需要和胜任需要的影响来实现的，假设 8、8a、8c 得到验证，假设 8b 未获得支持。

六、基本心理需要满足的中介效应检验

本书运用巴伦和凯恩（Baron & Kenny）于 1986 年提出的检验中介变量最常用、最传统的方法，来验证基本心理需要在组织公平、授权型领导、工作特征、工作家庭冲突与工作获得感之间的中介作用。他们（1986）指出，当一个给定变量能够解释自变量与因变量之间的关系时，该变量就被认为在自变量与因变量之间起到了中介效应，在具体操作上，如果一个变量满足以下三个条件，则其在自变量与因变量之间起到了中介作用：（1）自变量 X 的变化能够显著解释中介变量 M 的变化；（2）中介变量 M 的变化能够显著解释因变量 Y 的变化；（3）当控制中介变量后，自变量对因变量的影响系数应等于零，或者显著降低，同时中介变量对因

变量的影响系数应显著且不等于零。如果等于零，说明 X 对 Y 的影响完全来自 M，M 就叫作完全中介变量；如果不等于零但显著降低，说明 X 对 Y 的影响部分来自 M，M 就叫作部分中介变量。

在多元线性回归模型中，多重共线性是一个值得关注的问题，如果问题严重时，可能会对研究结果造成偏差。本书运用容忍度（tolerance）或方差膨胀因子（VIF）判断自变量间是否存在多重共线性问题。容忍度界于 0 与 1 之间，如果一个自变量的容忍度值太小，表示此变量与其他自变量间存在共线性问题，容忍度值越接近 0，表示多重共线性问题越严重。一般而言，容忍度值小于 0.1，VIF 大于 10，表示自变量之间可能存有严重的共线性问题。

在本书中，基本心理需要满足量表的测量包括三个维度，自主需要、归属需要和归属需要，因此，基本心理需要的中介效应检验也分为基本心理需要的中介效应及其各维度的中介效应检验。

（一）基本心理需要满足对组织公平及其各维度与工作获得感之间的中介作用检验

检验步骤：分析组织公平及其各维度对于基本心理需要的影响，如表 5 - 45 模型 1、模型 2、模型 3 和模型 4 所示，数据分析结果表明，组织公平及其各维度对基本心理的满足感之间存在正相关关系，但不显著，失去了分析中介作用的前提，因此，基本心理需要满足对组织公平及其各维度与工作获得感之间的中介作用验证没有得到支持，假设 11 不成立。

（二）基本心理需要满足对授权型领导与工作获得感之间的中介作用检验

检验步骤：首先分析授权型领导对于基本心理需要满足的影响，如表 5 - 45 模型 5 所示。接着分析基本心理需要满足对于工作获得感的影响，如表 5 - 45 模型 8 所示。然后分析授权型领导对工作获得感的影响，如表 5 - 45 模型 9 所示。最后同时分析授权型领导和基本心理需要满足对工作获得感的影响，如表 5 - 45 中模型 10 所示。比较表中的模型 10 与模型 9，对基本心理需要在对授权型领导与工作获得感之间的中介作用进行检验，其结果如表 5 – 45 所示。

从表 5 – 45 以看出，各模型变量的方差膨胀因子（VIF）的值范围均在 1~2.5 之间，小于 10，容忍度值的范围均大于 0.1，说明各模型中自变量之间不存在多重共线性。其中，由表 5 – 45 模型 5 可知，授权型领导对基本心理需要满足显著正相关（r = 0.331，p < 0.001），从表 5 – 45 模型 8 可以看出，基本心理需要满足与工作获得感显著正相关（r = 0.26，p < 0.001），控制变量及基本心理需要满足共同解释工作获得感 6.4% 的方差变异（F = 5.979***），因此，假设 3 得到验证。从表 5 – 45 模型 9 可以看出，授权型领导与工作获得感显著正相关（r = 0.291，p < 0.001），控制变量及授权型领导共同解释工作获得感 21.3% 的方差变异（F = 21.513***），在引入了中介变量基本心理需要后，表 5 – 45 模型 10 中，授权型领导与工作获得感的系数正向影响显著变小（r = 0.237，p < 0.001），中介变量的回归系数也显著（r = 0.131，p < 0.001），同时，回归方程解释的方差变异量由 21.3% 上升到 22.9%，说明基本需要满足感在授权型领导与工作获得感之间起部分中介作用，部分解释了授权型领导与工作获得感之间的形成机制，假设 13 得到验证，假设成立。

（三）基本心理需要对工作特征与工作获得感之间的中介作用检验

检验步骤：首先分析工作特征对于基本心理需要满足的影响，见表 5 – 45 模型 6。接着分析基本心理需要满足对于工作获得感的影响，见表 5 – 45 模型 8。然后分析工作特征对工作获得感的影响表，见表 5 – 45 模型 11。最后同时分析工作特征和基本心理需要满足对工作获得感的影响，见表 5 – 45 模型 12。比较表 5 – 45 模型 12 与模型 10，对基本心理需要在工作特征与工作获得感之间的中介作用进行检验，其结果如表 5 – 45 所示。

其中，表 5 – 45 模型 6 表明工作特征与基本心理需要满足呈显著正相关（r = 0.401，p < 0.001），从表 5 – 45 模型 8 可知，基本心理需要满足与工作获得感呈显著正相关（r = 0.26，p < 0.001），控制变量及基本心理需要满足共同解释工作获得感 6.4% 的方差变异（F = 5.979***）。从表 5 – 45 模型 11 可以看出，工作特征与工作获得感呈显著正相关（r =

0.488，p < 0.001），控制变量及工作特征共同解释工作获得感 23.3% 的方差变异（F = 23.013***）。在引入了中介变量基本心理需要后，在模型12 中，工作特征与工作获得感的系数正向影响显著变小（r = 0.457，p < 0.001），但中介变量的回归系数不显著（r = 0.079，p > 0.05），同时，回归方程解释的方差变异量由 23.3% 上升到 23.6%，变化了 0.3 个百分点，但因为模型 12 中的基本心理需要满足的回归系数不显著（p > 0.05），据此可以判断，基本需要满足感在工作特征与工作获得感之间的中介效应没有得到验证，假设 12 没通过检验。

（四）基本心理需要对工作家庭冲突与工作获得感之间的中介作用检验

检验步骤：首先分析工作家庭冲突对于基本心理需要满足的影响，见表 5 - 45 模型 7。接着分析基本心理需要满足对于工作获得感的影响，见表 5 - 45 模型 8。然后分析工作家庭冲突对工作获得感的影响，见表 5 - 45 模型 13。最后同时分析工作家庭冲突和基本心理需要满足对工作获得感的影响，见表 5 - 45 模型 14。比较模型 14 与模型 13，对基本心理需要在工作家庭冲突与工作获得感之间的中介作用进行检验，其结果如表 5 - 45 所示。

其中，表 5 - 45 模型 7 的分析结果表明工作家庭冲突对基本心理需要满足呈显著负相关（r = - 0.361，p < 0.001），从表 5 - 45 模型 8 可以看出，基本心理需要满足与工作获得感呈显著正相关（r = 0.26，p < 0.001），控制变量及基本心理需要满足共同解释工作获得感 6.4% 的方差变异（F = 5.979***）。从表 5 - 45 模型 13 分析可以看出，工作家庭冲突与工作获得感呈显著负相关（r = - 0.422，p < 0.001），控制变量及工作家庭冲突共同解释工作获得感 17.5% 的方差变异（F = 16.331***），在引入了中介变量基本心理需要后，在表 5 - 14 模型 14 中，工作家庭冲突与工作获得感的系数负向影响显著变小（r = - 0.377，p < 0.001），中介变量的回归系数也显著（r = 0.124，p < 0.01）。同时，回归方程解释的方差变异量由 17.5% 上升到 18.7%，表明基本需要满足在工作家庭冲突与工作获得感之间的作用是部分中介，中介效应为 0.045，占总效应的 10.7%，部分解释了工作家庭冲突与工作获得感之间的形成机制，假设

10 得到验证，假设成立。

（五）自主需要对组织公平及其各维度与工作获得感之间的中介作用检验

检验步骤：首先分析组织公平及其各维度对于自主需要的影响，见表 5-46 模型 1、模型 2、模型 3 和模型 4，数据分析结果表明，组织公平、程序公平、分配公平和互动公平对自主需要满足感之间呈正相关（$r = 0.130$，$p < 0.001$；$r = 0.063$，$p > 0.05$；$r = -0.086$，$p > 0.05$；$r = 0.137$，$p < 0.01$），只有组织公平和互动公平两个变量对自主需要满足感影响显著。进一步地分析自主需要对组织公平、互动公平与工作获得感的中介作用，从表 5-46 模型 8 可以看出，自主需要满足感与工作获得满足感显著正相关（$r = 0.271$，$p < 0.001$），控制变量及自主需要满足感共同解释工作获得感 0.7% 的方差变异（$F = 6.465^{***}$），因此，假设 3a 得到验证。从表 5-46 模型 9 分析可以看出，组织公平与工作获得感显著正相关（$r = 0.113$，$p < 0.001$），控制变量及组织公平共同解释工作获得感 0.91% 的方差变异（$F = 1.665^{***}$）。在引入了中介变量自主需要后，在表 5-45 模型 10 中，组织公平与工作获得感的系数正向影响显著变大（$r = 0.150$，$p < 0.001$），中介变量的回归系数也显著（$r = 0.291$，$p < 0.001$）。同时，回归方程解释的方差变异量由 0.91% 下降到 0.9%，加入中介变量后组织公平的影响系数在变大，而解释方差变异量在减少，表明自主需要满足感在组织公平与工作获得感之间没有起到中介作用。接下来分析自主需要对互动公平与工作获得感的中介作用，从表 5-46 模型 11 可以看出，互动公平与工作获得感显著正相关（$r = 0.105$，$p < 0.001$），控制变量及互动公平共同解释工作获得感 0.74% 的方差变异（$F = 1.539^{***}$）。在引入了中介变量自主需要后，在表 5-45 模型 12 中，互动公平与工作获得感的系数正向影响变小（$r = 0.069$，$p > 0.05$），而中介变量的回归系数显著（$r = 0.262$，$p < 0.001$）。同时，回归方程解释的方差变异量由 0.74% 上升到 7.28%，表明自主需要满足感在互动公平与工作获得感之间的中介作用是完全中介。综合以上分析可以看出，自主需要对组织公平中的中介作用是通过互动公平起完全中介作用，在其他变量上，中介效应不显

著，因此，假设11a部分得到验证。

（六）自主需要对授权型领导与工作获得感之间的中介作用检验

检验步骤：首先分析授权型领导对于自主需要满足感的影响，见表5-46模型5。接着分析自主需要满足感对于工作获得感的影响，见表5-46模型8。然后分析授权型领导对工作获得感的影响，见表5-46模型13。最后同时分析授权型领导和自主需要满足感对工作获得感的影响，见表5-46模型14。通过比较模型14和模型13，即可检验自主需要的中介作用。自主需要的中介作用的检验结果如表5-46所示。

从表5-46可以看出，各模型变量的方差膨胀因子（VIF）值的范围均在1~2.5之间，小于10，容忍度值的范围均大于0.1，说明各模型中自变量之间不存在多重共线性。

其中，表5-46模型5表明，授权型领导对自主需要满足感显著负相关（$r=0.364$，$p<0.001$），从表5-46模型8可以看出，自主需要满足感与工作获得感显著正相关（$r=0.271$，$p<0.001$）；从表5-46模型13分析可以看出，授权型领导与工作获得感显著正相关（$r=0.463$，$p<0.001$），控制变量及授权型领导共同解释工作获得感21.7%的方差变异（$F=20.732^{***}$）。在引入了中介变量自主需要后，在表5-46模型14中，授权型领导与工作获得感的系数负向影响显著变小（$r=0.412$，$p<0.001$），中介变量的回归系数也显著（$r=0.148$，$p<0.05$）。同时，回归方程解释的方差变异量由21.7%上升到24.8%，说明自主需要满足感在授权型领导与工作获得感之间起部分中介作用，部分解释了授权型领导与工作获得感之间的形成机制，假设13a得到验证，假设成立。

（七）自主需要对工作特征与工作获得感之间的中介作用检验

检验步骤：首先分析工作特征对于自主需要满足感的影响，见表5-46模型6。接着分析自主需要满足感对于工作获得感的影响，见表5-46模型6。然后分析工作特征对工作获得感的影响，见表5-46模型15。最后同时分析工作特征和自主需要满足感对工作获得感的影响，见表5-46模型16。比较表5-46的模型16与模型15，对自主需要在工作特征与工作获得感之间的中介作用进行检验，其结果如表 5 - 45 所示。

其中，表 5 - 46 模型 6 表明工作特征对自主需要满足感显著正相关（r = 0.449，p < 0.001），从表 5 - 46 模型 8 可以看出，自主需要满足感与工作获得感显著正相关（r = 0.271，p < 0.001），从表 5 - 46 模型 15 可以看出，工作特征与工作获得感显著正相关（r = 0.488，p < 0.001），控制变量及工作特征共同解释工作获得感 23.3% 的方差变异（F = 23.013***）。在引入了中介变量自主需要后，在模型 16 中，工作特征与工作获得感的系数正向影响显著变小（r = 0.458，p < 0.001），但中介变量的回归系数不显著（r = 0.068，p > 0.05），同时，回归方程解释的方差变异量由 23.3% 上升到 23.5%，变化了 0.2 个百分点，但因为模型 16 中的自主需要满足感的回归系数不显著（p > 0.05），据此可以判断，自主需要满足感在工作特征与工作获得感之间的中介效应没有得到验证，假设 12a 没有通过检验。

（八）自主需要对工作家庭冲突与工作获得感之间的中介作用检验

检验步骤：首先分析工作家庭冲突对于自主需要满足感的影响，见表 5 - 46 模型 7。接着分析自主需要满足感对于工作获得感的影响，见表 5 - 46 模型 8。然后检验工作家庭冲突对工作获得感的影响，见表 5 - 46 模型 17。最后将工作家庭冲突纳入模型 17，分析工作家庭冲突和自主需要满足感对工作获得感的影响，见表 5 - 46 模型 18。比较表 5 - 46 中的模型 18 与模型 17，对自主需要在工作家庭冲突与工作获得感之间的中介作用进行检验，其结果如表 5 - 46 所示。

其中，表 5 - 46 模型 5 表明，工作家庭冲突对自主需要满足感显著负相关（r = - 0.416，p < 0.001），从表 5 - 46 模型 8 可以看出，自主需要满足感与工作获得感显著正相关（r = 0.271，p < 0.001）。从表 5 - 46 模型 17 可以看出，工作家庭冲突与工作获得感显著负相关（r = - 0.422，p < 0.001），控制变量及工作家庭冲突共同解释工作获得感 17.5% 的方差变异（F = 16.331***）。在引入了中介变量自主需要后，在表 5 - 46 模型 18 中，工作家庭冲突与工作获得感的系数负向影响显著变小（r = - 0.373，p < 0.001），中介变量的回归系数也显著（r = 0.116，p < 0.001）。同时，

回归方程解释的方差变异量由 17.5% 上升到 18.4%，说明自主需要满足感在工作家庭冲突与工作获得感之间起部分中介作用，中介效应为 0.049，占总效应的 11.6%，部分解释了工作家庭冲突与工作获得感之间的形成机制，假设 10a 得到验证。

（九）归属需要对组织公平及其各维度与工作获得感之间的中介作用检验

检验步骤：首先分析组织公平及其各维度对于归属需要的影响，见表 5 – 47 模型 1、模型 2、模型 3 和模型 4，从表 5 – 47 可以看出，各模型变量的方差膨胀因子的值（VIF）均在 1 ~ 2.4 之间，小于 10，容忍度值的范围均大于 0.1，说明各模型中自变量之间不存在多重共线性。数据分析结果表明，组织公平、程序公平、分配公平和互动公平与归属需要满足感之间正相关（r = 0.114，p < 0.05；r = 0.088，p > 0.05；r = 0.130，p < 0.05；r = 0.015，p > 0.05），只有组织公平和分配公平两个变量对归属需要满足感的影响显著。进一步地分析归属需要对组织公平、分配公平与工作获得感的中介作用，从表 5 – 47 模型 8 可以看出，归属需要满足感与工作获得感正相关（r = 0.004，p > 0.05），但不显著，因此，归属需要对组织公平及其各维度与工作获得感之间是不起中介作用的，因此，假设 11b 没能得到验证。

（十）归属需要对授权型领导与工作获得感之间的中介作用检验

检验步骤：首先分析授权型领导对于归属需要满足感的影响，见表 5 – 47 模型 5。接着分析归属需要满足感对于工作获得感的影响，见表 5 – 47 模型 8。然后分析授权型领导对工作获得感的影响。最后同时分析授权型领导和归属需要满足感对工作获得感的影响。通过比较两模型，可检验归属需要的中介作用。其中，表 5 – 47 模型 5 表明，授权型领导对归属需要满足感正相关（r = 0.173，p > 0.5），但不显著；从表 5 – 47 模型 8 可以看出，归属需要满足感与工作获得感正相关（r = 0.004，p > 0.05），但不显著，归属需要对授权型领导与工作获得感之间是不起中介作用的，因此，假设 13b 没能得到验证。

（十一）归属需要对工作特征与工作获得感之间的中介作用检验

检验步骤：首先分析工作特征对于归属需要满足感的影响，见表 5-47 模型 6。接着分析归属需要满足感对于工作获得感的影响，见表 5-47 模型 8。然后分析工作特征对工作获得感的影响。最后同时分析工作特征和归属需要满足感对工作获得感的影响。通过比较两模型，可检验归属需要的中介作用。其中，表 5-47 模型 6 表明，工作特征对归属需要满足感正相关（$r=0.083$，$p>0.5$），但不显著，从而假设 6 没有得到验证；从表 5-47 模型 8 可以看出，归属需要满足感与工作获得感正相关（$r=0.004$，$p>0.05$），但不显著，归属需要对工作特征与工作获得感之间是不起中介作用的，因此，假设 12b 没能得到验证。

（十二）归属需要对工作家庭冲突与工作获得感之间的中介作用检验

检验步骤：首先分析工作家庭冲突对于归属需要满足感的影响，见表 5-47 模型 7。接着分析归属需要满足感对于工作获得感的影响，见表 5-47 模型 8。然后分析工作家庭冲突对工作获得感的影响。最后同时分析工作家庭冲突和归属需要满足感对工作获得感的影响。通过比较两模型，即可检验归属需要的中介作用。其中，表 5-47 模型 7 表明，工作家庭冲突对归属需要满足感显著负相关（$r=-0.095$，$p<0.5$）；从表 5-47 模型 8 可以看出，归属需要满足感与工作获得感正相关（$r=0.004$，$p>0.05$），但不显著，归属需要对工作家庭冲突与工作获得感之间是不起中介作用的，因此，假设 10b 没能得到验证。

（十三）胜任需要对组织公平及其各维度与工作获得感之间的中介作用检验

从表 5-48 可以看出，各模型变量的方差膨胀因子（VIF）的值范围均在 1~2.5 之间，小于 10，容忍度的值的范围均大于 0.1，说明各模型中自变量之间不存在多重共线性。

检验步骤：首先分析组织公平及其各维度对于胜任需要的影响，见表 5-48 模型 1、模型 2、模型 3 和模型 4，数据分析结果表明，组织公平及其各维度对基本心理的满足感之间正相关，但不显著，失去了分析中介作用的前提，因此，胜任需要满足感对组织公平及其各维度与工作获得感之间的中介作用没有得到验证，假设11c不成立。

（十四）胜任需要对授权型领导与工作获得感之间的中介作用检验

检验步骤：首先分析授权型领导对于胜任需要满足感的影响，见表5-48模型5。接着分析胜任需要满足感对于工作获得感的影响，见表5-48模型8。然后分析授权型领导对工作获得感的影响，见表5-48模型9。最后同时分析授权型领导和胜任需要满足感对工作获得感的影响，见表5-48模型10。比较表5-48中的模型10与模型9，对胜任需要在授权型领导与工作获得感之间的中介作用进行检验，其结果如表5-48所示。

其中，表5-48模型5表明，授权型领导对胜任需要满足感显著负相关（$r = 0.273$，$p < 0.001$），从表5-48模型8可以看出，胜任需要满足感与工作获得感显著正相关（$r = 0.245$，$p < 0.001$），控制变量及胜任需要满足感共同解释工作获得感5.7%的方差变异（$F = 5.349^{***}$），因此，假设3c得到验证。从表5-48模型9分析可以看出，授权型领导与工作获得感显著负相关（$r = 0.385$，$p < 0.001$），控制变量及授权型领导共同解释工作获得感21.3%的方差变异（$F = 21.731^{***}$）。在引入了中介变量胜任需要后，在表5-48模型10中，授权型领导与工作获得感的系数正向影响显著变小（$r = 0.332$，$p < 0.001$），中介变量的回归系数也显著（$r = 0.179$，$p < 0.01$）。同时，回归方程解释的方差变异量由21.3%上升到25.8%，说明胜任需要满足感在授权型领导与工作获得感之间起部分中介作用，部分解释了授权型领导与工作获得感之间的形成机制，假设13c得到验证，假设成立。

（十五）胜任需要对工作特征与工作获得感之间的中介作用检验

检验步骤：首先分析工作特征对于胜任需要满足感的影响，见表5-48模型6。接着分析胜任需要满足感对于工作获得感的影响，见表5-48模型8。然后分析工作特征对工作获得感的影响，见表5-48模型11。最后同时分析工作特征和胜任需要满足感对工作获得感的影响，见表 5－48 模型 12。通过比较表 5－48 中的模型 12 和模型 11，对胜任需要在工作特征与工作获得感之间的中介作用进行检验，其结果如表 5－48 所示。其中，表 5－48 模型 5 表明工作特征对胜任需要满足感显著正相关（r＝0.281，p＜0.001），控制变量及胜任需要满足感共同解释工作获得感 7.3% 的方差变异（F＝6.676***）从而假设 6c 得到验证。从表 5－48 模型 8 可以看出，胜任需要满足感与工作获得感显著正相关（r＝0.245，p＜0.001），控制变量及胜任需要满足感共同解释工作获得感 5.7% 的方差变异（F＝5.349***）。从表 5－48 模型 11 可以看出，工作特征与工作获得感显著正相关（r＝0.488，p＜0.001），控制变量及工作特征共同解释工作获得感 23.3% 的方差变异（F＝23.013***）。在引入了中介变量胜任需要后，在表 5－48 模型 12 中，工作特征与工作获得感的系数正向影响显著变小（r＝0.455，p＜0.001），但中介变量的回归系数显著（r＝0.119，p＜0.01），同时，回归方程解释的方差变异量由 23.3% 上升到 24.5%，变化了 1.2 个百分点，模型 12 中的胜任需要满足感的回归系数显著，据此可以判断，胜任需要满足感在工作特征与工作获得感之间起部分中介效应，中介效应为 0.033，占总效应的 6.8%，部分解释了工作特征与工作获得感之间的形成机制，假设 12c 得到验证，假设成立。

（十六）胜任需要对工作家庭冲突与工作获得感之间的中介作用检验

检验步骤：首先分析工作家庭冲突对于胜任需要满足感的影响，见表 5－48 模型 7。接着分析胜任需要满足感对于工作获得感的影响，见表 5－48 模型 8。然后分析工作家庭冲突对工作获得感的影响，见表 5－48 模型 13。最后同时分析工作家庭冲突和胜任需要满足感对工作获得感的影响，见表 5－48 模型 14。比较表 5－48 中的模型 14 与模型 13，对胜任需要在工作家庭冲突与工作获得感之间的中介作用进行检验，其结果如表 5－48 所示。

其中，表 5－48 模型 7 表明工作家庭冲突对胜任需要满足感显著负相关（r＝－0.222，p＜0.001），控制变量及工作家庭冲突共同解释胜任需要 4.4% 的方差变异（F＝4.316***），从表 5－48 模型 8 可以看出，胜任需要满足感与工作获得感显著正相关（r = 0.245，p < 0.001），控制变量及胜任需要满足感共同解释工作获得感 5.7% 的方差变异（F = 5.349***）。从表 5 - 48 模型 13 可以看出，工作家庭冲突与工作获得感显著负相关（r = - 0.422，p < 0.001），控制变量及工作家庭冲突共同解释工作获得感 17.5% 的方差变异（F = 16.331***）。在引入了中介变量胜任需要后，在表 5 - 48 模型 14 中，工作家庭冲突与工作获得感的系数负向影响显著变小（r = - 0.386，p < 0.001），中介变量的回归系数也显著（r = 0.159，p < 0.01），同时，回归方程解释的方差变异量由 17.5% 上升到 19.7%，说明胜任需要满足感在工作家庭冲突与工作获得感之间起部分中介作用，中介效应为 0.036，占总效应的 8.5%，部分解释了工作家庭冲突与工作获得感之间的形成机制，假设 10c 得到验证，假设成立。

七、工作获得感的中介效应检验

由于本书中基本心理需要是分三个维度来进行测量的，所以，工作获得感的中介效应检验也从整体到部分来进行检验，即检验工作获得感对基本心理需要满足及其各维度与职业使命感中介效应。从表 5 - 49 可以看出，各模型的变量方差膨胀因子（VIF）的值范围均在 1 ~ 2.4 之间，小于 10，容忍度的值分布范围大于 0.1，表明各模型中的自变量之间不存在多重共线性。

检验步骤：首先分析基本心理需要及其各维度对于工作获得感的影响，如表 5 - 49 模型 1、模型 2、模型 3 和模型 4 所示，数据分析结果表明，基本心理需要满足对工作获得感变量呈显著正相关（r = 0.26，p < 0.001），控制变量及基本心理需要满足共同解释工作获得感 6.4% 的方差变异（F = 5.979***），因此验证了假设 3；自主需要对工作获得感变量呈显著正相关（r = 0.271，p < 0.001），控制变量及自主需要满足感共同解释工作获得感 7% 的方差变异（F = 6.465***），因此验证了假设 3a；归属需要对工作获得感变量呈正相关（r = 0.004，p > 0.05），但不显著，因此假设 3b 没有通过检验；胜任需要对工作获得感变量呈显著正相关（r = 0.245，p < 0.001），进一步地分析工作获得感对基本心理需要满足、自主

表5-49　工作获得感的中介作用层级回归分析模型

变量	工作获得感					职业使命感					
	模型1	模型2	模型3	模型4	模型5	模型6	模型7	模型8	模型9	模型10	模型11
控制变量											
性别	0.06852	0.0841	0.0621	0.0465	-0.107	-0.089	-0.1	-0.07	-0.0877	-0.108*	-0.116*
文化程度	-0.0053	-0.007	-0.013	-0.008	0.052	0.0558	0.0567	0.055	0.05615	0.053864	0.0552
出生年代	0.01161	0.0071	0.0174	0.0184	0.0106	0.0094	0.0074	0.005	0.00388	0.015086	0.012
婚姻状况	-0.0292	-0.027	-0.027	-0.036	0.006	-0.002	0.0031	0.0003	0.00404	-0.00784	-0.002
工作年限	0.07379	0.0756	0.0704	0.0648	-0.141*	-0.123*	-0.136	-0.121*	-0.133*	-0.131*	-0.142*
自变量											
基本心理需要	0.260***					0.218***	0.174***				
自主需要		0.271***						0.243***	0.201***		
归属需要			0.004								
胜任需要				0.245***						0.224***	0.183***
中介变量											
工作获得感					0.213***		0.167**		0.158**		0.168***
R²	0.077	0.083	0.01	0.07	0.075	0.077	0.103	0.089	0.111	0.079	0.106
adjR²	0.064	0.07	0	0.057	0.062	0.064	0.088	0.076	0.097	0.067	0.091
F值	5.979***	6.465***	0.7319	5.349***	5.747***	5.965***	6.994***	6.934***	7.654***	6.158***	7.203***
容忍度	0.430~0.997	0.430~0.991	0.431~0.996	0.431~0.992	0.430~0.990	0.430~0.997	0.430~0.943	0.430~0.991	0.430~0.943	0.431~0.992	0.430~0.944
VIF	1.003~2.323	1.009~2.324	1.004~2.323	1.008~2.323	1.010~2.323	1.003~2.323	1.060~2.323	1.009~2.324	1.060~2.324	1.008~2.323	1.060~2.323

注：* 表示在0.05水平（双侧）上显著相关，** 表示在0.01水平（双侧）上显著相关，*** 表示在0.001水平（双侧）上显著相关

需要、胜任需要与职业使命感的中介作用，从表 5 - 49 模型 5 可以看出，工作获得感与职业使命感呈显著正相关（r = 0.213，p < 0.001），控制变量及工作获得感共同解释变量职业使命感 6.2% 的方差变异（F = 5.747***），因此假设 1 通过检验。

从表 5 - 49 模型 6 可以看出，基本心理需要满足与职业使命感显著正相关（r = 0.218，p < 0.001），控制变量及基本心理需要满足共同解释职业使命感 6.4% 的方差变异（F = 5.965***）。在引入了中介变量工作获得感后，在表 5 - 49 模型 7 中，基本心理需要与工作获得感的系数正向影响显著变小（r = 0.174，p < 0.001），中介变量的回归系数也显著（r = 0.167，p < 0.01），回归方程解释的方差变异量由原来的 6.4% 增加为 8.8%，说明工作获得感在基本心理需要满足与职业使命感之间起部分中介作用，中介效应为 0.044，占总效应的 20.2%，部分解释了基本心理需要满足与职业使命感之间的形成机制，假设 9 得到验证，假设成立。

从表 5 - 49 模型 8 分析可以看出，自主需要满足感与职业使命感足感显著正相关（r = 0.243，p < 0.001），控制变量及自主需要满足感共同解释职业使命感 7.6% 的方差变异（F = 6.934***）。在引入了中介变量工作获得感后，在表 5 - 49 模型 9 中，自主需要与工作获得感的系数正向影响显著变小（r = 0.201，p < 0.001），中介变量的回归系数也显著（r = 0.158，p < 0.01）回归方程解释的方差变异量由原来的 7.6% 增加为 9.7%，说明工作获得感在自主需要满足感与职业使命感之间起部分中介作用，中介效应为 0.042，占总效应的 17.3%，部分解释了自主需要满足感与职业使命感之间的形成机制，假设 9a 得到验证，假设成立。

由于归属需要与工作获得感之间的相关系数不显著，失去了中介效应分析的前提，因此，工作获得感在归属需要满足感与职业使命感之间不起中介作用，假设 9b 没能得到验证，假设不成立。

从表 5 - 49 模型 10 可以看出，胜任需要满足感与职业使命满足感显著相关（r = 0.224，p < 0.001），控制变量及胜任需要满足感共同解释职业使命感 6.7% 的方差变异（F = 6.158***）。在引入了中介变量工作获得感后，在表 5 - 49 模型 11 中，胜任需要与工作获得感的系数正向影响显著变小（r = 0.183，p < 0.001），中介变量的回归系数也显著（r = 0.168， p<0.001）。同时，回归方程解释的方差变异量由原来的 7.6% 增加为 9.1%，表明工作获得感在胜任需要满足感与职业使命感之间起部分中介作用，中介效应为 0.041，占总效应的 18.3%，部分解释了胜任需要满足感与职业使命感之间的形成机制，假设 9c 得到验证，假设成立。

综合以上分析，工作获得感中介基本心理需要满足与职业使命感，主要是通过自主需要满足和胜任需要满足来实现对工作获得感的中介效应。

八、参照群体的调节效应检验

本书把参照群体作为新生代员工基本心理需要满足与工作获得感之间的调节变量，探讨它如何影响基本心理需要满足与因变量工作获得感之间的关系，考察两者之间的关系在新生代员工不同参照群体选择下是否有显著性的变化。本书运用多层级线性回归分析方法检验参照群体变量的调节作用。首先，考察自变量基本心理需要与调节变量参照群体对因变量工作获得感的作用大小，然后将基本心理需要与参照群体的乘积项并入回归方程，如果这两者乘积项的系数显著，则说明参照群体的调节作用是显著的。对于连续型的变量，陈晓萍、徐淑英等（2008）建议首先对其进行中心化或标准化，然后再构建乘积项。本书依照此法，把基本心理需要满足与参照群体变量各自进行中心化，再把中心化的基本心理需要与参照群体进行相乘构建乘积项，最后，把未经过处理的基本心理需要、参照群体以及中心化后构建的乘积项进行多元层级回归分析，来检验参照群体所调节效应。本书主要关注自变量基本心理需要满足与调节变量参照群体中心化后的乘积项对因变量工作获得感的回归系数，如果回归系数的 P 值小于 0.05，说明回归系数显著，调节作用就是存在的。另外，也可以进行 R^2 的检验，若 ΔR^2 显著，则调节作用也是存在的。本书中的基本心理需要的满足感由三个分量表构成，所以本书除了检验参照群体对总的量表即心理需要满足感与工作获得感的中介作用之外，还要检验自主需要、归属需要、胜任需要与工作获得感的中介作用，依据以上程序，参照群体在基本心理需要满足与工作获得感之间中的调节效应检验的回归分析结果，如表 5－50 所示。

表 5 – 50　　　　　　　　参照群体的调节作用层级回归分析

变量	工作获得感							
	模型1	模型2	模型3	模型4	模型5	模型6	模型7	模型8
控制变量								
性别	0.04843	0.0553	0.0594	0.0609	0.0433	0.0539	0.0311	0.034
文化程度	−0.0012	−0.004	−0.003	−0.003	−0.006	−0.012	−0.003	0
出生年代	0.03801	0.0303	0.0347	0.029	0.0439	0.0454	0.0435	0.043
婚姻状况	−0.0465	−0.043	−0.045	−0.041	−0.045	−0.048	−0.052	−0.05
工作年限	0.06351	0.0615	0.0647	0.0663	0.0615	0.0514	0.0564	0.055
主效应								
基本心理需要	0.205***	0.222***						
自主需要			0.193***	0.199***				
归属需要					0.037	0.059		
胜任需要							0.191***	0.207***
参照群体	−0.428***	−0.427***	−0.419***	−0.421***	−0.457***	−0.442***	−0.431***	−0.436***
调节效应								
基本心理需要×参照群体		−0.093*						
自主需要×参照群体				−0.032				
归属需要×参照群体						−0.103**		
胜任需要×参照群体								−0.085*
R^2	0.257	0.265	0.251	0.252	0.217	0.227	0.251	0.258
adjR^2	0.24452	0.2512	0.2392	0.2384	0.2042	0.2123	0.2391	0.244
F值	21.067***	19.201***	20.491***	17.981***	16.907***	15.618***	20.479***	18.532***
容忍度	0.430~0.981	0.428~0.979	0.429~0.961	0.423~0.957	0.430~0.990	0.430~0.967	0.430~0.980	0.430~0.975
VIF	1.022~2.327	1.022~2.334	1.041~2.329	1.045~2.362	1.009~2.326	1.034~2.326	1.021~2.326	1.025~2.326

　　注：*表示在0.05水平（双侧）上显著相关，**表示在0.01水平（双侧）上显著相关，***表示在0.001水平（双侧）上显著相关

从表 5 - 50 可以看出，各模型变量的方差膨胀因子（VIF）值的范围分布均在 1 ~ 2.4 之间，小于 10，容忍度的值的范围大于 0.1，表明各模型的自变量之间不存在多重共线性。

表 5 - 50 模型 1 以工作获得感为因变量，以性别等人口统计特征变量为控制变量，基本心理需要满足和参照群体为自变量进行线性回归分析。总体看来，自变量基本心理需要、调节变量参照群体与因变量工作获得感之间的线性关系显著（F = 21.067***，p < 0.001），该模型解释了工作获得感 24.5% 的方差变异。当基本心理需要满足与参照群体的交互项引入模型 1 后，因变量工作获得感的方差解释的比例由 24.5% 上升到 25.1%（F = 19.201***），增加了 0.6%，交互项的进入增强了对工作获得感的解释，并且，交互项基本心理需要 × 参照群体在 0.05 水平上显著（r = -0.093，p < 0.05），这说明参照群体在基本心理需要满足与工作获得感之间的调节作用显著。具体来讲，新生代员工的以地位越高的人为参照群体，基本心理需要满足感对工作获得感的正向影响越小；新生代员工的以地位越低的人参照群体，基本心理需要满足感对工作获得感的正向影响越大。因此，假设 4 得到验证。

为了更好地显示调节效应，根据科恩等（Cohen et al.，2003）推荐的方法，分别以高于和低于均值的一个标准差来区分为高/低参照群体和高/低基本心理需要满足。图 5 - 1 描绘了参照群体调节基本心理需要满足对工作获得感影响的趋势。从图 5 - 1 可以看出，对于以地位低的人为参照群体的新生代员工来说，基本心理需要的满足对工作获得感的正向影响强于那些以地位高的人为参照群体的新生代员工。

表 5 - 50 模型 3 以工作获得感为因变量，以性别等人口统计特征为控制变量，以自主需要满足和参照群体为自变量进行线性回归分析，总体看来，自变量自主需要、调节变量参照群体与工作获得感之间的线性关系显著（F = 20.491***，p < 0.001），该模型解释了因变量工作获得感 23.9% 的方差变异，把自主需要满足与参照群体的交互项引入模型 2 后，因变量工作获得感的方差解释的比例由 23.9% 上升到 24.1%，交互项的进入增强了对工作获得感的解释，但是交互项自主需要 × 参照群体不显著（r = -0.032，p > 0.05），这说明参照群体

在自主需要满足感与工作获得感之间的调节作用不显著。因此，假设 4a 没有得到验证。

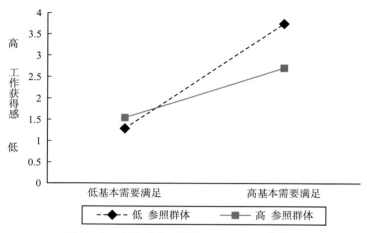

图 5 - 1　参照群体对基本心理需要调节效应

资料来源：根据 SPSS 软件的数据生成。

表 5 - 50 模型 5 以工作获得感为因变量，以性别等人口统计特征为控制变量，以归属需要满足和参照群体为自变量进行线性回归分析，虽然归属需要与工作获得感之间的相关系数不显著（$p > 0.05$），而参照群体与工作获得感之间的线性关系显著（$F = 16.907^{***}$，$p < 0.001$），但交互项归属需要 × 参照群体在 0.01 水平上显著（$r = -0.103$，$p < 0.01$），这说明参照群体在归属需要满足感与工作获得感之间的调节作用显著。因此，假设 4b 得到验证。

为了更好地显示调节效应，根据科恩等（2003）推荐的方法，分别以高于和低于均值的一个标准差来区分为高/低参照群体和高/低归属需要满足。图 5 - 2 描绘了参照群体调节归属需要满足对工作获得感影响的趋势。从图 5 - 2 可以看出，对于以地位低的人为参照群体的新生代员工，归属需要满足感对工作获得感的正向影响强于那些以地位高的人为参照群体的新生代员工。

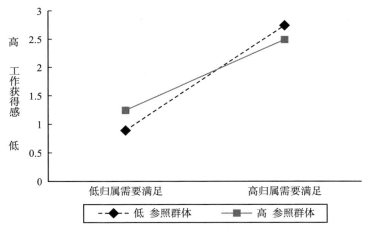

图 5 - 2　参照群体对归属需要调节效应

资料来源：根据 SPSS 软件的数据生成。

　　表 5 - 50 模型 7 以工作获得感为因变量，以性别等人口统计特征为控制变量，以胜任需要满足和参照群体为自变量进行线性回归分析。总体看来，胜任需要、参照群体与工作获得感之间的线性关系显著（$F = 20.479^{***}$，$p < 0.001$），该模型解释了工作获得感 23.9% 的方差变异，当胜任需要满足与参照群体的交互项进入模型 7 后，因变量工作获得感的方差解释的比例由 23.9% 上升到 24.4%（$F = 18.532^{***}$），说明交互项的进入增强了对工作获得感的解释，并且，交互项胜任需要 × 参照群体在 0.05 水平上显著（$r = -0.085$，$p < 0.05$），这说明参照群体在胜任需要满足感与工作获得感之间的调节作用显著。具体来讲，新生代员工的以地位越低的为参照群体，胜任需要满足感对工作获得感的正向影响越大；新生代员工的以地位越高的为参照群体，胜任需要满足感对工作获得感的正向影响越小。因此，假设 4c 得到验证。

　　为了更好地显示调节效应，根据科恩等（2003）推荐的方法，分别以高于和低于均值的一个标准差来区分高/低参照群体和高/低胜任需要满足。图 5 - 3 描绘出了参照群体调节胜任需要满足对工作获得感影响的趋势。从图 5 - 3 可以看出，对于以地位高的为参照群体的新生代员工，胜任需要满足感对工作获得感具的正向影响弱于那些以地位低的为参照群体的新生代员工。

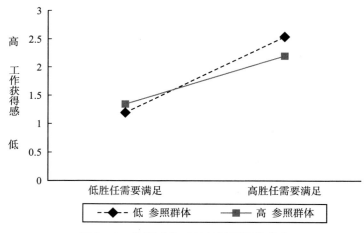

图 5 – 3　参照群体对胜任需要调节效应

资料来源：根据 SPSS 软件的数据生成。

综合分析可以看出，参照群体对基本心理需要满足与工作获得感之间的调节作用显著，这种具体的调节作用对于基本心理需要满足的三个维度来说，主要体现在参照群体对胜任需要与工作获得感之间的调节作用上。

九、个人成长主动性的调节效应检验

把个人成长主动性作为工作获得感与职业使命感的调节变量，探讨它如何影响自变量工作获得感与因变量职业使命感之间的关系，考察两者之间的关系在新生代员工不同个人成长主动性水平下是否会发生显著的变化。分析方法同上，依据以上程序，个人成长主动性在工作获得感与职业使命感之间的调节效应检验的回归分析结果如表 5 – 51 所示。

从表 5 – 51 可以看出，各模型变量的方差膨胀因子（VIF）的值的范围均在 1 ~ 2.4 之间，小于 10，容忍度的值大于 0.1，表明各模型的自变量之间不存在多重共线性。

表 5 – 51　　　　　　　　　个人成长主动性的调节作用层级回归分析

变量	职业使命感	
	模型 1	模型 2
控制变量		
性别	− 0. 107 *	− 0. 101 *
文化程度	0. 0500278	0. 047021234
出生年代	0. 021728249	0. 006177357
婚姻状况	− 0. 011074492	− 0. 003863275
工作年限	− 0. 103862039	− 0. 099566233
主效应		
工作获得感	0. 004 *	0. 130 *
个人成长主动性	0. 399 ***	0. 400 ***
调节效应		
工作获得感 × 个人成长主动性		0. 204 ***
R^2	0. 186	0. 21
adjR^2	0. 173	0. 195
F 值	13. 983 ***	14. 113 ***
容忍度	0. 430 ~ 0. 981	0. 428 ~ 0. 943
VIF	1. 060 ~ 2. 324	1. 060 ~ 2. 334

　　注：＊表示在 0. 05 水平（双侧）上显著相关，＊＊表示在 0. 01 水平（双侧）上显著相关，＊＊＊表示在 0. 001 水平（双侧）上显著相关

　　表 5 – 51 模型 1 以职业使命感为因变量，以性别等人口统计特征为控制变量，以工作获得感和个人成长主动性为自变量进行线性回归分析。总体看来，工作获得感、个人成长主动性与职业使命感之间的线性关系显著（F = 13. 983 ***，p < 0. 05），该模型解释了因变量职业使命感 17. 3% 的方差变异，当工作获得感与个人成长主动性的交互项引入模型 1 后，因变量工作获得感的方差解释的比例由 17. 3% 增加为 19. 5%（F = 14. 113 ***），说明交互项的进入增强了对职业使命感的解释，并且交互项工作获得感 × 个人成长主动性在 0. 001 水平上显著（r = 0. 204，p < 0. 001），这说明个人成长主动性在工作获得感与职业使命感之间的调节作用显著。具体来

讲，新生代员工的个人成长主动性越强，工作获得感对职业使命感的正向影响越大；新生代员工的个人成长主动性越弱，工作获得感对职业使命感的正向影响越小。因此，假设2得到验证。

为了更好地显示调节效应，根据科恩等（2003）推荐的方法，分别以高于和低于均值的一个标准差来区分为高/低个人成长主动性和高/低工作获得感。

图5-4描绘了个人成长主动性调节工作获得感对职业使命感影响的趋势。由图可知，新生代员工的个人成长主动性越强，工作获得感对新生代员工的职业使命感的影响越大。

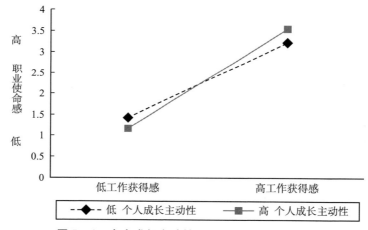

图5-4　个人成长主动性工作获得感的调节效应

资料来源：根据 SPSS 软件的数据生成。

第五节　本章小结

本章先对大样本调查的数据进行了信度和效度分析，然后运用 SPSS 22.0 对调查的大样本进行了描述性统计分析，最后运用回归分析方法对前期研究假设进行验证。

第章

研究结论、管理启示与研究展望

本书以前期学者的研究文献为基础，运用实证研究方法，分析了新生代员工职业使命感的形成机制，大多数假设得到了调查样本数据的验证与支持，在新生代员工职业使命感形成的过程中，参照群体和自身的个人成长主动性有显著的调节作用。

第一节　研究假设检验结果汇总

由第五章假设检验的结果可知，本书第三章提出的 46 个假设中，有17 个假设没能得到调查样本数据的支持，有 3 个假设得到调查数据的部分支持，其余 26 个假设都得到了调查数据的支持，假设检验结果汇总如表 6 - 1 所示。

表 6 - 1　　　　　　　　　本书假设检验的结果汇总表

假设	假设内容	检验结果
假设 1	工作获得感对新生代员工职业使命感有显著正向影响	支持
假设 2	个人成长主动性在工作获得感与职业使命感之间起调节作用	支持
假设 3	基本心理需要满足对工作获得感有显著正向影响，即个体基本心理需要满足程度越高，其工作获得感越强	支持
假设 3a	自主需要满足对工作获得感有显著的正向影响	支持
假设 3b	归属需要满足对工作获得感有显著的正向影响	不支持

续表

假设	假设内容	检验结果
假设 3c	胜任需要满足对工作获得感有显著的正向影响	支持
假设 4	参照群体在基本心理需要满足与工作获得感之间起调节作用；对于新生代员工群体而言，当选择地位越高的人为参照群体时，基本心理需要满足对工作获得感的影响就越小	支持
假设 4a	参照群体在自主需要满足和工作获得感之间起调节作用。当新生代员工选择地位越高的人为参照群体时，自主需要满足对工作获得感的影响就越小	不支持
假设 4b	参照群体在归属需要和工作获得感之间起调节作用。当新生代员工选择地位越高的人为参照群体时，归属需要满足对工作获得感的影响就越小	支持
假设 4c	参照群体在胜任需要和工作获得感之间起调节作用。当新生代员工选择地位越高的人为参照群体时，胜任需要满足对工作获得感的影响就越小	支持
假设 5	组织公平（程序公平、分配公平、互动公平）对基本心理需要满足有显著的影响作用，组织不公平越严重，新生代员工的基本心理需要满足水平越低	不支持
假设 5a	组织公平及各维度对自主需要满足有显著正向影响	部分支持
假设 5b	组织公平及各维度对归属需要满足有显著正向影响	部分支持
假设 5c	组织公平及各维度对胜任需要满足有显著正向影响	不支持
假设 6	工作特征对新生代员工基本心理需要满足有显著的正向影响	支持
假设 6a	工作特征对新生代员工自主需求满足有显著的正向影响	支持
假设 6b	工作特征对新生代员工关系需求满足有显著的正向影响	不支持
假设 6c	工作特征对新生代员工胜任需求满足有显著的正向影响	支持
假设 7	授权型领导对新生代员工基本心理需要满足有显著的正向影响，授权程度越高，新生代员工的基本心理需要满足感越高	支持
假设 7a	授权型领导对自主需要满足有显著的正向影响	支持
假设 7b	授权型领导对归属需要满足有显著的正向影响	不支持
假设 7c	授权型领导对胜任需要满足有显著的正向影响	支持
假设 8	工作家庭冲突对新生代员工基本心理需要满足具有显著负向影响	支持
假设 8a	工作家庭冲突对新生代员工自主需要具有显著负向影响	支持
假设 8b	工作家庭冲突对新生代员工归属需要具有显著负向影响	不支持
假设 8c	工作家庭冲突对新生代员工胜任需要具有显著负向影响	支持
假设 9	工作获得感中介基本心理需要与职业使命感	支持
假设 9a	工作获得感中介自主需要与职业使命感	支持

假设	假设内容	检验结果
假设9b	工作获得感中介归属需要与职业使命感	不支持
假设9c	工作获得感中介胜任需要与职业使命感	支持
假设10	基本心理需要中介工作家庭冲突与工作获得感	支持
假设10a	自主需要中介工作家庭冲突与工作获得感	支持
假设10b	归属需要中介工作家庭冲突与工作获得感	不支持
假设10c	胜任需要中介工作家庭冲突与工作获得感	支持
假设11	基本心理需要中介组织公平及其各维度与工作获得感	不支持
假设11a	自主需要中介组织公平氛围及其各维度与工作获得感	部分支持
假设11b	归属需要中介组织公平氛围及其各维度与工作获得感	不支持
假设11c	胜任需要中介组织公平氛围及其各维度与工作获得感	不支持
假设12	基本心理需要中介工作特征与工作获得感	不支持
假设12a	自主需要中介工作特征与工作获得感	不支持
假设12b	归属需要中介工作特征与工作获得感	不支持
假设12c	胜任需要中介工作特征与工作获得感	支持
假设13	基本心理需要中介授权型领导与工作获得感	支持
假设13a	自主需要中介授权型领导与工作获得感	支持
假设13b	归属需要中介授权型领导与工作获得感	不支持
假设13c	胜任需要中介授权型领导与工作获得感	支持

第二节　结果的解释

一、组织公平对基本心理需要影响的实证检验

本书表明组织公平对基本心理需要满足有正向影响，但不显著（$r = 0.084$，$p > 0.05$）；通过进一步研究发现，程序公平对基本心理需要的满足有正向影响，但不显著（$r = 0.042$，$p > 0.05$）；分配公平对基本心理需要的满足有正向影响，但不显著（$r = 0.061$，$p > 0.05$）；互动公平对基本

心理需要的满足有正向影响，但不显著（r＝0.082，p＞0.05）。因此，组织公平及各维度对基本心理需要满足的虽然都为正向影响，但不显著。在对组织公平及其各维度与自主需要关系的分析中，组织公平对自主需要满足有显著正向影响（r＝0.130，p＜0.001）；程序公平变量对自主需要满足有正向影响，但不显著（r＝0.063，p＞0.05）；分配公平变量对自主需要满足有正向影响，但不显著（r＝0.086，p＞0.05）；互动公平对自主需要满足有显著正向影响（r＝0.137，p＜0.01）。可见，组织公平及各维度对自主需要满足的影响也呈现出差异，组织公平和互动公平对自主需要呈现显著正向影响，而程序公平和分配公平对自主需要满足的影响虽然为正向，但不显著。在组织公平及其各维度对归属需要影响的分析中，组织公平对归属需要满足有显著正向影响（r＝0.114，p＜0.05）；程序公平变量对归属需要满足有正向影响，但不显著（r＝0.088，p＞0.05）；分配公平变量对归属需要满足有显著正向影响（r＝0.130，p＜0.05）；互动公平对归属需要满足有正向影响，但不显著（r＝0.015，p＞0.05）。组织公平及各维度对归属需要满足的影响也呈现出差异，组织公平和分配公平对归属需要呈现显著正向影响，而程序公平和互动公平对归属需要满足的影响虽然为正向，但不显著。在对组织公平及其各维度对胜任需要满足的影响中，组织公平对胜任需要满足有正向影响，但不显著（r＝0.057，p＞0.05）；程序公平变量对胜任需要满足有正向影响，但不显著（r＝0.052，p＞0.05）；分配公平变量对胜任需要满足有正向影响，但不显著（r＝0.069，p＞0.05）；互动公平对胜任需要满足有正向影响，但不显著（r＝0.010，p＞0.05）。组织公平和分配公平对胜任需要的影响各有差异。

以上分析表明，组织公平对基本心理需要满足的影响主要表现在组织公平对自主需要、归属需要的显著正向影响，互动公平对自主需要的显著正向影响和分配公平对归属需要的显著正向影响。组织公平与自主需要、归属需要显著正相关，主要是因为本书中的组织公平是从组织公平感的角度来进行研究的，这种研究界定主要体现为新生代员工在组织中对所处工作环境的一种感受，这种感受主要集中在对人际关系的互动中，自主需要和归属需要都可以从人际互动中得到满足，而胜任需要主要是在完成工作中自身所获得的自我效能感，因此，组织公平与以上两种需要呈显著相关。互动公平对自主需要正向显著，表明新生代员工的自主需要的满足与上级的肯定与反馈密切相关，反映出新生代员工有着鲜明的个性特征，一方面需要主宰自己的工作，另一方面也需要上级的肯定与鼓励。分配公平对归属需要有显著正向影响，表明分配代表着组织对新生代员工所作贡献的认可，新生代员工的薪酬与福利也反映出新生代员工为企业所作的贡献，这种贡献会强化新生代员工的归属感。另外，在笔者所调查的两家企业中，发现新生代员工的工资水平尤其是加薪或奖金，由直接上级主管的意见起着决定性作用，主管的认同会让新生代员工产生对组织的归属感。实证中，组织公平对胜任需要满足的影响没有得到证明，主要是由于现代化分工体系的发展，文化程度不高的新生代员工所从事的工作相对简单、技术含量相对较低，新生代员工难以从工作中产生胜任感，或者很难体会到完成任务的成就感，所以组织公平感与新生代员工胜任需要满足之间的关系没有得到证实。研究也印证了先前一些学者的结论：（1）张玉新（2013）认为，根据自我决定理论，组织公平感影响着新生代员工的工作价值观，组织不公平会让新生代员工失去工作的动机，不利于满足新生代员工的基本心理需要。（2）王开庆和王毅杰（2012）认为，在员工看来，组织公平体现的是组织对自己的重视与尊重，影响着他们对自己工作的意义、工作的能力、工作的自主性和自身影响力的看法。（3）德波尔等（2002）的研究发现组织不公平降低了员工积极的心理体验，会产生紧张、抑郁情绪，导致自我工作的价值感降低。

二、工作特征对基本心理需要及其各维度影响实证结果解释

工作特征对基本心理需要的满足有显著正向影响（$r = 0.401$，$p < 0.001$）工作特征对自主需要的满足有显著正向影响（$r = 0.449$，$p < 0.001$），工作特征对归属需要的满足有正向影响，但不显著（$r = 0.083$，$p > 0.05$），工作特征对胜任需要的满足有显著正向影响，（$r = 0.281$，$p < 0.001$）。可见，工作特征对基本心理需要的满足有显著正向影响，这种影响主要是通过对自主需要和胜任需要的影响来实现的，对归属需要满足不显著。研究证实了积极的工作特征会影响新生代员工的心理状态，让新生

代员工感受到工作的意义，体会到工作的责任，享受到工作的成就感。本书的引入工作特征模型，强调的是组织工作的再设计以激励提升新生代员工的工作效能感，注重组织与员工之间的相互反馈与回报，新生代员工会根据自身对组织的感知，考虑回报组织所付出努力的程度。因此，这种感知主要体现在对工作意义上的体验，因此，工作特征模型对基本心理需要的自主需要和胜任需要的影响显著，归属需要更多地强调组织中人际关系氛围，因而工作特征对其影响不大。另外，虽然工作特征模型不再强调以"工作"为中心来设计岗位，但就当前新生代员工所从事的岗位的现状来讲，泰勒时代科学管理的管理方式依然受到推崇。

三、工作家庭冲突对基本心理需要的满足影响实证结果解释

工作家庭冲突对基本心理需要的满足有显著负向影响（$r = -0.361$，$p < 0.001$），进一步地分析工作家庭冲突对基本心理需要各维度满足的影响，可以发现工作家庭冲突对自主需要的满足有显著负向影响（$r = -0.416$，$p < 0.001$），工作家庭冲突对归属需要的满足有显著负向影响，（$r = -0.095$，$p < 0.05$），但不是归属需要满足的异质性来源（$F = 0.915$），工作家庭冲突对胜任需要满足有显著负向影响，（$r = -0.222$，$p < 0.001$），工作家庭冲突对基本心理需要的满足有显著负向影响，这种影响主要是通过对自主需要和胜任需要的影响来实现的，而工作家庭冲突对归属需要满足虽然显著，但其并不是归属需要满足的异质性来源。达菲、甘斯特和佩根（Duffy，Ganster & Pagon，2002）的研究也表明工作家庭冲突会威胁个体的内在需要的满足。首先，工作家庭的冲突主要表现为员工在工作与照顾家庭之间的时间安排冲突，员工需要在完成工作任务与家庭事务之间做到时间分配上的平衡，但冲突影响着这两者之间的平衡，造成员工不能自主地安排好自己的时间，自主需要难以得到更好的满足；其次，员工需要在有限的时间内处理好工作上的事务安排，或者安排好家庭上的事宜，但冲突的关键点是完成任务的时间不足，不能在有效时间内完成组织上安排的任务，以便能平衡家庭与工作的冲突，因此，会让员工感到处理工作事务上的无力感，感知到不能胜任工作；再次，员工

备受家庭与工作冲突所带来的困扰，难以在有效的时间完成组织交给的任务，得到的组织肯定与认可不多，也没有更多的时间与组织中其他员工进行充分的沟通，因此，自己也难以认同组织，感受不到组织的关心和爱护，因此归属需要也得不到满足。

四、基本心理需要满足对工作获得感的实证结果解释

本书证实基本心理需要满足对工作获得感变量呈显著正相关（$r = 0.26$，$p < 0.001$）自主需要满足与工作获得感显著正相关（$r = 0.271$，$p < 0.001$），归属需要对工作获得感变量呈正相关（$r = 0.004$，$p > 0.05$），但不显著，胜任需要对工作获得感变量呈显著正相关（$r = 0.245$，$p < 0.001$），因此，基本心理需要对工作获得感的影响主要是通过自主需要和胜任需要两者来实现的。研究也符合戈尔（1970）的观点，即当个体的期望没有得到满足时，就会产生工作获得感。

五、工作获得感对职业使命感的实证结果解释

本书证实了工作获得感与职业使命感呈显著正相关（$r = 0.213$，$p < 0.05$），刘能等（2009）认为，工作获得感水平较高的员工，往往会选择投入工作中去，能够体会到工作本身带来的意义。工作中获得的认可是新生代员工产生职业使命感的心理基础，获得的薪酬满足感是其产生职业使命感的物质基础，获得的能力提升感会让员工坚定自己的职业理想与选择，而职业憧憬更是能激发起员工更多的责任与担当，因此，工作获得感正向影响着员工的职业使命感。

六、基本心理需要的中介作用实证结果解释

分析结果表明基本心理需要满足在组织公平及其各维度与工作获得感之间的中介作用的假设没有得到验证支持。自主需要对组织公平的中介作用是通过互动公平起完全中介作用，在其他变量上，中介效应不显著。归

属需要对组织公平及其各维度与工作获得感之间的中介效应不显著，胜任需要满足对组织公平及其各维度与工作获得感之间的中介作用没有得到支持。因此，虽然基本心理需要对组织公平及其各维度与工作获得感之间的作用没有得到验证，但自主需要对互动公平与工作获得感之间起完全中介作用。这一结果也说明新生代员工更加关注工作本身的意义，希望在工作中能自由支配资源与决策，关注工作中与管理者的互动沟通，而不仅是工作本身。

研究结果表明基本心理需要满足在授权型领导与工作获得感之间起部分中介作用，具体到基本心理需要变量的各维度来讲，自主需要、胜任需要满足在授权型领导与工作获得感之间起部分中介作用，归属需要对授权型领导与工作获得感之间是不起中介作用的。因此，基本心理需要满足在授权型领导与工作获得感之间的部分中介作用是通过自主需要、胜任需要对授权型领导与工作获得感之间的部分中介作用来体现的。

研究还发现，基本心理需要满足在工作特征与工作获得感之间的中介效应没有得到完全验证，自主需要、归属需要满足在工作特征与工作获得感之间的中介作用没有得到验证，胜任需要满足在工作特征与工作获得感之间起部分中介作用。本书的结果与杨红明（2012）的结论部分相印证，即工作特征对于工作绩效产出的作用，是通过三种基本心理需要的中介作用实现的，在本书中只有胜任需要起了部分中介作用。

研究还证明基本心理需要满足在工作家庭冲突与工作获得感之间起部分中介作用，自主需要、胜任需要满足在工作家庭冲突与工作获得感之间起部分中介作用，而归属需要对工作家庭冲突与工作获得感之间的中介作用没有得到验证。归属需要主要表现为个人对组织的归属感，每个社会上的一员都归属于不同的组织。工作家庭的冲突主要表现为员工在工作与家庭两个组织时间安排上的冲突，也表现为自己在这两个组织间的身份冲突。工作家庭的冲突让员工难以兼顾工作与家庭时间上的平衡，因此，一方面难以在有效的时间完成组织交给的任务，得不到组织肯定；另一方面也得到不家庭成员的认可，造成员工身份归属的两难境地，归属需要难以得到满足，员工感知归属需要对工作家庭冲突与工作获得感之间的中介作用也不明显。

此外，本书表明，基本心理需要满足在对组织公平、授权型领导、工作特征、工作家庭冲突与工作获得感之间的中介效应是有差异的，自主、归属和胜任三种需求满足也具有差异化的中介作用。归属需要在其中不起中介作用，而自主、胜任需要可以起到部分或完全中介作用。这一结果也表明当前员工归属感的不强。可以根据自我决定理论对三种心理需要的概念和作用基础进行解释，胜任需要的满足主要来自两方面，一方面来源于工作完成情况的反馈，另一方面来源于周围同事的评价，员工在反馈中获得心理上的满足，体会到完成工作任务后的成就感与胜任感，进而产生积极的情绪和在后续工作中的信心。一旦胜任感没有得到满足，会产生消极情绪，进而出现消极态度和行为；归属需要是其在组织情境、社会环境（工作家庭冲突）与工作获得感的中介变量，在这种社会环境下，员工群体的"边缘化"让这一群体的归属感主要体现在群体内成员的交往与沟通，工作场所的价值传递作用难以让每个成员接受、内化；而自主需要关注的是工作中才能的发挥、兴趣的满足，侧重于资源获取、决策和选择的权利。

七、工作获得感的中介效应检验实证结果解释

本书证明了工作获得感在基本心理需要满足与职业使命感之间起着部分中介作用，具体到基本心理需要的各个维度来讲，工作获得感在自主需要、胜任需要满足与职业使命感之间起着部分中介作用，而工作获得感在归属需要满足与职业使命感之间的中介作用没有得到验证，可见，工作获得感中介基本心理需要满足与职业使命感的作用，主要是通过自主需要、胜任需要满足来实现对工作获得感的中介效应。由此可以看出，员工职业使命感的产生，主要源于对自主需要和胜任需要的满足。这也符合新生代员工不仅注重现实的待遇、渴望更大的发展空间，而且更加追求个性独立；找工作不仅看重工资水平，而且更看重工作环境和发展前景的特点。早在19世纪，英国古典经济学家马歇尔就认为，人的行动受到人的需求和欲望的驱使，员工职业使命感的形成也能从需求中找到其决定因素。德西（1996）认为个体的基本心理需要得到满足，就会促进心理健康，若

受到阻碍，就会损害其心理健康，产生负面情绪，这种情绪会影响人们的动机。塔拉斯卡等（Talaska et al.，2008）的研究印证，负面情绪可以作为消极行为的直接预测变量。工作获得感作为一种积极的正面的心理体验，一旦产生，就往往影响着人们的行为动机。这种正面的心理体验感会促使员工实施组织公民行为等积极行为的产生，能够激发员工承担更大的组织责任，进而促进个人职业使命感的形成。

八、参照群体的调节效应检验实证结果解释

在本书中，参照群体的选择在基本心理需要满足与工作获得感之间的调节作用显著。具体讲，当新生代员工的以地位越高的人为参照群体时，基本心理需要满足对工作获得感的正向影响越小；以地位越低的人为参照群体时，基本心理需要满足对工作获得感的正向影响越大。具体到基本心理需要的各维度而言，参照群体在自主需要满足与工作获得感之间的调节作用不显著，而参照群体在胜任需要、归属需要满足与工作获得感之间的调节作用显著。综合分析可知，参照群体对基本心理需要满足与工作获得感之间的调节作用显著，这种具体的调节作用，主要体现在参照群体对归属需要、胜任需要满足与工作获得感之间的调节作用上。麦卡伦和布朗（Maccallum & Brown，1996）的实验研究表明，当人们接触某一群体的频率越高，则更有可能选择这一群体作为比较参照群体，如胡荣和陈斯诗（2010）通过对厦门的外来务工进行研究，也证实了这一结论。参照群体的调节作用在本调查样本数据中也得到了支持。研究结果表明，当员工选择比自身层次低的群体进行比较时，如果员工的基本心理需要得到满足，则很可能产生工作获得感；而人们与参照群体之间的差距越大，工作获得感就越弱。员工在基本心理需要所产生的工作获得感，主要是来源于胜任和归属需要，胜任感来源于工作中完成工作的能力，一方面来自对完成工作的反馈，另一方面来源于同事的认可和评价，这种认可和评价会让其产生对组织的认同，这种认同也会促使其产生对组织的归属感。

九、个人成长主动性的调节效应检验实证结果解释

研究也实证了个人成长主动性在工作获得感与职业使命感之间的正向调节作用显著。工作获得感能够促进员工对自己所从事职业的认同与认可，但并不能保证激发每个人的职业使命感，需要让员工更进一步认识到，职业使命感是一种责任与担当，是员工对自身所处时代历史赋予自己使命的认同与认可。因为个体存在差异，每个人对责任与担当的感受不同，个人成长主动性就能够体现出这种差异的影响，具体来讲，当新生代员工的个人成长主动性越强，工作获得感对职业使命感的正向影响越大；当新生代员工的个人成长主动性越弱，工作获得感对职业使命感的正向影响越小。

第三节　结论与管理启示

实现中国梦、实现中华民族的伟大复兴，需要一代又一代人不懈地努力，需要每个人贡献自己的力量。新生代员工已经成为管理关注的重点，激发他们的历史责任感与使命感也是每个组织的期待。本书的主要目的在于，结合前期学者的研究基础，提出本书假设，运用问卷调查法收集数据，结合 SPSS 22.0、AMOS 21.0 软件，进行假设检验，探讨新生代员工职业使命感的产生过程。本部分归纳本书的结论、可能的创新点和对管理实践的启示。

一、本书的结论

本书以组织情境中的组织公平、授权型领导、工作特征变量和社会情境中的工作家庭冲突变量为研究的出发点，结合自我决定理论，以基本心理需要满足为中介变量，尝试性地解释了组织情境对新生代员工工作获得感的影响机制，探讨了工作获得感在新生代员工个人成长主动性下对职业

使命感的影响机制。

结论一：工作获得感是影响新生代员工职业使命感的重要因素，并且，个人成长主动性在这种影响中起显著调节作用。

本书证实了工作获得感与职业使命感呈显著正相关（r = 0.213，p < 0.05），也契合了一些学者如麦凯、迪沃斯和史密斯（Mackie，Devos & Smith，2000）、刘能等（2008）的研究结论。即感知到工作中的获得感，更加能够体会到工作的意义感，更能够承担起工作中的责任感，由此，激发个人的职业使命感，在工作中表现出更多正面的积极情绪。

本书还发现个人成长主动性正向调节新生代员工工作获得感与职业使命感之间的正向相关关系。具体而言，个人成长主动性越高的新生代员工，工作获得感越强，员工的职业使命感越强。

结论二：基本心理需要满足是影响新生代员工工作获得感产生的重要因素，自主需要和胜任需要满足是影响新生代员工工作获得感产生的关键因素；参照群体变量在这种影响中起显著调节作用，这种调节作用，主要表现在对胜任需要满足与工作获得感之间关系的调节上。

本书证明了基本心理需要满足对工作获得感变量呈显著正相关（r = 0.26，p < 0.001），这种影响主要通过自主需要满足和胜任需要满足起作用，其中自主需要满足对工作获得感的影响（r = 0.271，p < 0.001）要比胜任需要的影响大（r = 0.245，p < 0.001），而归属需要对工作获得感变量影响不显著（r = 0.004，p > 0.05）。由此可见，新生代员工更注重自主需要与胜任需要的满足。

研究还证明了参照群体的选择在基本心理需要满足与工作获得感之间的调节作用显著，当新生代员工以地位越高的人为参照群体，基本心理需要满足对工作获得感的正向影响越小，这种具体的调节作用，主要体现在参照群体对胜任需要满足与工作获得感之间的调节作用上。进一步说明，新生代员工由基本心理需要所产生的工作获得感主要是由胜任需要所产生的，胜任感源于完成工作的能力，一方面来自对完成工作的反馈，另一方面来自组织的认可和评价，这一结论表明在当前条件下，新生代员工群体更加注重在工作中的反馈与认可。

结论三：组织公平及其各维度对基本心理需要满足的影响在整体上不

显著，但组织公平及其各维度在对基本心理需要各维度的影响上存在着差异，组织公平、互动公平是影响新生代员工自主需要的重要因素；组织公平、分配公平是影响归属需要的重要因素。

研究证明了组织公平对自主需要满足有显著正向影响（$r = 0.130$，$p < 0.001$），互动公平对自主需要满足有显著正向影响（$r = 0.137$，$p < 0.001$），组织公平对归属需要满足有显著正向影响（$r = 0.114$，$p < 0.05$），分配公平对归属需要满足有显著正向影响（$r = 0.130$，$p < 0.05$）。在本书中，组织公平对胜任需要的影响未得到体现，随着现代化分工体系的发展，工作分工更细，尽管与老一辈人比较，新生代员工文化程度较高，但其所从事的工作相对简单、技术含量相对较低，从工作中很难产生胜任感，或者很难体会到完成任务的成就感。

结论四：授权型领导是影响新生代员工基本心理需要满足的重要因素之一，这种影响主要是通过对自主、胜任需要的影响来发挥作用的。

研究证明了授权型领导对新生代员工基本心理需要的满足有显著正向影响（$r = 0.331$，$p < 0.001$），在以李克特五分量表的测量中，授权型领导的平均得分为 3.442，表明授权型领导方式在所调查的企业中存在。授权型领导对新生代员工的基本心理需要影响是通过对自主需要和胜任需要的影响来体现的，授权型领导对自主需要满足的影响（$r = 0.364$，$p < 0.001$）要比对胜任需要满足的影响（$r = 0.273$，$p < 0.001$）更大。可见，授权型领导管理方式能够让新生代员工体会对自我工作的控制感，从而增加了自主需要的满足感，新生代员工通过感知到的授权型领导方式，影响其自身的心理状态和工作态度，工作满意度会增加。

结论五：工作特征是影响新生代员工基本心理需要满足重要因素之一。这种影响主要是通过对自主、胜任需要的影响来实现的，而工作特征对归属需要满足的影响不显著。

研究证明了工作特征对基本心理需要满足有显著正向影响（$r = 0.401$，$p < 0.001$）工作特征对自主需要的满足有显著正向影响（$r = 0.449$，$p < 0.001$），工作特征对胜任需要的满足有显著正向影响，（$r = 0.281$，$p < 0.001$），工作特征对归属需要的满足有正向影响，但不显著（$r = 0.083$，$p > 0.05$），工作特征对自主需要的影响要比胜任需要的影响要大。因为归属需要强调的是由工作反馈所产生的人际互动，由此互动带来工作的胜任感。在工作特征模型视角下，工作再设计能显著提升新生代员工的自我效能感，而归属感的影响主要来自团队和组织的认可，但这种影响效果不显著。

结论六：工作家庭冲突是影响基本心理需要满足重要因素之一。这种影响主要是通过对自主需要和胜任需要的影响来实现的。

研究证明了工作家庭冲突对基本心理需要满足有显著负向影响（$r = -0.361$，$p < 0.001$），进一步的分析则表明工作家庭冲突对自主需要的满足有显著负向影响（$r = -0.416$，$p < 0.001$），对胜任需要满足有显著负向影响，（$r = -0.222$，$p < 0.001$）。可见，工作家庭冲突对自主需要的影响要比胜任需要满足的影响要大，在当前社会背景下，新生代员工面临的工作家庭冲突现象普遍存在，新生代员工难以在工作与家庭中得到平衡，在工作与家庭两个组织中身份的认同存在着冲突，因此，归属需要得不到满足。

结论七：新生代员工职业使命感的产生符合"组织/社会情境→基本心理需要满足→工作获得感→职业使命感"的链式路径，但不同的组织情境（组织公平、授权型领导、工作特征）与社会情境（工作家庭冲突）引起的新生代员工职业使命感的形成的路径有差异。

本书逐层逐步考察了"组织/社会情境→基本心理需要满足→工作获得感→职业使命感"的链式作用关系，通过分析，发现不同的组织情境、社会情境通向职业使命感的路径是不同的，具体说来，各种不同情境的链式关系为"组织公平→自主需要、归属需要→工作获得感→职业使命感""授权型领导→自主需要、胜任需要→工作获得感→职业使命感""工作特征→自主需要、胜任需要→工作获得感→职业使命感""工作家庭冲突→自主需要、胜任需要→工作获得感→职业使命感"。综合看来，这种链式作用关系中的基本心理需要主要是通过自主和胜任需要两大维度联系起来的，参照群体的选择反向调节基本心理需要与工作获得感之间的关系，个人成长主动性在工作获得感与职业使命感之间存在正向调节关系。

二、本书可能的创新点

本书可能的创新点有以下几个方面：

第一，构建了职业使命感的"需要—职业使命感"模型。本书基于对基本心理需要和工作获得感理论思想精髓的吸纳与整合，尝试性地提出了职业使命感的"需要—职业使命感"模型。以"基本心理需要→工作获得感→职业使命感"关系链为基础，尝试着揭示了新生代员工职业使命感产生的原因及内部作用机制。

第二，深化了新生代员工职业使命感方面的研究。本书以职业使命感作为出发点，从年龄层面探讨了新生代员工的职业使命感，突破了前期仅从总体上探讨职业使命感的研究局限。社会的发展进步和实现中华强国的梦想，需要新生代员工肩负起职业使命感，去实现历史赋予他们的责任。本书是把新生代员工职业使命感研究具体化的一种尝试。

第三，促进了理论间的相互融合，丰富了新生代员工职业使命感方面研究的理论。本书从积极心理学的角度，结合了自我决定理论的基本心理需要理论与工作获得感理论，从基本心理需要满足、工作获得感等角度来考察职业使命感的心理动力基础。首次将"基本心理需要满足""工作获得感"与"职业使命感"联系起来，有助于揭示新生代员工职业使命感的心理机制，也丰富了新生代员工职业使命感研究的理论。

第四，从多层面揭示了新生代员工职业使命感的形成机制。以"需要→工作获得→职业使命感"作为研究的主线，并将其置于宏微观系统中进行了考察；在组织情境层面上，分析了组织公平、授权型领导、工作特征等组织变量的作用；在社会交互情境层面上选取工作家庭冲突变量；同时将参照群体、个人成长主动性等变量纳入研究之中，揭示了组织情境与社会情境变量与职业使命感的内在联系。

三、新生代员工工作获得感的提升策略

经济全球化背景下，企业应该结合员工的需求特征，提升新生代员工

的工作获得感。在企业多元文化背景和扁平化的组织结构下，组织结构也趋向扁平化，企业应该选择适宜的领导风格，鼓励员工工作行为的自主性，给予员工一定的工作自由度和决策权，提升员工的工作尊严感、薪酬满足感、能力提升感和职业憧憬感，提高员工个人和企业整体绩效，带动企业发展，保证经济的持续快速发展。

（一）提倡授权参与式管理，提升新生代员工的工作尊严感

工作尊严感是工作获得感的心理基础，是指个体在工作中得到他人的认可与尊重。马斯洛的需求层次理论认为，每个人都有生理、安全、社交、尊重及自我实现五种基本需求。新生代员工的生理及安全需求基本得到满足后，其主要追求的是情感、尊重及自我实现需要的满足。

新生代员工的自我成就意识较高，自尊意识较强，他们期望能够得到领导及同事的尊重与认可。然而，在大多数企业内部，传统的科层制管理方式依然存在，权威等级在职场中也表现明显，这种垂直命令式的管理方式与新生代员工的追求自由与独特个性的契合度较低，他们希望能够参与到企业管理的事务中去。因此，新生代员工有着对工作尊严感的强烈需求，已有研究表明只有得到组织及组织内部成员的认可与肯定，个体才会感觉到自身工作的意义与价值（Gallie D，Zhou Y & Felstead，2017）。当前，企业大多存在着多元化的文化背景，上下级之间的有效联系往往取决于他们之间的距离，尤其是心理距离。可见，人际沟通在日常工作中显得非常重要。通过沟通，员工可以了解管理者的心理、想法以及对企业未来发展的态度。一方面，企业应该选择适宜的领导风格，鼓励员工工作行为的自主性，给予员工一定的工作自由度和决策权，提升员工工作的生理获得、心理获得和物质获得，带动企业发展，提高员工个人和企业整体绩效，保证经济平稳快速发展。另一方面，注重有效利用权利距离的调节作用。权利距离作为一种文化情境因素，对员工工作获得感有着直接或间接的影响。领导在与员工沟通的过程中，需要考虑员工的成长背景，即先从个体层面入手，明晰不同成长背景的员工对权利距离的感知水平差异，在此基础上，通过适当授权，让员工感知到组织对其认可与尊重，使得员工最大程度地感知到工作获得感。

个体工作尊严需要的满足是新生代员工形成职业使命感的重要基础。管理者应当深入员工群体，观察和了解员工在工作中的实际需求情况，尊重和理解新生代员工，站在他们的角度，考虑员工面临的问题，改变"官本位"的思维模式。同时，管理者需要以平等的方式与员工沟通，尽可能地接受并响应员工公平合理的需求，积极指导他们的工作，兼顾他们生活与工作的平衡。当员工遇到问题时，应及时提供帮助，解决他们的顾虑，让员工感受到管理者对组织的关心。另外，确保各级信息的公开透明，为团队营造公平公正的竞争环境，充分认可员工的努力，鼓舞员工的士气，千方百计地克服困难，充分发挥团队的协作精神。新生代员工比较注重职场上的自由与平等，比较重视内在精神情体验感，重视自己的"内部人"身份感知及归属感（王苗苗、张捷，2019）。因此，企业应适时调整组织氛围及管理制度模式，增加管理的科学性，深入了解满足新生代员工的工作尊严感。

要让员工体会到获得感，调动新生代员工的工作积极性，企业可以运用组织文化从精神层面激励员工。新生代员工注重内在需求的满足，自主意识较强，追求自由平等，不大认可或认同权威的影响。企业应从源头上把控组织内部文化价值观的一致性，规范员工入职标准，挑选与企业文化价值观相契合的人才各司其位；定期开展组织文化培训课程，轮流设立组织文化宣传小组，倡导平等互助的组织文化，提升员工凝聚力与组织归属感。另外，企业应针对新生代员工的特性，实施相匹配的柔性领导风格，诸如民主型、魅力型、服务型等；基于新生代员工强烈的自我成就导向，积极实行授权参与式管理，鼓励员工一同参与企业决策制定，给予新生代员工更多的能力展现机会和创造发展空间，设置与参与工作创造相关的绩效指标，将其纳入考核范围，并及时对新生代员工的工作态度与成果表示肯定认可，进而增强新生代员工的内部人身份感知和工作尊严感。

（二）优化薪酬制度，提升新生代员工的薪酬满足感

薪酬满足感是工作获得感产生的重要物质基础，指的是员工在工作中得到与付出对等的期望物质回报。新生代员工成长在物质和信息相对丰富的年代，本身对于物质水平也有着较高的要求，他们普遍具有较强的功利

主义导向（侯烜方、卢福财，2018），这就直接导致了新生代员工在工作中追求获得成就感的同时，还有个体对物质的需求，这给企业的管理提出了新的挑战，既不能过分依赖薪酬激励，又必须重视薪酬激励。另外，新生代员工的知识能力素养水平较高，对自身的成就期望水平显著高于以往代际的员工。在工作中，成就水平的高低最直观表现便是物质报酬与薪资增长率。新生代员工重视工作中的客观物质报酬，这是最基本的生存保障需求，这些体现在工作获得感概念维度中薪酬满足感的内在意义上。工作客观收入的获得充分彰显了员工获得真实与否，体现了新生代员工工作薪酬的满足度，是个体产生工作获得感的重要前提。

因此，企业需要结合市场动态，及时调整薪资水平，重视与提高新生代员工对于工作薪酬的满足感。合理的薪酬体系的建设，对于提升新生代员工的获得感有重要的影响作用。根据赫茨伯格的双因素理论，我们可知企业的薪酬水平只能降低员工对企业的不满意程度，却无法真正的提升员工对企业的认可程度，因此，我们可以优化内部公平和外部公平相结合的员工薪酬制度，即在内部层面，企业内部员工的工资水平报酬体现公平一致原则；在外部层面，企业的工资水平还应当与行业内保持一致。当然工资水平也可以略高于行业内的平均水平，研究表明，当员工所获得的薪资水平高于市场平均工资水平时，企业吸引优质人才的能力更强，企业人才流失的比例也会降低，同时员工的工作积极性会相应提高。

基于公平理论，企业应当完善内部薪酬制度，制定明确的工资标准，并对薪酬各组成模块设置不同的权重，对于岗位相同或是工作量相当的员工发放相同薪酬，公开标准，增加内部薪资信息的透明度。另外，企业应当实时关注同类企业对于不同岗位的薪资标准，结合市场动态，及时对员工的薪资做出相应调整，以此增强员工对组织认同感，提升其组织忠诚度及工作薪酬满足感，降低员工的离职率。

（三）建立学习型组织，满足新生代员工的能力提升感

能力提升感是个体对于职业发展获得感的充分体现，指的是个体感知到自身在工作中各种技能的提升，包括专业技术技能、人际技能以及概念技能等。新生代员工出生于信息化、全球化时代，终身学习已不在是一个口头标语，其汲取知识的途径更加多样化，自主学习意识及能力较强。他们受教育水平较高，对自己有着更高的成就期望，经济物质富足，谋生并不是他们选择工作的唯一标准，他们还更加重视工作中的能力展现机会和成长空间，但新生代员工对于组织的心理契约程度较高但组织忠诚度较低。已有研究表明当工作内容与新生代员工期望相差较大时，他们会即刻跳槽或是减少工作投入（乔玥、陈文汇和曾巧，2019）。由此可见，能力提升感是新生代员工重要的心理需求，是提升员工组织黏性、减少组织人才流失的关键。新生代员工以自身成长获得为核心的工作观念与以组织目标为核心的传统组织观有所矛盾，因此，传统的人力资源管理模式并不能完全适用于新生代员工的管理，企业应当以发展的观点看待新生代员工，建立学习型组织，注重对员工的职业技能和知识的培养，重视满足其能力提升感。

企业可以结合新生代员工重视自我价值实现、在实际工作中有着学习意愿的特点，设立轮岗导学制度，实行一师一徒制或轮岗培训，这些措施不仅能增强员工自身技能水平，培养合作意识，提高其职场交际能力，还能为企业发展储备大量的复合型人才，增强企业竞争力。轮岗制度有利于新生代员工探索自己的专长和兴趣，使其对自己的职业生涯有更进一步的认知了解。另外企业应重视构建学习型组织体系，以技能提升为导向，定期开展员工知识技能培训课程，组织自主学习交流会，提升新生代员工的自主学习能力与技能水平，从而增强新生代员工的工作积极性与组织认同感，满足其能力提升感。

（四）完善职业晋升体系，满足新生代员工的职业憧憬

职业憧憬是个体工作获得感在未来时间维度上的体现，指的是个体对于自身在组织中未来职业发展的信心，表现为个体在组织中可预见的发展方向与晋升空间。随着社会思想的发展进步，人们赋予了时间更多的附加价值，劳动者们更加注重工作与生活的区分度，重视工作与生活的环境质量。优良的工作环境有助于增强员工的组织归属感，且能够满足员工"面子需求"。另外，除了物质需求的满足，新生代员工更加看重工作的内在意义，他们重视工作中的晋升通道、职业发展规划以及自我价值实现的速

度，希望能够通过自己的努力，明晰目标，提升自身的能力，实现个人价值。新生代员工对于工作环境与职业晋升的种种需求充分体现了其对于可预见的发展与晋升空间的重视，表明了新生代员工对职业憧憬的强烈满足需要。已有研究指出，员工对于组织的职业憧憬能够使员工将个人职业憧憬与组织发展相统一，从而使其获得职业成长喜悦感（Lo Aryee，2003）。因而，企业应采取恰当措施，注重改善新生代员工的工作环境，优化企业内部晋升体系，满足新生代员工的职业憧憬。

新生代员工的物质条件一直处于较高水平，他们追求高品质生活。工作场所是当代员工居留最久的地方，新生代员工对于工作环境的要求自然相对较高，诸如工作场所的公共办公设施、公共卫生设施及公共休闲设施等。除了对于工作场所基础设施环境的基本要求外，他们对于工作的其他"环境"亦十分看重。

新生代员工极其重视个人生活质量，他们追求工作和生活的平衡，追求工作自由，不愿被工作束缚，更愿意接受具有灵活时间安排的工作。当今"996"工作制的工作时间在许多企业依然盛行，上下班"打卡"制的传统方式也依然存在，这些都会束缚新生代员工的心理期待，打破新生代员工工作生活的平衡。新生代员工比较注重高质量生活水平，因此，工作环境的质量高低也会影响其工作满意度与工作积极性。他们希望有着先进的公共办公设施，提升工作效率；丰富的公共健身娱乐设施，增强体魄；干净环保的公共卫生设施，提升工作生活满意度。基于双因素理论，企业应当深入了解新生代员工对于工作条件的具体需求，尽量消除"不满"因素，及时引入先进办公设备，丰富企业休闲娱乐设施，如设立下午茶休闲厅、咖啡馆、健身房等。此外，企业也应注重内部环境的改善，充分运用企业微信、QQ群组等程序软件，搭建组织内部互动交流平台，供员工交流探讨工作难题及需求，不仅可解决代际间沟通矛盾，且便于领导者及时了解新生代员工心理动态，打造和谐互助的组织氛围，提升员工工作热情与积极性。有效的人文关怀可以加深员工与领导之间的亲近感。日常工作中，企业管理者应对其员工家庭情况予以调查，对家庭有困难且工作认真的员工，视情况予以补贴和帮助。企业要想得到长足的发展，重点在于如何"培养人"，不在于如何"使用人"。这样员工在企业工作中获得感才会越来越高。另外，企业应针对新生代员工的个性需要，结合组织战略发展目标，科学地引导新生代员工对于自身职业生涯规划的制定，建立要求清晰的职业晋升标准，打通内部晋升通道，完善职业晋升体系，满足新生代员工的职业憧憬，增强其留职意愿与职业忠诚度，稳固组织人才队伍，壮实企业发展基础。

四、新生代员工职业使命感提升的管理启示

本书验证了组织情境（工作特征、授权型领导、组织公平）、社会情境（工作家庭冲突）对新生代员工群体职业使命感的作用，对于新生代员工职业使命感的培养，我们可以从源头抓起，从平时的组织管理入手，通过满足新生代员工基本心理需要，提高其工作获得，从而增强其职业使命感，让新生代员工更加勇于担当，更加愿意承担责任，与组织共同发展，以期达到构建和谐劳动关系的目的，为此我们可以采取以下做法：

（一）满足新生代员工的基本心理需求

自我决定理论认为内在动机是所有行为动机中质量最高的形式，其行为动力主要来源于个体内部，即使没有外界奖励、规则的限制，个体也会自觉地、持久地发出某一行为，以获得自身的成长和内心的满足。但内在动机的产生受个体三种心理需求的影响，即自主感、归属感、胜任感，这三种情感需要自始至终存在于个体内部，且不受外界情景、文化、环境的影响，如同阳光照耀植物一般重要。

新生代员工独特的成长环境和教育环境，对于这三种心理需求会更加强烈，一旦在工作中无法获得内心的满足，其内在的行为动机就会受到影响，进而产生离职等现象，因此如何满足新生代员工的三种心理需求，是当代企业发展中人才队伍建设的关键。首先，满足新生代员工的心理需求，我们可以按照认知匹配的原则，在充分考虑新生代员工的兴趣、性格、爱好等因素后，将其与企业的职位进行结合，以最优的方式匹配员工与岗位。并在新生代员工入职后加强职业培训、技能提升、职业成长等，

充分的发挥个体的优势，且充分利用内在动力的原理，保证新生代员工工作的稳定性和持久性。

其次，重视新生代员工的自主选择权。自主选择权可以激发新生代员工的内在动力，通过为新生代员工留有一定的自主权，使个体感受到自身的行为表现、价值取向对工作的促进作用，进而满足个体的自我认同感，激发个体的生产力和创造力。新生代员工自主选择权的获得，需要建立在企业管理者对其能力的认可基础之上，只有当企业的管理者相信新生代员工可以完成特定的目标、可以进行自我决策、可以自我管理时，才能赋予他们在工作内容、时间、方法等方面的选择权。

最后，建立良好的人际关系，营造和谐的工作氛围，对于增加新生代员工与他人的人际关系有重要的影响作用，当新生代员工真正认识到自己就是社会群体中重要的成员时，其归属感、责任感便会逐渐萌发，并越来越强烈，最终从内心深处迸发出来，以内在动机的形式激发新生代员工的工作热情和主动性。

（二）提高新生代员工管理参与度，为构建组织公平提供基础

新生代员工职业使命感的形成，与需要能够得到满足相关，组织可以让新生代员工体验到自主需要和归属需要的满足，从而提高其新生代员工基本心理需要满足感，为此，构建组织公平的氛围显得尤为重要。本书的结果表明，互动公平对自主需要满足影响显著，分配公平对归属需要的影响显著，程序公平对基本心理需要及其各维度满足的影响则不显著。然而，程序公平却是分配公平的前提，需要新生代员工的参与，通过参与管理，让新生代员工有分配公平的话语权，让其能够享受到应该得到的利益。管理者应当认识到，员工除了能够贡献自己的劳动能力，还能贡献自己的智慧，因此，让员工参与管理过程，是员工贡献智慧的一种方式。企业充分考虑包括新生代员工群体的需要，在事关新生代员工利益的事情上，让新生代员工的参与制定规则，从制度上保证新生代员工参与管理，从而提高新生代员工参与度，构建组织公平的规定和制度，保障其作为企业成员应有的权益。

（三）提高管理者的管理水平，通过授权型领导方式激发新生代员工的工作积极性

企业的管理模式和领导的处事风格与员工心理需求的满足程度有密切的联系，当企业的管理者支持、促进员工心理满足时，员工就会感觉到自己得到了公司的重视，其工作的积极性、动机水平、忠诚度和参与度都会明显提升。研究表明，企业通过重视、支持员工的心理满足，可以最大限度地激发员工的工作热情，提高工作效率，进而对进一步提升企业的满意度、盈利能力产生积极的促进作用。需要注意的是，管理者对员工心理满足的支持并非强制性的，而是应该采用民主化的方式，通过广泛听取员工的意见、了解员工的想法而给予新生代员工帮助，员工对于是否接受企业的支持有一定的选择权。此外，领导的处事风格对于员工的幸福感、积极性有一定的影响作用，如服务型领导对于激发员工的工作热情、促进员工的发展有重要的影响作用。因此，转变企业的管理模式和领导的风格，对于提高新生代员工的工作获得感、激发新生代员工的职业使命感有积极的影响作用。管理者应当从基本心理需要的满足出发，充分认识到新生代员工对自主需要和胜任需要的追求，改变传统的管理方式，在遵守制度的前提下，充分尊重新生代员工的需要，用友情化的管理操作方式，让新生代员工感受到宽容和爱，从而通过授权型领导管理方式激发新生代员工的工作热情，以发挥其工作的主动性和积极性。

（四）加强对工作结果的反馈与指导，满足新生代员工的自主和胜任需要

在分工理论的指导下，现代化的工作方式让以往完整的工作被细化为若干单元，因此大多数人所从事的工作技术含量有限，简单和重复构成了现代工作的特征。哈克曼和奥德曼 1975 年提出的工作特征模型建立在人本主义的理念之上，从技能的多样性、任务的重要性、完整性、自主性和工作反馈这五个方面着手，希望能够设计出带给员工积极心理体验的工作岗位，按照哈克曼和奥德曼的理论，对员工工作的设计在操作上是存在着一定的难度，然而，组织可以加强对工作的反馈并在指导上多下功夫，让新生代员工在反馈中得到认可，提高其自我效能感；加强对其的指导，从而提高新生代员工的技能。通过反馈互动，提高新生代员工工作的能力，从而提高其聘任价值，提高他们的自主和胜任感，从而激发他们的职业使命感。

第四节　研究的局限与展望

自职业使命感概念提出以来，引起了学者们的关注，取得了比较丰富的研究成果，本书以新生代员工为研究对象，从其职业使命感入手，具体分析了新生代员工职业使命感的形成机制，对职业使命感的研究进行了补充，为企业具体的管理实践也提出了建议。本书还存在着一些局限，这也是今后的研究需要进一步努力的方向。

（1）组织公平、授权型领导、基本心理需要等各个研究量表仍需完善与进一步修订。本书的各个量表是"拿来主义"的结果，在借鉴前期学者的研究成果的基础上，结合预测试的数据，对量表进行修订，虽然修订后的量表也通过了效度与信度的检验，但由于调研数据的有限性，这种检验结果也带有一定的偶然性；另外，量表再设计过程中，没有反向问题项和测谎类题项，今后需要结合新生代员工的特点，对组织公平、授权型领导、基本心理需要量表等进行进一步修订。

（2）调查数据样本量不充足，研究结论的外部效度需要进一步提高。本书的样本数据主要来自珠三角地区的一家外资企业、两家民营企业。数据的来源虽然能够控制由于地域、企业所有制差异带来的影响，能够提高研究的内部效度，但也抑制了研究的外部效度。如归属需要在整个链式作用的研究中的影响并不显著，组织公平对基本心理需要的满足影响也不显著，也没有发现分配公平的相关作用。另外，本书的量表主要以自陈式问题为主，再加上总量表的长度稍长，新生代员工在作答时有可能还存在社会称许效应。未来研究可以考虑扩大信息的来源，减少数据来源的单一性，在数据的选取上，可以进行时间序列的数据收集，改变数据研究的横截面来源模式。

（3）拓宽组织情境、社会情境的研究变量。本书只选取了组织情境中的三个变量和社会情境中的一个变量进行研究，后期的研究可以通过选取其他的组织情境变量进行研究，如不同领导行为对基本心理需要产生的影响、其对职业使命感的影响等。另外，本书只选取社会情境中的工作家庭冲突为变量进行研究，对于工作家庭冲突的对立面、社会支持对基本心理需要的影响还未研究，工作家庭冲突与社会支持两个变量的效应的差异还需要进一步说明。

（4）拓展中介机制与调节效应方面的研究。本书选取基本心理需要和工作获得感两个变量作为中介变量，在具体的研究中，一方面，基本心理需要变量的各维度的中介效应验证还需要更多的数据来验证；另一方面，人们职业使命感源于对自身境况的反映和对未来的不确定性，这种心理不安全感的中介效应还未证实。在调节效应的研究上，本书只选取了参照群体和个人成长主动性两个变量作了研究，其调节效果也得到了验证，另外，对于各组织情境和社会情境对基本心理需要满足的影响，本书没有探讨它们之间的调节效应。由于人们职业使命感的形成与自身的性格有着一定的关系，实际上，不同社会经济地位的人，面临相同的情境，所得到的心理感受也不同，因此，社会经济也会调节组织、社会情境对基本心理需要满足感的影响，其调节作用也需要进行验证。

（5）需对新生代员工职业使命感的结果进行研究。现有的研究文献对职业使命感形成的前因探讨得较多，对结果探讨得较少，对新生代员工职业使命感的结果探讨得更少，那么，后期可以对职业使命感的后果进行研究和完善。

参 考 文 献

[1] 白汉平，肖卫东. 个人成长主动性、专业心理求助态度与大学生心理健康的关系研究 [J]. 学校党建与思想教育，2018（5）：72-74.

[2] 边长勇. 80后登场引发职场冲击波 [J]. 管理与财富，2007，（5）：32-33.

[3] 陈海玉，郭学静，刘庚常. 基于结构方程模型的劳动者主观获得感研究 [J]. 西北人口，2018，39（6）：89-99.

[4] 程从柱. 劳动教育何以促进人的自由全面发展——基于马克思主义劳动观和人的发展观的考察 [J]. 南京师大学报（社会科学版），2020（3）：16-26.

[5] 丛一. "新冠" 语录中的忧与痛 [J]. 中国质量，2020（4）：2.

[6] 丁元竹. 让居民拥有获得感必须打通最后一公里——新时期社区治理创新的实践路径 [J]. 国家治理，2016（2）：17-23.

[7] 范玉静. 中国农民工核心比较参照群体的选择 [D]. 西安：陕西师范大学，2012.

[8] 傅红，段万春. 我国新生代员工的特点及动因——从新生代各种热门事件引发的思考 [J]. 社会科学家，2013（1）：92-95.

[9] 侯烜方，卢福财. 新生代工作价值观、内在动机对工作绩效影响——组织文化的调节效应 [J]. 管理评论，2018，30（4）：157-168.

[10] 胡荣，陈斯诗. 农民工的城市融入与公平感 [J]. 厦门大学学报（哲学社会科学版），2010（4）：97-105.

[11] 黄光国：程序正义与分配正义：台湾企业员工的正义知觉与工作态度 [J]. 中华心理学刊，2000，42（2）：171-190.

[12] 黄利，丁世青，谢立新，陈维政. 组织支持对职业使命感影响

的实证研究 [J]. 管理科学, 2019, 32 (5): 48 - 59.

[13] 贾冀南, 孔祥学, 王申玥. 差错管理氛围对新生代员工创新行为影响研究 [J]. 科研管理, 2020, 299 (9): 240 - 248.

[14] 江守峻, 陈婉真. 在家靠父母, 出外靠朋友? 不同社经地位青少年的父母支持, 同侪支持与心理健康之关系 [J]. 教育学报, 2018, 46 (2): 21 - 41.

[15] 李超平, 时勘. 分配公平与程序公平对工作倦怠的影响 [J]. 心理学报, 2003, 35 (5): 677 - 684.

[16] 李春玲. 代际社会学: 理解中国新生代价值观念和行为模式的独特视角 [J]. 中国青年研究, 2020 (11): 36 - 42.

[17] 李汉林, 魏钦恭, 张彦. 社会变迁过程中的结构紧张 [J]. 中国社会科学, 2010 (3): 52 - 70.

[18] 李宏利, 李晓佳. 新生代员工创新行为的影响因素及其关系 [J]. 河北大学学报 (哲学社会科学版), 2014 (6): 85 - 90.

[19] 李品. 企业员工个人成长主动性: 一般特点与影响因素 [D]. 南京: 南京师范大学, 2016.

[20] 廖晓明, 陈珊. "90后" 新生代员工的特点与管理策略 [J]. 领导科学, 2017, (19): 10 - 11.

[21] 林纯洁. 天职概念的古今演变与中西对接 [J]. 武汉大学学报: 人文科学版, 2010 (6): 683 - 687.

[22] 刘博, 赵金金, 于水仙. 目标取向对新生代员工隐性知识共享的影响机制——一个有中介的调节模型 [J]. 财经论丛, 2020 (2): 83 - 93.

[23] 刘惠军, 纪海英, 王英. 基本心理需要满足对医生工作倦怠和工作投入的预测作用 [J]. 河北大学学报 (哲学社会科学版), 2012, 37 (2): 93 - 99.

[24] 刘能. 当代中国转型社会中的集体行动: 对过去三十年间三次集体行动浪潮的一个回顾 [J]. 学海, 2009 (4): 146 - 152.

[25] 刘亚, 龙立荣, 李晔. 组织公平感对组织效果变量的影响 [J]. 管理世界, 2003 (3): 126 - 132.

[26] 刘永生. 新生代农民工群体特点, 问题与反思 [J]. 北京青年

政治学院学报，2011，20（3）：40－45.

[27] 刘玉新，张建卫，黄国华. 组织公正对反生产行为的影响机制——自我决定理论视角 [J]. 科学学与科学技术管理，2011（8）：162－172.

[28] 刘玉新，张建卫，张西超，等. 新生代员工自杀意念的产生机理 [J]. 心理科学进展，2013，21（7）：1150－1161.

[29] 刘张勇，刘芳梅. 新生代知识员工的激励机制构建 [J]. 江西科技学院学报，2011（1）：53－55.

[30] 吕小康，黄妍. 如何测量"获得感"？——以中国社会状况综合调查数据为例 [J]. 西北师大学报，2018，（9）：46—52.

[31] 罗杰，陈维，杨桂芳，等. 大学生主动性人格对其拖延行为的影响：核心自我评价的中介作用 [J]. 心理与行为研究，2019，17（5）：692－698.

[32] 孟华，李义敏，赵袁军. 组织与个体互动视角下新生代员工组织认同的影响因素研究 [J]. 管理现代化，2017（6）：60－62.

[33] 裴宇晶，赵曙明. 知识型员工职业召唤、职业承诺与工作态度关系研究 [J]. 管理科学，2015（2）：105－116.

[34] 乔玥，陈文汇，曾巧. 国有林场改革成效评价——职工获得感的统计分析 [J]. 林业经济问题，2019，39（1）：62－70.

[35] 秦国文. 改革要致力于提高群众获得感 [J]. 新湘评论，2016（1）：12－13.

[36] 秦忠梅. 大学生心理求助污名，个人成长主动性与专业心理求助态度的关系及沙游干预研究 [D]. 广西师范大学，2019.

[37] 史晋川，吴兴杰. 流动人口、收入差距与犯罪 [J]. 山东大学学报：哲学社会科学版，2010（2）：1－15.

[38] 宋超，陈建成. "80、90后"新生代员工管理与激励 [J]. 人力资源管理，2011（5）：96－97.

[39] 孙灯勇，王倩，王梅，等. 个人成长主动性的概念、测量及影响 [J]. 心理科学进展，2014，22（9）：1413－1422.

[40] 孙敬良. 新生代、中生代、老生代员工的需求冲突与化解策略 [J]. 领导科学，2019（2）：70－72.

［41］唐均．在参与与共享中让人民有更多获得感［J］．人民论坛，2017（2）：49－53.

［42］田喜洲，谢晋宇，吴孔珍．倾听内心的声音：职业生涯中的呼唤研究进展探析［J］．外国经济与管理，2012，34（1）：27－35.

［43］童张梦子．高中生个人成长主动性问卷（PGIS－Ⅱ）的修订［J］．亚太教育，2016（34）：230－232.

［44］汪新艳．中国员工组织公平感结构和现状的实证解析［J］．管理评论，2009，21（9）：39－47.

［45］王春光．新生代农村流动人口的社会认同［J］．中国社会科学，2003（4）：158－165.

［46］王弘钰，邹纯龙．新时代背景下新生代员工越轨创新行为分析［J］．管理现代化，2018，38（4）：99－102.

［47］王辉，武朝艳，张燕，陈昭全．领导授权赋能行为的维度确认和测量［J］．心理学报，2008，40（12）：1297－1305.

［48］王开庆，王毅杰．组织公平、社会支持与农民工心理授权研究——基于10省的问卷调查［J］．西北人口，2012，33（6）：28－33.

［49］王苗苗，张捷．真实型领导对新生代员工创新行为的影响：内部人身份感知的中介作用［J］．科学学与科学技术管理，2019，40（3）：127－141.

［50］王颖，张玮楠．公立医院医生的职业使命感对工作投入的影响研究［J］．科研管理，2020，41（2）：230－238.

［51］王媛媛．工作家庭平衡对工作获得感的影响研究［D］．杭州：浙江财经大学，2019.

［52］温忠麟，叶宝娟．中介效应分析：方法和模型发展［J］．心理科学进展，2014（05）：5－19.

［53］谢蓓．"80后"新型员工激励措施探讨［J］．技术与市场，2007（2）：65－66.

［54］谢玉华，李倩倩，陈培培．新生代员工企业民主参与及其对员工满意度的影响——与传统员工的比较［J］．企业经济，2006，（10）：78－84.

［55］徐淑英，吕力．中国本土管理研究的理论与实践问题：对徐淑

英的访谈［J］. 管理学报，2015，12（3）：313 - 321.

［56］许丹佳，喻承甫，窦凯，等. 父母自主支持与青少年未来规划：基本心理需要与个人成长主动性的中介作用［J］. 心理发展与教育，2019，35（01）：26 - 34.

［57］杨国枢，文崇一，吴聪贤，等. 社会及行为科学研究法（第13版）［M］. 重庆：重庆大学出版社，2006.

［58］杨红明. 工作特征对员工敬业度作用机制研究：基于心理需求中介的视角［J］. 暨南学报（哲学社会科学版），2012（11）：106 - 114.

［59］杨金龙，王桂玲. 农民工工作获得感：理论构建与实证检验［J］. 农业经济问题，2019（9）：110 - 122.

［60］杨菊华. 社会排斥与青年乡——城流动人口经济融入的三重弱势［J］. 人口研究，2012（05）：69 - 83.

［61］叶龙，赵迪，郭名. 知识型员工职业呼唤对工作幸福感的影响研究——职业承诺的中介作用和薪酬的调节作用［J］. 中国人力资源开发，2018，35（9）：29 - 39.

［62］于春杰. 职业使命对离职倾向和员工敬业度的影响机制研究［D］. 中国地质大学（北京），2014.

［63］于桂兰，王惊，姚军梅. 呼唤对主观职业成功的影响——以工作投入为中介变量［J］. 社会科学战线，2017，（9）：61 - 70.

［64］张春雨，韦嘉，陈谢平，等. 工作设计的新视角：员工的工作重塑［J］. 心理科学进展，2012，20（8）：1305 - 1313.

［65］张光磊，李俊凯. 代际差异产生的劳动关系冲突与对策——基于新生代农民工的研究［J］. 湖北社会科学，2012（8）：42 - 44.

［66］张君，孙健敏，尹奎. 90后新生代员工的特征：基于社会表征的探索［J］. 企业经济，2019（8）：111 - 117.

［67］张立驰，邓希泉. 新生代农民工的社会结构特征及其趋势研究［J］. 中国青年研究，2011（1）：4 - 9.

［68］张戌凡，周路路，赵曙明，等. 组织公平组合与员工沉默行为关系的实证研究［J］. 管理学报，2013，10（5）：693.

［69］张尧，庞学升，陈岩. 魅力型领导对新生代员工创新绩效的影

响［J］．技术经济，2019，38（11）：33 – 39．

［70］张一弛，刘鹏，尹劲桦，等．工作特征模型：一项基于中国样本的检验［J］．经济科学，2005（4）：117 – 125．

［71］赵曙明，张敏，赵宜萱．人力资源管理百年：演变与发展［J］．外国经济与管理，2019，41（12）：50 – 73．

［72］赵阳．大学生个人成长主动性对学业拖延的影响［D］．福州：福建师范大学，2018．

［73］赵宜萱，赵曙明，徐云飞．基于20年成就方式数据的中国员工代际差异研究［J］．管理学报，2019，16（12）：1751．

［74］赵玉华，王梅苏．"让人民群众有更多获得感"：全面深化改革的试金石［J］．中共山西省委党校学报，2016，39（03）：15 – 17．

［75］郑馨怡，刘宗华．新生代员工工作嵌入会促进建言吗？——工作—家庭冲突和主管支持的作用［J］．当代经济管理，2020（3）：64 – 70．

［76］中共中央马克思恩格斯列宁斯大林著作编译局，《马克思恩格斯全集》［M］．北京：人民出版社，2006，26：326．

［77］周海涛，张墨涵，罗炜．我国民办高校学生获得感的调查与分析［J］．高等教育研究，2016（9）：54 – 59．

［78］周浩，龙立荣．公平感社会比较的参照对象选择研究述评［J］．心理科学进展，2010，18（6）：948 – 954．

［79］周淼．辱虐管理对员工工作绩效的影响研究［D］．长春：吉林大学，2011年．

［80］周文娟，段锦云，朱月龙．组织中的助人行为：概念界定、影响因素与结果［J］．心理研究，2013，6（1）：7．

［81］周杨．职业呼唤、职业承诺及职业成功关系研究［D］．长春：吉林大学，2013年．

［82］朱平利，刘娇阳．员工工作获得感：结构、测量、前因与后果［J］．中国人力资源开发，2020，37（7）：65 – 83．

［83］朱倩倩．大学生个人成长主动性、自我概念和抑郁的关系研究［D］．西安：陕西师范大学，2015．

［84］朱仁崎，孙多勇，彭黎明．组织公平与工作绩效的关系：组织

支持感的中介作用 ［J］. 系统工程, 2013 (6): 34 – 40.

［85］朱月龙, 段锦云, 凌斌. 辱虐管理的概念界定与影响因素及结果探讨 ［J］. 外国经济与管理, 2009, 31 (12): 25 – 32.

［86］Ahearne M, Matheu J, Rapp A. To empower or not to empower your sales force? An empirical examination of the influence of leadership empowerment behavior on customer satisfaction and performance ［J］. Journal of Applied Psychology, 2005, 90 (5): 945 – 955.

［87］Ahn J, Dik B J, Hornback R. The experience of career change driven by a sense of calling: An interpretative phenomenological analysis approach ［J］. Journal of Vocational Behavior, 2017, 102 (10): 48 – 62.

［88］Alexander S, Ruderman M. The role of procedural and distributive justice in organizational behavior ［J］. Social Justice Research, 1987, 1 (2): 177 – 198.

［89］Amundsen S, Martinsen, L. Linking empowering leadership to job satisfaction, work effort, and creativity: The role of self-leadership and psychological empowerment ［J］. Journal of Leadership and Organizational Studies, 2015, 22 (3): 304 – 323.

［90］Arnold A, Arad S, Rhoades J. A. & Drasgrow F. The empowering leadership questionnaire: The construction and validation of a new scale for measuring leader behavior ［J］. Journal of Organizational Behavior, 2000, 21: 249 – 269.

［91］Aslam M A, Sultan S. Parenting styles: a key factor to self-determination and personal growth of adults ［J］. Journal of Education Psychology, 2014, 8 (2): 20 – 24.

［92］Baard P P, Deci E L, Ryan R M. Intrinsic need satisfaction: A motivational basis of performance and well-being in two work settings ［J］. Journal of Applied Social Psychology, 2010, 34 (10): 2045 – 2068.

［93］Bellah R N, Madsen R, Sullivan W M, Swidler A, Tipton S M. Habits of the Heart: Individualism and Commitment in American Life ［J］. American Journal of Psychiatry, 1985, 142 (12): 1509 – 1509.

［94］ Bott E M, Duffy R D. A two-wave longitudinal study of career calling among undergraduates: Testing for predictors ［J］. Journal of Career Assessment, 2014, 23 (2): 250 – 264.

［95］ Boyd T N. The surprising impact of purpose: The effect of calling on the relationship between job demands and burnout ［D］. Seattle Pacific University, 2010.

［96］ Broeck A, Ferris D L, Chang C H, et al. A review of self-determination theory's basic psychological needs at work ［J］. Journal of Management, 2016, 42 (5).

［97］ Colquitt J A, Conlon D E, Wesson M J, et al. Justice at the millennium: a meta-analytic review of 25 years of organizational justice research ［J］. Journal of Applied Psychology, 2001, 86 (3): 425 – 45.

［98］ Cropanzano R. Social exchange theory: An interdisciplinary review ［J］. Journal of Management, 2005, 31 (6): 874 – 900.

［99］ Dalton J C. Career and calling: Finding a place for the spirit in work and community ［J］. New Directions for Student Services, 2001 (95): 17 – 25.

［100］ Davidson J, Caddell D. Religion and the meaning of work ［J］. Journal for the Scientific Study of Religion, 1994, 33 (2): 135 – 147.

［101］ De Boer E. M., Bakker A. B., Syroit J. E., Schaufeli W. B. Unfairness at work as a predictor of absenteeism ［J］. Journal of Organizational Behavior, 2002, 23 (2): 181 – 197.

［102］ Deci E L, Ryan R M. Intrinsic Motivation and Self – Determination in Human Behavior ［J］. Contemporary Sociology, 1985, 3 (2): 11 – 39.

［103］ Deci E L, Ryan R M. The "what" and "why" of goal pursuits: Human needs and the self-determination of behavior ［J］. Psychological Inquiry, 2000, 11 (4): 227 – 268.

［104］ DeCi M. Self-determination theory and work motivation ［J］. Journal of Organizational Behavior, 2010, 26 (4): 331 – 362.

［105］ Dik B J, Duffy R D. Calling and vocation at work definitions and prospects for research and practice ［J］. Counseling Psychologist, 2009, 37

(3)：424 - 450.

[106] Dik B J, Eldridge B M, Steger M F, et al. Development and validation of the calling and vocation questionnaire (cvq) and brief calling scale [J]. Journal of Career Assessment, 2012, 20 (3)：242 - 263.

[107] Dobrow S R, Tostikharas J. Calling：the development of a scale measure [J]. Personnel Psychology, 2011, 64 (4)：1001 - 1049.

[108] Duffy R D, Autin K L, Allan B A, Douglasset R P. Assessing work as a calling：An evaluation of instruments and practice recommendations [J]. Journal of Career Assessment, 2015, 23 (3)：351 - 366.

[109] Duffy R D, Autin K L. Disentangling the link between perceiving a calling and living a calling [J]. Journal of Counseling Psychology, 2013, 60 (2)：219 - 227.

[110] Duffy R D, Dik B J, Douglass R P et al. Work as a calling：A theoretical model [J]. Journal of Counseling Psychology, 2018, 65 (4)：423 - 439.

[111] Duffy R D, Sedlacek W E. The presence of and search for a calling：Connections to career development [J]. Journal of Vocational Behavior, 2007, 70 (3)：590 - 601.

[112] Edmondson A C, Lei Z. Psychological safety：the history, renaissance, and future of an interpersonal construct [J]. Social Science Electronic Publishing, 2014, 1 (1)：23 - 43.

[113] Edwards J R, Harrison R V. Job demands and worker health：three-dimensional reexamination of the relationship between person-environment fit and strain [J]. Journal of Applied Psychology, 1993, 78 (4)：628 - 48.

[114] Ehrlich R. Habits of the heart：Individualism and commitment in american life [J]. Social Science Journal, 1987, 24 (2)：229 - 231.

[115] Elangovan A R, Pinder C C, Mclean M. Callings and organizational behavior [J]. Journal of Vocational Behavior, 2010, 76 (3)：428 - 440.

[116] Elliott K J. A preliminary study of people with life callings [J]. Journal of Vocational Behavior, 2001, 32 (1)：1 - 10.

[117] Farh J L, Earley P C, Lin S C. Impetus for action：A cultural

analysis of justice and organizational citizenship behavior in chinese society [J].
Administrative Science Quarterly, 1997, 42 (3): 421 – 444.

[118] French J R, Domene J F. Sense of calling: An organizing principle for the lives and values of young women in university [J]. Canadian Journal of Counseling, 2010, 44 (1): 1 – 14.

[119] Gagne, M., and Deci, E. L. Self-determination theory and work motivation [J]. Journal of Organizational Behavior, 2005, 26 (4): 331 – 362.

[120] Gallie D, Zhou Y, Felstead A, et al. The implications of direct participation for organizational commitment, job satisfaction and affective psychological well-being: A longitudinal analysis [J]. Industrial Relations Journal, 2017, 48 (2): 174 – 191.

[121] Gould M S, Greenberg T, Velting D M, et al. Youth suicide risk and preventive interventions: a review of the past 10 years [J]. Journal of the American Academy of Child & Adolescent Psychiatry, 2003, 42 (4): 386 – 405.

[122] Hackman J. Motivation through the design of work: test of a theory [J]. Organizational Behavior & Human Performance, 1976, 16 (2): 250 – 279.

[123] Hackman J R, Oldham G R. Development of the job diagnostic survey [J]. Journal of Applied Psychology, 1975, 60 (2): 159 – 170.

[124] Hagmaier T, Abele A E. The multidimensionality of calling: Conceptualization, measurement and a bicultural perspective [J]. Journal of Vocational Behavior, 2012, 81 (1): 39 – 51.

[125] Hall D T, Chandler D E. Psychological success: When the career is a calling [J]. Journal of Organizational Behavior, 2005, 26 (2): 155 – 176.

[126] Harris K J, Kacmar K M, Zivnuska S. An investigation of abusive supervision as a predictor of performance and the meaning of work as a moderator of the relationship [J]. Leadership Quarterly, 2007, 18 (3): 252 – 263.

[127] Harris T B, Li N, Boswell W R, Zhang XA, Xie Z. Getting what's new from newcomers: empowering leadership, creativity, and adjustment in the socialization context [J]. Personnel Psychology, 2014, 67 (3): 567 – 604.

[128] Harzer C, Ruch W. When the job is a calling: The role of applying one's signature strengths at work [J]. Journal of Positive Psychology, 2012, 7 (5): 362 – 371.

[129] Hinkin T R. A Brief Tutorial on the development of measures for use in survey questionnaires [J]. Organizational Research Methods, 1998, 1 (1): 104 – 121.

[130] Hirschi A, Herrmann A. Calling and career preparation: Investigating developmental patterns and temporal precedence [J]. Journal of Vocational Behavior, 2013, 83 (1): 51 – 60.

[131] Hirschi A, Jaensch V. K. Narcissism and career success: Occupational selfefficacy and career engagement as mediators [J]. Personality and Individual Differences, 2015, 77 (4): 205 – 208.

[132] Hu L T, Be Ntler P M. Fit indices in covariance structure modeling: Sensitivity to underparameterized model misspecification [J]. Psychol Methods, 1998, 3 (4): 424 – 453.

[133] Hunter I, Dik B J, Banning J H. College students' perceptions of calling in work and life: A qualitative analysis [J]. Journal of Vocational Behavior, 2010, 76 (2): 178 – 186.

[134] Idaszak J R, Drasgow F. A revision of the job diagnostic survey: Elimination of a measurement artifact [J]. Journal of Applied Psychology, 1987, 72 (1): 69.

[135] Jacob, A, Galles, et al. Relationships among career thoughts, vocational identity, and calling: Implications for practice [J]. The Career Development Quarterly, 2013, 61 (3): 240 – 248.

[136] Jenny, M, Hoobler, Brass DJ. Abusive supervision and family undermining as displaced aggression [J]. Journal of Applied Psychology, 2006, 91 (5): 1125 – 1133.

[137] Kahn R L, Antonucci T C. Convoys over the life course: Attachment, roles, and social support [J]. Life-span Development and Behavior, 1980, 1 (3): 253 – 286.

［138］ Kaminsky, S. E., Behrend, T. S.. Career Choice and Calling: Integrating Calling and Social Cognitive Career Theory ［J］. Journal of Career Assessment, 2015, 23 (3): 383 – 398.

［139］ Karl, Aquino, Rodger, et al. Integrating justice constructs into the turnover process: A test of a referent cognitions model ［J］. The Academy of Management Journal, 1997, 40 (5): 1208 – 1227.

［140］ Keeran C J. Answering a calling in midlife: A woman's journey ［D］. Pacifica Graduate Institute, USA, 2006.

［141］ Kim M, Beehr T A. Can empowering leaders affect subordinates' well-being and careers because they encourage subordinates' job crafting behaviors ［J］. Journal of Leadership Organizational Studies, 2018, 25 (2): 184 – 196.

［142］ Kim, W. C., Mauborgne, R. A. Procedural justice, attitudes, and subsidiary top management compliance with multinationals' corporate strategic decisions ［J］. The Academy of Management Journal, 1993, 36 (3): 502 – 526.

［143］ Knight J, Gunatilaka R. Great expectations? The subjective well-being of rural-urban migrants in China ［J］. World Development, 2010, 38 (1): 113 – 124.

［144］ Knight J, Song L, Gunatilaka R. Subjective well-being and its determinants in rural China ［J］. China Economic Review, 2009, 20 (4): 635 – 649.

［145］ Konczak L J, Stelly D J. Trusty M L. Defining and measuring empowering leader behaviors: Development of an feedback instrument ［J］. Educational and Psychological Measurement, 2000, 60 (2): 301 – 313.

［146］ Konovsky M A. Understanding procedural justice and its impact on business organizations ［J］. Journal of Management, 2016, 26 (3): 489 – 511.

［147］ Korsgaard M A, Schweiger D M, Sapienza H J. Building commitment, attachment, and trust in strategic decision-making teams: The role of procedural justice ［J］. The Academy of Management Journal, 1995, 38 (1):

60 – 84.

[148] Laloux, F. Reinventing organizations [M]. Brussels: Nelson Parker, 2014.

[149] Landry J T. Not everyone gets a trophy: how to manage generation Y [J]. Civil Engineering, 2009, 79 (9): 89.

[150] Laufer D, Higgins E T, Avnet T. Are all experiences of fit created equal? Two avenues to persuasion [J]. Journal of Consumer Psychology, 2012, 23 (3): 301 – 316.

[151] Lau P L, Wilkins – Yel K G, Wong Y J. Examining the indirect effects of self-concept on work readiness through resilience and career calling [J]. Journal of Career Development, 2020, 47 (5): 551 – 564.

[152] Lobene E V, Meade A W. The effects of career calling and perceived overqualification on work outcomes for primary and secondary school teachers [J]. Journal of Career Development, 2013, 40 (6): 508 – 530.

[153] Lord K E. The personal growth and career development of organisational change agents: a narrative study of the careers of experienced practitioners in an Australian setting [J]. J. am. chem. soc, 2017, 102 (8): 2857 – 2858.

[154] Lo S, Aryee S. Psychological contract breach in a Chinese context: An integrative approach [J]. Journal of Management Studies, 2003, 40 (4): 1005 – 1020.

[155] MacCallum, Browne R C, Sugawara M W, M Hazuki. Power analysis and determination of sample size for covariance structure modeling [J]. Psychological Methods, 1996, 1 (2): 130 – 149.

[156] Maccallum D E, Hupp T, Midgley C A, et al. The response to ionising radiation in adult and developing murine tissues [J]. Oncogene, 1996, 13 (12): 2575 – 87.

[157] Mackie D M, Devos T, Smith E R. Intergroup emotions: explaining offensive action tendencies in an intergroup context [J]. Journal of Personality and Social Psychology, 2000, 79 (4): 602 – 616.

[158] Markow F A. Calling and leader identity: Utilizing narrative analysis to construct a stage model of calling development. REGENT UNIVERSITY Dissertations Theses – Gradworks, 2007.

[159] Martin S L, Liao H, Campbell E M. Directive versus empowering leadership: A field experiment comparing impacts on task proficiency and proactivity [J]. Academy of Management Journal, 2013, 56 (5): 1372 – 1395.

[160] Masterson S S, Lewis K, Taylor B. Integrating justice and social exchange: The differing effects of fair procedures and treatment on work relationships [J]. Academy of Management Journal, 2000, 43 (4): 738 – 748.

[161] Mcfarlin D B, Sweeney P D. Research Notes. Distributive and procedural justice as predictors of satisfaction with personal and organizational outcomes [J]. Academy of Management Journal, 1992, 35 (3): 626 – 637.

[162] Merton R., Kitt A. Contributions to the theory of reference group behavior. In R. Merton and P. Lazarsfeld (eds.), Continuities in Social Research, Glencoe, IL: Free Press, 1950: 40 – 105.

[163] Moorman R H. Relationship between organizational justice and organizational citizenship behaviors: Do fairness perceptions influence employee citizenship? [J]. Journal of Applied Psychology, 1991, 76 (6): 845 – 855.

[164] Muhammad A H, Mirza A A, Shaista K. Empowering leadership and proactive behavior: mediating role of psychological empowerment and moderating role of leader-follower distance [J]. Abasyn University Journal of Social Sciences, 2019, 12 (1): 50 – 61.

[165] Ogunyemi A O, Mabekoje S O. Self-efficacy, risk-taking behavior and mental health as predictors of personal growth initiative among university undergraduates [J]. Electronic Journal of Research in Educational Psychology, 2007, 5 (2): 349 – 362.

[166] Parker S K, Williams H M, Turner N. Modeling the antecedents of proactive behavior at work [J]. Journal of Applied Psychology, 2006, 91 (3): 636 – 652.

[167] Park J G, Kim J S, Yoons W, et al. The effects of empowering

leadership on psychological well-being and job engagement: The mediating role of psychological capital [J]. Leadership and Organization Development Journal, 2017, 38 (3): 350 – 367.

[168] Phillips S L. Predictors of vocational calling in Christian college students: A structural equation model [D]. Azusa Pacific University. 2009.

[169] Praskova A, Creed P A, Hood M. Career identity and the complex mediating relationships between career preparatory actions and career progress markers [J]. Journal of Vocational Behavior, 2015, 87: 145 – 153.

[170] Praskova A, Creed P A, Hood M. The development and initial validation of a career calling scale for emerging adults [J]. Journal of Career Assessment, 2015, 23 (1): 91 – 106.

[171] Praskova A, Hood M, Creed P A. Testing a calling model of psychological career success in Australian young adults: A longitudinal study [J]. Journal of Vocational Behavior, 2014, 85 (1): 125 – 135.

[172] Robitschek, C., & Keyes, C. L. M.. Keyes's model of mental health with personal growth initiative as a parsimonious predictor [J]. Journal of Counseling Psychology, 2009, 56 (2): 321 – 329.

[173] Robitschek C. Personal Growth Initiative: The Construct and Its Measure [J]. Measurement and Evaluation in Counseling and Development, 1998, 30 (4): 183 – 198.

[174] Ryan R M, Decl E L. Self – Determination theory: basic psychological needs in motivation, development, and wellness [M]. The Guilford Press, 2017.

[175] Scholl R W, Cooper E A, Mckenna J F. Referent selection in determining equity perceptions: Differential effects on behavioral and attitudinal outcomes [J]. Personnel Psychology, 2006, 40 (1): 113 – 124.

[176] Serow R C. Called to teach: A study of highly motivated preservice-teachers [J]. Journal of Research and Development in Education, 1994, 27 (2): 65 – 72.

[177] Shah P P. Who are employees' social referents? using a network

perspective to determine referent others [J]. Academy of Management Journal, 1998, 41 (3): 249 – 268.

[178] Sharma, H L, & Rani, R. Relationship of personal growth initiative with self-efficacy among university postgraduate students [J]. Journal of Education and Practice, 2013, 4 (16): 125 – 135.

[179] Shigemoto Y, Low B, D Borowa, Robitschek C. Function of personal growth initiative on posttraumatic growth, posttraumatic stress, and depression over and above adaptive and maladaptive rumination [J]. Journal of Clinical Psychology, 2016, 73 (9): 1126 – 1145.

[180] Slemp G R, Kern M L, Patrick K J, et al. Leader autonomy support in the workplace: a meta-analytic review [J]. Motivation and Emotion, 2018, 42 (5): 1 – 19.

[181] Sparrowe R T, Liden R C, Kraimer W. Social networks and the performance of individuals and groups [J]. Academy of Management Journal, 2001, 44 (2): 316 – 325.

[182] Tyler T R. The psychology of procedural justice: A test of the group-value model [J]. Journal of Personality and Social Psychology, 1989, 57 (5): 830 – 838.

[183] Vianello M, Rosa A D, Anselmi P, et al. Validity and measurement invariance of the unified multidimensional calling scale (UMCS): A three-wave survey study [J]. PLoS ONE, 2018, 13 (12).

[184] Walumbwa F O, Peterson S J, Avolio B J, et al. An investigation of the relationships among leader and follower psychological capital, service climate, and job performance [J]. Personnel Psychology, 2010, 63 (4): 937 – 963.

[185] Weigold I K, Robitschek C. A gentic personality characteristics and coping: Their relation to trait anxiety in college students [J]. American Journal of Orthopsychiatry, 2011, 81 (2): 255 – 264.

[186] Weiss H M, Rupp D E. Experiencing work: An essay on a person-centric work psychology [J]. Industrial and Organizational Psychology, 2011, 4 (1): 83 – 97.

［187］ Williams G C, GAGNé M, MUSHLIN A I, et al. Motivation for behavior change in patients with chest pain ［J］. Health Education, 2005, 105 (4): 304 –321.

［188］ Wrzesniewski A, Mccauley C, Rozin P, et al. Jobs, careers, and callings: People's relations to their work ［J］. Journal of Research in Personality, 1997, 31 (1): 21 –33.

［189］ Zhang L, Jin T. Linking empowering leadership and career calling: The mediating role of psychological need fulfilment ［J］. Journal of Psychology in Africa, 2019, 29 (5): 429 –434.

［190］ Zhou Q, Chen G, Liu W. Impact of perceived organizational culture on job involvement and subjective well-being: A moderated mediation model ［J］. Social Behavior and Personality: an international journal, 2019, 47 (1): 1 –13.

附录：我国新生代员工
工作状况调查表

尊敬的先生/女士：

您好！为了深入了解我国新生代员工工作状况，我们组织了此次调查。在此，我们向您保证本调查表仅用于此次调查，不会泄露您的个人信息，请您根据自己的实际情况作答。请在选项上画"√"。

员工工作状况调查组调查员：

以下的陈述描述了您工作特征，请您指出每个描述在多大程度上符合您工作的实际情况，在相应数字上画"√"，请尽可能保持客观，无论您是否喜欢这份工作。

序号	评价内容	您的评价 1 = 非常不符合；2 = 比较不符合； 3 = 有点符合；4 = 比较符合； 5 = 非常符合
Q1 – 1	我们单位的工资分配有章可循	非常不符合 1 2 3 4 5 非常符合
Q1 – 2	我们单位的工资分配是公开的和透明的	非常不符合 1 2 3 4 5 非常符合
Q1 – 3	我们单位的工资制度都能得到很好地执行	非常不符合 1 2 3 4 5 非常符合
Q1 – 4	我们单位员工能够参与分配制度的制定过程	非常不符合 1 2 3 4 5 非常符合
Q1 – 5	我们单位所有人在分配制度面前都是平等的	非常不符合 1 2 3 4 5 非常符合
Q1 – 6	我们单位的分配制度能够代表大多数人的意愿	非常不符合 1 2 3 4 5 非常符合
Q1 – 7	我的工资反映了我对工作所作的努力	非常不符合 1 2 3 4 5 非常符合
Q1 – 8	与其他同事的工作表现比，我的工资待遇是合理的	非常不符合 1 2 3 4 5 非常符合
Q1 – 9	我的工资反映了我对单位的贡献	非常不符合 1 2 3 4 5 非常符合

Q1－10	与相同工作和职务的同事比，我的薪酬待遇是合理的	非常不符合 1　2　3　4　5 非常符合
Q1－11	就我的工作量和责任而言，我所得的工资是合理的	非常不符合 1　2　3　4　5 非常符合
Q1－12	就我的工作表现而言，我所得到的报酬是合理的	非常不符合 1　2　3　4　5 非常符合
Q1－13	单位领导对我没有偏见	非常不符合 1　2　3　4　5 非常符合
Q1－14	我的工作得到了单位领导的认可	非常不符合 1　2　3　4　5 非常符合
Q1－15	单位领导对我的评价是恰当的	非常不符合 1　2　3　4　5 非常符合
Q1－16	在工作中，单位领导能给我提供支持和帮助	非常不符合 1　2　3　4　5 非常符合
Q1－17	我觉得自己得到了单位领导足够的重视	非常不符合 1　2　3　4　5 非常符合
Q1－18	我觉得领导对分配过程和结果的解释有道理	非常不符合 1　2　3　4　5 非常符合
Q1－19	领导关心我对分配的想法，并能够及时地与我沟通	非常不符合 1　2　3　4　5 非常符合
Q2－1	我的工作需要何种程度的技能完成各项任务	非常不符合 1　2　3　4　5 非常符合
Q2－2	工作要求我使用许多复杂或高水平的技能	非常不符合 1　2　3　4　5 非常符合
Q2－3	我的工作结果会对他人的生活产生重大影响	非常不符合 1　2　3　4　5 非常符合
Q2－4	我工作完成的好坏会对很多人产生影响	完全不存在 1　2　3　4　5 总是存在
Q2－5	我自己决定怎样完成工作的程度	完全不存在 1　2　3　4　5 总是存在
Q2－6	工作给予我很好的机会去独立自主地决定如何完成任务	完全不存在 1　2　3　4　5 总是存在
Q2－7	我的工作是一项有明显开始和结束的完整的工作	完全不存在 1　2　3　4　5 总是存在
Q2－8	工作给我提供了完成所有各部分工作的机会	完全不存在 1　2　3　4　5 总是存在
Q2－9	工作本身提供的关于我工作绩效信息的程度	完全不存在 1　2　3　4　5 总是存在
Q2－10	我从事的工作能提供信息，让我了解工作进度完成情况	完全不存在 1　2　3　4　5 总是存在
Q3－1	领导与我谈论个人目标与组织目标紧紧相依	非常不同意 1　2　3　4　5 非常同意
Q3－2	领导会使我明白我的职责的重要地位	非常不同意 1　2　3　4　5 非常同意
Q3－3	领导常常耐心指导我的工作	非常不同意 1　2　3　4　5 非常同意
Q3－4	公司决策是领导和我的共同成果	非常不同意 1　2　3　4　5 非常同意
Q3－5	公司重大决定领导总是征求我的意见	非常不同意 1　2　3　4　5 非常同意
Q3－6	在可能影响到我的决定中，领导会征求我的意见	非常不同意 1　2　3　4　5 非常同意
Q3－7	即使难度很大，领导始终相信我能够完成	非常不同意 1　2　3　4　5 非常同意
Q3－8	领导认为我可以独自改正错误	非常不同意 1　2　3　4　5 非常同意
Q3－9	领导认为我的能力很强	非常不同意 1　2　3　4　5 非常同意
Q3－10	领导允许我按我的方式完成我的工作	非常不同意 1　2　3　4　5 非常同意

Q3 – 11	领导避免设置繁杂的制度阻碍我的工作效益	非常不同意 1　2　3　4　5 非常同意
Q3 – 12	在重大紧急问题面前领导鼓励我迅速决定	非常不同意 1　2　3　4　5 非常同意
Q4 – 1	工作中我能自己决定我的工作方式	完全不符合 1　2　3　4　5 非常符合
Q4 – 2	在工作中我必须做的事正是我想做的	完全不符合 1　2　3　4　5 非常符合
Q4 – 3	在工作中我能自由表达我的想法和观点	完全不符合 1　2　3　4　5 非常符合
Q4 – 4	我觉得在工作中我能按照自己的真实想法来工作	完全不符合 1　2　3　4　5 非常符合
Q4 – 5	工作中，我认为自己是集体的一部分	完全不符合 1　2　3　4　5 非常符合
Q4 – 6	工作中，我觉得与其他人联系紧密	完全不符合 1　2　3　4　5 非常符合
Q4 – 7	我非常喜欢与我一起工作的同事	完全不符合 1　2　3　4　5 非常符合
Q4 – 8	我与同事们相处得很好	完全不符合 1　2　3　4　5 非常符合
Q4 – 9	同事们关心我	完全不符合 1　2　3　4　5 非常符合
Q4 – 10	我感觉能做好自己的工作	完全不符合 1　2　3　4　5 非常符合
Q4 – 11	有同事告诉我，不管我做什么，都能做得很好	完全不符合 1　2　3　4　5 非常符合
Q4 – 12	我相信自己能把工作做好	完全不符合 1　2　3　4　5 非常符合
Q4 – 13	我很擅长我的工作	完全不符合 1　2　3　4　5 非常符合
Q4 – 14	绝大多数时候，我都能从工作中获得成就感	完全不符合 1　2　3　4　5 非常符合
Q5 – 1	我希望成为那样的人（好员工、好父母或成功人士）	完全不符合 1　2　3　4　5 非常符合
Q5 – 2	当遇到困难时，我会很乐意向地位比我高的人寻求帮助	完全不符合 1　2　3　4　5 非常符合
Q5 – 3	我会观察或模仿专家或成功人士	完全不符合 1　2　3　4　5 非常符合
Q6 – 1	我的工作得到上级的肯定	完全不符合 1　2　3　4　5 非常符合
Q6 – 2	我的工作能得到同事的认同	完全不符合 1　2　3　4　5 非常符合
Q6 – 3	这个组织肯定我在工作中的成绩	完全不符合 1　2　3　4　5 非常符合
Q6 – 4	我得到的薪资报酬是合理的	完全不符合 1　2　3　4　5 非常符合
Q6 – 5	我得到了期望的薪酬待遇	完全不符合 1　2　3　4　5 非常符合
Q6 – 6	我认为我的工作负荷是相对公平的	完全不符合 1　2　3　4　5 非常符合
Q6 – 7	工作让我熟练掌握了岗位知识和技能	完全不符合 1　2　3　4　5 非常符合
Q6 – 8	工作让我提高了分析问题的能力	完全不符合 1　2　3　4　5 非常符合
Q6 – 9	工作让我提高了解决工作中问题的能力	完全不符合 1　2　3　4　5 非常符合
Q6 – 10	工作让我提高了与他人有效协作	完全不符合 1　2　3　4　5 非常符合
Q6 – 11	我从事的工作与我的职业理想相关	完全不符合 1　2　3　4　5 非常符合
Q6 – 12	我对我在组织的发展充满信心	完全不符合 1　2　3　4　5 非常符合

Q6-13	我对我未来的职业发展充满希望	完全不符合 1 2 3 4 5 非常符合
Q7-1	我的工作占用的时间太长，很难满足家庭的需要责任	完全不符合 1 2 3 4 5 非常符合
Q7-2	我的工作要求干扰了我的家庭生活	完全不符合 1 2 3 4 5 非常符合
Q7-3	我的工作造成压力，使我难以履行家庭责任	完全不符合 1 2 3 4 5 非常符合
Q7-4	我想在家里做的事情，因为工作要求而无法完成	完全不符合 1 2 3 4 5 非常符合
Q7-5	我的家庭职责迫使我做一些不喜欢的工作	完全不符合 1 2 3 4 5 非常符合
Q8-1	对于我希望自己改变的方面，应该制定具体的目标	完全不符合 1 2 3 4 5 非常符合
Q8-2	对于何时去做具体的自我改变，我总能觉察到	完全不符合 1 2 3 4 5 非常符合
Q8-3	为了改变自己，我知道如何制定一个合理的计划	完全不符合 1 2 3 4 5 非常符合
Q8-4	一旦成长的机会出现，我一定会把握	完全不符合 1 2 3 4 5 非常符合
Q8-5	为了改变自己，我会为自己制定一个现实可行的计划	完全不符合 1 2 3 4 5 非常符合
Q8-6	为了改变自己，我会寻求他人帮助	完全不符合 1 2 3 4 5 非常符合
Q8-7	我会通过积极工作（学习）来提升自己	完全不符合 1 2 3 4 5 非常符合
Q8-8	我能清楚意识到自己有哪些方面需要改变	完全不符合 1 2 3 4 5 非常符合
Q8-9	我一直都在努力成长	完全不符合 1 2 3 4 5 非常符合
Q8-10	我知道如何设定一些具体的目标来进行自我改变	完全不符合 1 2 3 4 5 非常符合
Q8-11	我清楚自己何时需要做出具体的自我改变	完全不符合 1 2 3 4 5 非常符合
Q8-12	当我尝试改变自己时，我能利用多方的资源	完全不符合 1 2 3 4 5 非常符合
Q8-13	当自我成长时，我会积极主动地寻求帮助	完全不符合 1 2 3 4 5 非常符合
Q8-14	我会寻找身边的各种机会来自我成长	完全不符合 1 2 3 4 5 非常符合
Q9-1	我对我的职业充满热情	完全不符合 1 2 3 4 5 非常符合
Q9-2	我享受我的职业胜过其他任何事情	完全不符合 1 2 3 4 5 非常符合
Q9-3	从事现在的职业让我有巨大的满足感	完全不符合 1 2 3 4 5 非常符合
Q9-4	为了我的职业我会不惜一切代价	完全不符合 1 2 3 4 5 非常符合
Q9-5	每当向别人描述我是谁时，我首先会想到的是我的职业	完全不符合 1 2 3 4 5 非常符合
Q9-6	即使面临重重困难，我仍将坚持选择从事我的职业	完全不符合 1 2 3 4 5 非常符合
Q9-7	我的职业将一直是我生命的一部分	完全不符合 1 2 3 4 5 非常符合
Q9-8	我对自己从事的职业有一种使命感	完全不符合 1 2 3 4 5 非常符合
Q9-9	从某种意义上说，我内心深处一直装着这个职业	完全不符合 1 2 3 4 5 非常符合
Q9-10	在没有做这份工作时，我也常考虑要从事它	完全不符合 1 2 3 4 5 非常符合

Q9 - 11	投身目前的职业让我的生命更有意义	完全不符合 1　2　3　4　5 非常符合
Q9 - 12	我现在从事的职业能够深深地触动内心，给我带来喜悦	完全不符合 1　2　3　4　5 非常符合

Q10 - 1　您的性别是①男②女

Q10 - 2　您的文化程度属于①初中及以下②高中③大学

Q10 - 3　您的户口是①城镇户口②农村户口

Q10 - 4　您的工作地与家庭所在地①在同一个市（本地）②不在同一个市（外地）

Q10 - 5　您出生于①1980 年代②1990 年代后

Q10 - 6　您的婚姻状况①已婚②未婚

Q10 - 7　您工作年限① 5 年及以下②5～10 年③10 年及以上

感谢您的支持与配合！

2020 年 9 月

后　记

　　《新生代员工职业使命感形成机制研究——基于自我决定理论》能够完成，终于有种如释重负的感觉，能完成这些，我心里只有：感谢与感恩！

　　感谢我的母亲，感谢她给予我的一切！

　　感谢湖北工业大学经济与管理学院的同事们给予的支持与帮助！

　　还要感谢参考文献中的作者，他们的研究成果为本书的撰写提供了宝贵的素材！

　　感谢生命中所有帮助过我的人！世界因你们而美好！

　　对所有的这一些，我充满着感恩与感激，未来的日子里，我将铭记这些美好的记忆，我也将以此为起点，努力工作，开心生活，报答他们对我的帮助、支持与关爱！

二〇二一年六月